暨南大学“211工程”三期建设项目华侨华人与中外关系项目资助

姜清波 著

入唐三韩人研究

入唐 三韩 사람들에 대한 研究

暨南大學出版社
JINAN UNIVERSITY PRESS
中国·广州

图书在版编目（CIP）数据

入唐三韩人研究 / 姜清波著. —广州：暨南大学出版社，2010. 3
ISBN 978 - 7 - 81135 - 440 - 9

Ⅰ. 入… Ⅱ. 姜… Ⅲ. 中外关系—国际关系史—朝鲜—研究—唐代
Ⅳ. D829. 312

中国版本图书馆 CIP 数据核字（2010）第 007383 号

出版发行：暨南大学出版社

地　址：中国广州暨南大学
电　话：总编室（8620）85221601
营销部（8620）85225284　85228291　85220693（邮购）
传　真：（8620）85221583（办公室）　85223774（营销部）
邮　编：510630
网　址：http：//www. jnupress. com　http：//press. jnu. edu. cn

排　版：暨南大学出版社照排中心
印　刷：佛山市浩文彩色印刷有限公司

开　本：787mm × 960mm　1/16
印　张：16. 75
字　数：300 千
版　次：2010 年 3 月第 1 版
印　次：2010 年 3 月第 1 次
印　数：1—2000 册

定　价：32. 00 元

前　言

19 世纪，整个世界接受了一种社会模式，那就是西方的资本主义。如今，再也不存在什么世界性的世界模式，因为所有社会都处在深深的危机之中。当然，我们可以从国外学习某些独特的技术，但就总的社会模式而论，却没有一个可鉴用。或许，我们应该记住毛主席的劝告：我们能从反面经验中学到某些东西。的确，全世界有许多值得我们观察、考虑并可以从中得益的反面经验。每块大陆、每个地区的各个民族都有各自独特的问题，他们有责任拿出自己独特的解决办法。……人类的前途取决于人们的觉悟程度……

——［美］斯塔夫里阿诺斯①

本书是在笔者的博士毕业论文基础上修改整理而成的。之所以选择对历史人物进行研究，主要有三个方面的原因。

在 20 世纪七八十年代，法国第二代年鉴学派历史学家费尔南·布罗代尔（Fernand Braudel，1902—1985）的研究风格引领了很多西方学者去追随。② 一提及年鉴学派及新史学，人们很容易会想到长时段、结构分析、包罗万象的总体史研究。这种历史观在布罗代尔的《15 至 18 世纪物质文明、经济和资本主义》③ 中得到了充分的阐释。资本主义兴起的历史在他的研究方法之下综合地展现出来，这是布罗代尔的成功之处。换言之，他那种层次

---

① ［美］斯塔夫里阿诺斯著，吴象婴、梁赤民译：《全球通史——1500 年以前的世界》，上海社会科学院出版社，1999 年，序言，第 2 页。

② 布罗代尔是年鉴学派第二代历史学家中最有影响的代表。他认为决定历史运动的有三方面因素，表现为长、中、短三个时段。自然环境、社会组织和思维模式是长时段中起作用的重要因素；经济现象的起伏兴衰则在中时段中起作用；政治事件和军事冲突则只对历史进程中的短时段起作用，不产生根本性影响。他特别强调“全面的历史”，为此，他用层次分解法来研究历史：把影响历史进程的深层因素（各种结构）放在首位，其次是中层因素（经济局势），最后是昙花一现的“尘埃”（政治事件）。

③ ［法］布罗代尔著，顾良、施康强译：《15 至 18 世纪物质文明、经济和资本主义》，三联书店，2002 年。

分解法适合于对资本主义的研究。

然而，由于历史上丰富的事件和人物的活动被忽视，这在一定程度上让人感觉到其研究著作充满了乏味的图表和曲线，缺少一种“感情”，或者说缺少一种“人情味”，有人甚至将其称为“没有人的历史”。① 笔者赞同这种看法。因为人的参与，使得社会丰富多彩。人在历史中的活动，一方面彰显了道德良知，另一方面也显现出了私欲和贪婪以及人情冷暖；一方面促进了国家间密切交往，另一方面也导致了国家之间的战争和残酷杀戮；一方面推动了科技和生产的发展，另一方面又加剧了贫富分化的程度。总而言之，人是影响社会发展的最重要的因素。

历史说简单也简单，说复杂又是非常的复杂，所谓的“总体史”本来就是一个相对的概念，要把握总体史又谈何容易。历史研究探讨的是跟人类有关的历史，要围绕着人们的生活来进行，从某种意义上讲，皓首穷经、长篇累牍却不能引起人们注意和思考的成果不能说不是一种遗憾。

所以，作为年鉴学派第三代代表人物的勒华拉杜里扬弃了布罗代尔的史学方法，大力提倡运用历史人类学和心态史来研究历史，即“试图创立一种研究人们心理、心态的历史学方法，以便对历史上的集体心理进行探讨”。按此方式撰写的《蒙塔尤》，出版后十分畅销，甚至超出了作者的想象。说明这种历史研究方法取得了很大的成功。② 此种历史研究方法对笔者的思想有很大触动，这是本书采取对人物进行研究的第一个原因。

2003 年夏天，笔者旁听了暨南大学历史系的一次博士生毕业论文答辩

---

① 小何整理：《法国年鉴学派第三代和中国史学——读勒华拉杜里的〈蒙塔尤〉有感》，载《法兰西论坛》网络版，2001 年 1 月。网址：http：//www. puxijin. com/sinofrance/site/tribune/free/0/3. htm。

② 《蒙塔尤》于 1975 年在巴黎出版，全称是《蒙塔尤：1294—1324 年奥克西坦尼的一个山村》。透过这个标题，读者已可了解其研究之一斑。勒华拉杜里对蒙塔尤这个小村庄的研究是根据主教雅克·富民埃——后来任教皇伯努瓦十二世——任帕米埃主教时的审判记录而进行的。这个审判从 1318 年到 1325 年，共进行了 370 天，计 578 次审讯，总共涉及案件 98 个，有 114 人受到起诉或者追究，其中 48 人为妇女。值得注意的是，第一，在这些被追究者中绝大多数是普通百姓，如农民、工匠、小贩等。第二，审讯涉及的内容十分广泛，不仅可以反映当地居民的社会生活和物质生活，而且可以反映居民们的精神世界。但是，正如小何所认为的：面对同样一份记录，并非每一个研究者都能挖掘出其中蕴涵的丰富内容。在被发现的一个世纪以来，曾有不少学者知道这份记录并利用它做了某些方面的研究，如德国的多林格尔，研究法国的教派与罗马教皇的冲突以及宗教异端；法国研究中世纪的学者如夏尔·莫里尼埃、杜埃和维达尔等。然而，在所有这些作品中，没有一部可以像《蒙塔尤》一样取得那么大的成功，产生那么大的影响。这当然应归功于勒华拉杜里这位年鉴派第三代新史学家的学识和才能，特别是由于他运用的方法得当。（小何整理：《法国年鉴学派第三代和中国史学——读勒华拉杜里的〈蒙塔尤〉有感》。）

会，当时担任答辩委员会主席的中山大学教授蔡鸿生先生在点评某篇论文时说过的一段话对笔者的学位论文选题产生了很大影响，其大意是：历史是有关人类的历史，任何历史事件都离不开人的参与，从某种程度上说，把握住了人，也就把握住了历史。这段话引起了笔者的强烈共鸣，直到今天，言犹在耳。这是坚定笔者研究历史人物信心的第二个原因。

第三个原因是笔者的硕士学位论文也是对唐代的三韩人物进行研究，但范围较小，题目是《仕唐三韩人事迹述论》。因为对曾经下了不少工夫翻检墓志铭所查到的有关三韩人的资料非常珍惜，不愿弃掉，所以在经过了反复考虑，并得到诸位老师的支持、鼓励后，笔者决定将研究范围扩展到现在的规模。这也是笔者继续对历史人物进行研究的初衷。

本书所说的入唐三韩人，指的是高丽[①]、百济和新罗这三个朝鲜半岛国家的入唐者。之所以用三韩这个称呼，主要基于以下两方面的考虑。

其一，受布罗代尔研究方式的启发。布罗代尔在阐明他为什么把资本主义的降临提前到1400年和1800年间的原因时说，虽然“资本主义”这个名词直到20世纪初才臻于成熟，但他并不对这个“倒置历史顺序的罪过”感到过分内疚，因为“资本主义”这个词能唤起许多联想，“我们为什么不能撇开它过去和现在引起的热烈争论，干脆利用它为我们服务?”[②] 高丽人、百济人和新罗人在本书中被称为三韩人，与此有一定的类似性。不过，“资本主义”是20世纪初才较多地为人所了解，布罗代尔把它提前到本不存在的15到19世纪；而“三韩”是在高丽、百济、新罗立国之前业已存在的称呼，本书把它拉到其实际消亡之后的三国时代。

对于三韩的位置，《后汉书》记载：韩有三种，一曰马韩、二曰辰韩、

① 据魏存成《中原、南方政权对高句丽的管辖册封及高句丽改称高丽时间考》（载《史学集刊》2004年第1期）考证：高句丽、高丽两个名称中的“丽”字，有时写成“骊”字。其中有的是在同一部史书中，这两个字同时出现，如《三国志》的《毋丘俭传》和《三少帝纪》在记载毋丘俭讨伐高句丽之事时，用的皆是“高句骊”三字，而《高句丽传》中用的是“高句丽”三字；再如《梁书·高句骊传》中用的既有“高句骊”、“句骊”（此“句骊”即“高句骊”的简称，如同有的史书中“句丽”即“高句丽”的简称一样），又有“高骊”，尤其是在公元508年对高句丽的诏册中，用的则是“高骊”二字，而在《武帝纪》中所记该年此事，用的是“高丽”二字，其曰：“（天监七年———公元508年———二月）乙亥，以车骑大将军高丽王高云为抚东大将军、开府仪同三司。”可见，“丽”和“骊”二字是通用的。因此，现在的书刊文章中，除引文原文外，用的皆是“丽”字，即“高句丽”或“高丽”，这已得到了大家的普遍认可。按：如非笔者特别指明，本书采用的正是此种意义上的高丽，与王建所建的高丽国所指非同。

② ［法］布罗代尔著，顾良、施康强译：《15至18世纪的物质文明、经济和资本主义》（第2卷），前言，第3页。

三曰弁辰。马韩在西，有五十四国，其北与乐浪，南与倭接。辰韩在东，十有二国，其北与濊貊接。弁辰在辰韩之南，亦十有二国，其南亦与倭接。[①]又，《三国志》记载，韩在带方之南，东西以海为限，南与倭接，方可四千里。有三种，一曰马韩，二曰辰韩，三曰弁韩。[②] 而据考证，汉四郡的位置是：玄菟郡最北，乐浪郡在其南，真番则更在乐浪以南，临屯则在乐浪以东与玄菟东南的海边。据此可以看出四郡的概貌。[③] 所以，三韩当本是朝鲜半岛南部地区的民族。

而关于三韩族源的探讨，至今仍没有定论。罗继祖认为：韩是由三种民族合成的：一种是商族，即箕子一支和随着箕子入海的一批商族遗民，是为辰韩；一种是当地土著民族，亦即当地的原始邑落，这部分人数最多，占地最广，是为马韩；一种是周族，有一部分人渡海东去，即三韩中的弁韩。弁韩与辰韩同属华夏族。[④] 刘子敏认为，“三韩”是在“辰国”（古“辰国”应是朝鲜半岛南部的一个原始地名，并非真正的国家实体）地区发展起来的三个部落联盟，这三个部落联盟内部的诸成员，到后来不同程度地进入了奴隶制社会，最终导致了新罗、百济的崛起。[⑤]

其二，本书称三国人为三韩人，还因为“三韩”这个称呼直到隋唐乃至宋、明代还被人用来称呼朝鲜半岛上的国家。如隋炀帝大业八年（612），虞绰从炀帝东征高丽，曾奉命作铭曰：

> 来苏兴怨，帝自东征，言复禹绩，乃御轩营。六师薄伐，三韩肃清，龚行天罚，赫赫明明……[⑥]

《隋书》修撰者也曾论曰：

> 开皇之末，方事辽左，天时不利，师遂无功。二代承基，志包宇宙，频践三韩之域，屡发千钧之弩。[⑦]

唐朝初期，唐太宗欲亲征高丽，谋划出兵，“（褚）遂良以太宗锐意三韩，惧其遗悔”，翌日上疏进谏。[⑧] 永徽二年（651），针对朝鲜半岛三国连

---

① 《后汉书》卷85《东夷列传》。

② 《三国志》卷30《东夷传》。

③ 周振鹤：《汉武帝朝鲜四郡考》，载《历史地理》第4辑，上海人民出版社，1986年。

④ 罗继祖：《辰国三韩考》，载《北方文物》，1995年第1期。

⑤ 刘子敏：《关于古“辰国”与“三韩”的探讨》，载《社会科学战线》，2003年第3期。

⑥ 《隋书》卷76《文学传》。

⑦ 《隋书》卷81《东夷传·史臣曰》。

⑧ 《旧唐书》卷80《褚遂良传》。

年相互征战的情况，唐高宗降玺书给百济王扶余义慈曰："至如海东三国，开基自久，并列疆界，地实犬牙。近代已来，遂构嫌隙。战争交起，略无宁岁。遂令三韩之氓，命悬刀俎，寻戈肆愤，朝夕相仍……"[①] 新罗贵臣金庾信在新罗统一朝鲜半岛后曾对新罗王金法敏说："今者三韩为一家，百姓无二心，可谓小康。"而史载新罗王金法敏"姿表英特，聪明多智略，始一三韩，克成前志"。[②] 圣历二年（699），鸾台侍郎狄仁杰上表武则天，请求恢复原高丽国："三韩君长，高氏为其主。诚愿陛下以存亡继绝之义，复其故地。"[③] 开元十九年（731），唐玄宗下诏给新罗王金兴光，称其为"二明庆祚，三韩善邻，时称仁义之乡，代著勋贤之业"。[④]

唐人的墓志也有称呼朝鲜半岛地区为三韩的情况，如武周天授二年去世的高丽人高玄，其墓志铭称其为"辽东三韩人"。[⑤]

直到宋代乃至明代，朝鲜半岛上的国家有时仍被中原王朝称为三韩。[⑥]

基于上述两方面的原因，本书采用"三韩人"这一提法。

目前，学界涉及入唐三韩人研究的专著、文章不少，主要见于蕃将研究、民族研究、中外关系研究等研究成果之中，这些研究大多在论述时涉及部分三韩人。关于蕃将研究的专著，主要有章群的《唐代蕃将研究》[⑦] 和《唐代蕃将研究（续编）》[⑧]、马驰师的《唐代蕃将》[⑨]，这几部专著对入仕唐土的三韩人有较多载论；关于民族史、中外关系史研究的专著中，谢海平《唐代在华蕃人生活研究》[⑩]、刘统《唐代羁縻府州研究》[⑪]、刘永智《中朝

---

① 《旧唐书》卷199上《百济传》。

② 《朝鲜史略》卷3。

③ 《唐会要》卷73《安东都护府》。

④ 《册府元龟》卷975《外臣部·褒异第三》。

⑤ 周绍良主编：《唐代墓志汇编》，上海古籍出版社，1992年，天授015，第317页。录自张宁生等：《隋唐五代墓志汇编》，第6册，天津古籍出版社，1991年。

⑥ 《宋史》卷487《高丽传》载：宋高宗建炎二年（1128），浙东路马步军都总管杨应诚认为宋可以结交王氏高丽，共谋金国，乃上言："由高丽至女真，路甚径。请身使三韩，结鸡林以图迎二圣。"《明史》卷320《朝鲜传》载：明太祖洪武二十二年（1389），李成桂废高丽王昌，二十四年（1391）八月，明太祖曰："三韩君臣悖乱，二纪于兹。今王瑶嗣立，乃王氏苗裔，宜遣使劳之。"

⑦ 台北联经出版社事业公司，1987年。

⑧ 台北联经出版社事业公司，1991年。

⑨ 三秦出版社，1987年。

⑩ （台北）商务印书馆，1987年。

⑪ 西北大学出版社，1998年。

关系史研究》[①]、杨通方《中韩古代关系史论》[②]、蒋非非、王小甫等《中韩关系史（古代卷）》[③]、［韩］金文经《唐高句丽과新罗侨民》[④]、［韩］全海宗《中韩关系史论集》[⑤]、［韩］权悳永《古代韩中外交史——遣唐使研究》[⑥]、［韩］卞麟锡《唐长安의新罗史迹》[⑦]、拜根兴《七世纪中叶唐与新罗关系史研究》[⑧]，等等，都对入唐的三韩人有不同程度的涉及。关于入唐三韩人研究的文章也不少，较有代表性的有傅玫的《在唐朝境内生活的高句丽、新罗、百济人》[⑨]，文章的涵盖范围与本书相同，都是对入唐三韩人的问题进行论述，分为四部分："唐初因战争而被迫迁居唐土的高句丽和百济人"、"因奉使或宿卫来唐的高句丽、百济和新罗人"、"入唐的留学生和求法僧人"、"生活在唐朝境内的新罗平民"。傅先生此文探讨的范围主要是有关史籍以及《太平广记》、圆仁《入唐求法巡礼行记》所载的三韩人，由于当时客观条件的限制，对碑志资料所涉及的三韩人的情况还没有提及，不能不说是个缺憾。韩国卢泰暾《高句丽遗民史研究——辽东唐内地및突厥方面의集团을중심으로》[⑩]、刘希为《唐代新罗侨民在华社会活动的考述》[⑪]、卞麟锡《唐宿卫制度에서본罗唐关系》[⑫]，主要就部分入唐的三韩人进行论述；另外，还有一些是对近年来新发现的出土墓志的个案考述，等等。总之，对于入唐三韩人的系统性、全面性的研究，就笔者愚见，目前学界还没有人进行。在诸位学界前人研究的基础之上，笔者试图尝试做这一填补性工作，或可以抛砖引玉，为唐与周边地区关系史的研究尽一份薄力。

众所周知，在当今中国和朝鲜、韩国之间，存在着高（句）丽的归属之争。当2004年7月1日中午中国申报的高句丽王城、王陵及贵族墓葬项目通过了第28届世界遗产委员会的审议，成为中国第30个世界遗产地的第

---

① 中州古籍出版社，1994年。
② 中国社会科学出版社，1996年。
③ 社会科学文献出版社，1998年。
④ ［韩］日新社，1986年。
⑤ 中国社会科学出版社，1997年。
⑥ ［韩］一潮阁，1997年。
⑦ ［韩］亚细亚文化社，2000年。
⑧ 中国社会科学出版社，2003年。
⑨ ［韩］《春史卞麟锡教授华甲纪念唐史论丛》，1994年。
⑩ ［韩］高丽大学校：《史丛》总第11辑，1966年。
⑪ ［韩］《韩佑劤博士停年纪念论文集》，1981年。
⑫ 《中国史研究》，1993年第3期。

二天，同样参加世界遗产委员会的韩国代表团向与会各国主要人士分发了一本名为《高句丽的古墓壁画》的书籍，强调高句丽的古墓壁画是能够证明东北亚形成“独立文化圈”的历史证据和重要的文化遗产。其根本目的在于证明高句丽是今天朝鲜民族的祖先，而高句丽的历史应该是朝鲜而不是中国的历史。韩国《朝鲜日报》甚至报道说，有韩国教授从国外收购的数张地图能证明中国东北某些地方乃是朝鲜民族祖先的领土。中国对此反应理智而冷静。中国学者认为，应该本着历史的、科学的态度去看待高句丽古代文明，不能将问题带到现代政治中来。① 是的，现代政治不应随意把古代历史分割划片，现代政治也无权决定古代民族历史的归属。从学术的角度去探讨历史则是值得肯定且必要的。

《东北古代民族·考古与疆域》说：“唐在东北地区设置府州，是属于国内的地方行政设施。”“隋、唐时期东北地区的疆界是明确的。从当时中国东北民族分布和唐朝在东北设置的府州，都无可争议地说明当时中国东北疆界之所至及其走向。”“唐太宗主张边境的民族成为唐的编户，而不是一般地朝贡和臣附，这种思想同当时对边境实行羁縻府州有关。边境的羁縻州与中原府州并存，这在设置史上是个开创，是由原来的部落和地方政权的朝贡制向全国统一的府州制变化的一种过渡形式，是变外为内和变夷从夏的思想。”② 这是根据历史事实进行的研究。

美国著名当代历史学家斯塔夫里阿诺斯教授（L. S. Stavrianos）认为，人性的问题是生死攸关的大问题。他主张，在研究历史的时候，应当考虑人性的本质所在：“历史记载表明人类天生既不爱好和平，也不爱好战争——既不合作，也不好战。不是人的基因决定他们怎样行动，而是社会教他们怎样行动。”③

笔者认同上述观点。

现今发现的有关入唐三韩人的踪迹资料比较散乱，主要来自正史、笔记小说、唐人墓志及其他碑志等资料的记载。大体上来说，朝鲜半岛三国人进入唐朝内地后，他们的活动几乎涉及唐代社会的各个领域，包括政治、军

① 蔡伟：《高句丽遗产之争 中韩政府同意从学术层面解决》，载《三联生活周刊》网络版，2004 年 7 月 29 日。

② 张博泉、魏存成主编：《东北古代民族·考古与疆域》，吉林大学出版社，1998 年，第 602、603、483 页。

③ ［美］斯塔夫里阿诺斯著，吴象婴、梁赤民译：《全球通史——1500 年以前的世界》，第 531 页。

事、经济、民族、宗教、艺术等各方面。但是，对入唐三韩人进行研究的时候，所遇到的难题是，按照史书记载，入唐的三韩人人数当有数十万之多，然而仅凭目前我们所了解的正史、笔记小说、碑志等资料的相关记载，入唐三韩人数却相对较少。如何让目前所了解的入唐三韩人情况尽量反映出当时的基本社会现状，是本书所要努力达到的目标。

基于上述情况，本书拟对这些已发现的三韩人情况按照不同专题进行分类论述。然而，所考论的对象是当时社会中有血有肉的个体，他们的日常社会活动必然至少涉及上述的数个领域，这就决定了在论述过程中，有些领域内的人物会多次出现。本书尽量按照人物活动的主要方面进行探讨，以减少重复论述。

目　录

第一章　三韩人的入唐概况

在唐朝统治的万花筒般的三个世纪中，几乎亚洲的每个国家都有人曾经进入过唐朝这片神奇的土地。这些人是怀着不同的目的到唐朝来的：他们中有些是出于猎奇，有些是胸怀野心，有些是为了经商谋利，而有些则是由于迫不得已。但是在前来唐朝的外国人中，最主要的还是使臣、僧侣和商人这三类人：他们分别代表了当时亚洲各国在政治、宗教、商业方面对唐朝的浓厚兴趣。

——［美］谢弗[①]

第一节　高丽人入唐概况

一、唐朝之前中原与高丽之间的人口流动情况

在对高丽与中原地区之间的人口流动情况进行了解之前，有必要先了解高句丽族的族源与高句丽国的源起。

有人认为高句丽的“族名族源均与中国古代高阳、高辛等远古民族存在千丝万缕的联系，著名的‘涂山之会’有高句丽始祖解扶娄‘执玉’之贡献”[②]，高句丽族之先祖和中原似乎早在大禹时期就有交往。还有学者据《朝鲜鲜于氏奇氏谱牒》所载“武王克殷，箕子耻臣周，走之朝鲜，殷民从之者五千人”，认为随从箕子入朝鲜的人有相当数量。[③] 这部分人也是高句丽的族源之一。

---

① ［美］谢弗著，吴玉贵译：《唐代的外来文明》，中国社会科学出版社，1995 年，第 19 页。
② 傅朗云：《东北亚历史民族——高夷、高丽、高句丽》，载《东北亚论坛》，2001 年第 1 期。
③ 杨军：《公元前朝鲜半岛的民族迁徙与融合》，载《东北亚论坛》，2002 年第 3 期。

高句丽于公元前37年始建国。从那时起，就一直处于西汉王朝高句骊县的管辖之下。也就是说，先有高句骊县，后有高句骊国。“高句骊国是夫余人的一支南下与西汉王朝高骊县境内的其他民族或部族联合建立边疆政权时用了高句骊县的名称。至于高句骊族的形成，可以说它是在高句骊国建立之后的事情，高句骊建国后其部众分为‘五部’或称为‘五族’就是在高句骊建国时高句骊族尚未形成的反映。”① 据马大正等学者的研究，高句丽族的主源是秽貊族解体后东迁的各支后裔，有高夷、夫余、沃沮、小水貊、东秽等。夫余人有十万以上、沃沮人有近五万、东秽人有四五万、小水貊有两三万人先后融入了高句丽族。古代朝鲜移民（后裔）和汉人是高句丽族发展壮大的又一来源。《东国史略·箕子朝鲜》记载箕子率领五千人入朝鲜，这五千人发展到汉初当有数万人；秦末陈胜起义时，“燕、齐、赵民避地朝鲜数万口”；② 西汉卫满及其孙右渠等招徕入朝鲜的人数也有10～15万人。晋代没入高句丽的汉人有15万以上，其中一半或三分之一的人成为高句丽人。此外，高句丽族还融合了肃慎人、鲜卑人、荇人、盖马人、句茶人、契丹人、百济人等。③

上述移民及其后裔在高句丽国的扩张发展过程中逐渐融入高句丽族。高句丽和中原王朝屡起冲突，其民众被迁入中原的情况也有记载。江统《徙戎论》中说：“荥阳句骊本居辽东塞外，正始中，幽州刺史毋丘俭伐其叛者，徙其余种。始徙之时，户落百数，子孙孳息，今以千计……”④ 据唐长孺先生考证，荥阳一带的土地自后汉至曹魏时一直荒芜着，毋丘俭迁徙高句丽户的目的就是为了开辟荒土，⑤“五胡之乱”后，荥阳这支高句丽移民已经同化于各族之中。其后的前燕慕容皝政权都迁徙不少高句丽人入内地。咸康七年（341），慕容皝大败高丽，高丽王钊单马而遁。慕容皝掠高丽男女五万余口而归。⑥ 由于有先例在前，所以唐朝大规模迁徙高句丽遗民入内地，在朝内并没有什么反对意见，与贞观初期朝中热烈讨论如何安置突厥余

---

① 李大龙：《从高句骊县到安东都护府——高句骊和历代中央王朝关系述论》，载《民族研究》，1998年第4期。

② 《三国志》卷30《魏书·东夷列传》。

③ 马大正等：《古代中国高句丽历史丛论》，黑龙江教育出版社，2001年，第31～46页。

④ 《晋书》卷56《江统传》。

⑤ 唐长孺：《魏晋南北朝史论丛》，三联书店，1955年，第133页。

⑥ 《晋书》卷109《慕容皝载记》。

众的情形构成鲜明对比。①

战争导致高丽、中原之间的人口较大规模地流动，到隋朝达到了一个小高潮。隋朝三次征讨高丽，不仅没有克复成功，反而丧失了数十万精锐兵众，相当多的隋军士兵因被俘或其他原因而滞留高丽。而大规模的高句丽族人迁入中原则发生在唐代，起因于唐对高句丽的统一战争。

二、高丽人大规模迁入唐朝内地

早在隋朝时期，随着突厥的分裂②和高保宁割据势力的消灭③，高丽与隋朝统治地域直接接触，二者冲突升级。开皇十八年（598），高丽王高元“率靺鞨之众万余寇辽西”，④ 以此为开端，隋文帝、炀帝对高丽发动了几次战争，力图把高丽统一到中国的直辖版图内，均没有达到目的。“一个安定的东北边境并没有形成，这一历史使命，自然落到了隋的后继者唐王朝的肩上。”⑤

李唐代隋后，致力于平定国内割据的群雄，对边疆民族基本上采取了和平的姿态。对于高丽，唐高祖甚至一度想放弃对高丽的宗主权，被大臣制止。⑥

武德五年（622），唐高祖“以隋末战士多没于高丽”，因而“赐高丽王建武书，使悉遣还。亦使州县索高丽人在中土者遣归其国。建武奉诏，遣还中国民前后以万数”。⑦ 其实，高建武并没有把滞留在高丽的华人全部放还，

---

① 刘春英、姜维东：《唐王朝对内迁高句丽人的安置措施》，载《长春师范学院学报》，2001年第4期。

② 详见《隋书》卷84《突厥传》。

③ 高保宁，即《北齐书·高宝宁传》中的高宝宁，本为北齐营州刺史，北齐灭亡后，高保宁不臣周、不臣隋，保持割据。营州治所位于辽西走廊，北通契丹，东接高句丽，西邻突厥，地理形势及战略位置都很重要，历来是中原王朝经营东北的前沿阵地。而高保宁所倚仗的契丹、靺鞨之众，都是高句丽的势力，高保宁作为中原王朝的反叛势力，同时又成为高句丽与突厥沟通的中介。（蒋非非、王小甫等著：《中韩关系史（古代卷）》，第85~86页。）

④ 《资治通鉴》卷178，隋文帝开皇十八年二月甲辰条。

⑤ 蒋非非、王小甫等著：《中韩关系史（古代卷）》，第90页。

⑥ 《旧唐书》卷199上《高丽传》载：高祖尝谓侍臣曰：“名实之间，理须相副。高丽称臣于隋，终拒炀帝，此亦何臣之有！朕敬于万物，不欲骄贵，但据有土宇，务共安人，何必令其称臣，以自尊大。即为诏述朕此怀也。”侍中裴矩、中书侍郎温彦博曰：“辽东之地，周为箕子之国，汉家玄菟郡耳！魏、晋已前，近在提封之内，不可许以不臣。且中国之于夷狄，犹太阳之对列星，理无降尊，俯同藩服。”高祖乃止。

⑦ 《资治通鉴》卷190，唐高祖武德五年条。

仍有很多华人滞留于高丽。[①] 贞观二年，即武德九年（628），高丽向唐太宗进献《封域图》，对唐表示服从，但这并不诚心，因为之前二年（626），高丽就已封锁了百济、新罗的入唐道路，并与之争夺领土；贞观五年（631）在唐派人拆毁高丽以隋战亡士兵骸骨所筑的京观时，高建武修筑千里长城回应，[②] 都是高丽对唐戒备的表现。贞观十六年（642），高丽权臣泉盖苏文弑国王高建武，立建武的侄子高藏为王，并自任莫离支，引起唐朝君臣的极大关注。[③] 次年高丽与百济和亲通好，企图攻取新罗党项城，以阻断新罗的入朝之路，致使唐对盖苏文再也无法容忍下去。[④] 唐太宗派人劝诫无效后，决定收复中国的失地，消除以后可能的隐患。[⑤]

此后，唐太宗和其后继者高宗李治为了实现这一目的对高丽展开了数次讨伐，最终灭掉高丽。对于灭亡高丽的过程，正史有详述，本书从略。在征战的过程中，有大量的高丽人被迫迁入唐朝内地：唐太宗“凡征高丽，拔玄菟、横山、盖牟、磨米、辽东、白岩、卑沙、麦谷、银山、后黄十城，徙辽、盖、岩三州[⑥]户口入中国者七万人”。这七万人中，包括“李世勣等拔

---

① 据《隋书》卷61《宇文述传》：“初，渡辽九军三十万五千人，及还至辽东城，惟二千七百人。”除了战死的士兵之外，当有为数甚众的隋人定居于高丽；又据《新唐书》卷220《高丽传》，当后来唐太宗派陈大德出使高丽时，“见华人流客者，为道亲戚存亡，人人垂涕，故所至士女夹道观”。这些所谓的华人流客当有不少是在隋末战争中滞留高丽的。

② 《新唐书》卷220《高丽传》。

③ 作为宗主国，唐朝有对藩属国进行监督、维护其统治秩序的权利和义务。盖苏文的弑主无疑破坏了其统治秩序，理应受到唐朝的制裁。但因为唐太宗君臣考虑到高丽和唐朝的具体情况（高丽新丧主、唐山东地区社会凋敝、盖苏文必定严设守备），最终还是决定对盖苏文静观其变。

④ 对于唐朝来说，新罗是维持朝鲜半岛三国政治格局稳定的重要一极。如果新罗灭亡，弱小的百济对于强大的高丽来说力量微不足道，则高丽势必坐大，必吞百济而雄霸半岛。随之必向西方的唐内地扩张，唐朝的东部边境就无宁岁。

⑤ 唐朝的这一思想，体现在唐太宗对侍臣的一席话上，《资治通鉴》载：“辽东本中国之地，隋氏四出师而不能得；朕今东征，欲为中国报子弟之仇，高丽雪君父之耻耳。且方隅大定，惟此未平，故及朕之未老，用士大夫余力以取之。朕自发洛阳，惟啖肉饭，虽春蔬亦不之进，惧其烦忧故也。”

⑥ 据《新唐书》卷220《高丽传》载：“有诏班师，拔辽、盖二州之人以归”，则似岩州户口并不在入唐之列。且唐太宗在接受白岩城（岩州）城主孙伐音投降时也表示赦免城中百姓。在遭到李勣反对时，唐太宗说：“将军言是也。然纵兵杀戮，虏其妻孥，朕所不忍也。将军麾下有功者，朕以库物赏之，庶因将军赎此一城。”唐太宗遂接受白岩城的投降，“获士女一万，胜兵二千四百，以其城置岩州，授孙伐音为岩州刺史”（《旧唐书》卷199上《高丽传》）。据此来看，岩州百姓避免了沦为奴婢的命运，似乎没有被迁入内地。对于迁移高丽户口，《册府元龟》卷117《帝王部·亲征第二》记载：“（贞观十九年）九月癸未，太宗以季秋草枯，辽塞寒烈，敕诸军收攻安市城器械，即命班师。先遣拔辽、盖二州户口渡辽……，十月丙申朔……凡徙辽、盖、岩三州户口入内地前后七万人。”表明辽、盖二州的迁移在先，岩州的户口是随后内迁的。大概是后来唐太宗对于岩州的民户不放心，在内迁辽、盖二州之后随即命令其内迁。《册府元龟》的记载应当是翔实可信的。

盖牟城（改名盖州），获二万余口”[①]；攻破辽东城（改名辽州），“得胜兵万余人，男女四万口”[②]；攻克白岩城（改名岩州），“得城中男女万余口”[③]。此外，还应当包括俘获高延寿、高惠真所率“耨萨已下酋长三千五百人”，这些人被“授以戎秩，迁之内地”。[④] 唐朝对迁入内地的高丽俘虏的处置措施也有过变化。由于辽东城对抗唐军非常顽强，所以攻克城池后，唐太宗把城中的一万四千口人贬身为奴婢，迁入幽州，用来赏赐唐朝将士，但随后在幽州把他们释放为平民。[⑤] 唐朝对于人口流动方面的管理相当严格，需要有“过所”才能在境内通行（具体的管理情况，本书后面附录的“唐代的押新罗、渤海两蕃使”部分中有详述）。因此，这部分转为平民的高丽人很可能就在幽州或附近地区居住了。从唐太宗对于战争所获的高丽人的处置可以看出，除了对被俘的高丽将领授予官职，迁入内地为唐效命[⑥]外，其他被俘的高丽人口有许多被当作战利品，赏赐给将士，作为私奴婢。[⑦]

高宗朝时期，高丽人作为战俘入唐，还有很多人次。显庆三年（658）六月，营州都督兼东夷都护程名振、右领军中郎将薛仁贵将兵攻克“高丽之赤烽镇，斩首四百余级，捕虏百余人”。[⑧] 龙朔元年（661），高丽盖苏文遣其子男生以精兵数万守鸭绿水，契苾何力领兵大败高丽，“斩首三万级，余众悉降，男生仅以身免”。[⑨] 乾封三年（668），男建以兵五万袭扶余，绩破之萨贺水上，斩首五千级，俘口三万。总章二年（669），徙高丽民三万于江淮、山南。同年，李谨行于发庐河与高丽余众激战，“俘馘万计”。[⑩] 被俘获的人，尽管不能说全部被迁入中原，但是按照当时的战争情况来看，应

① 《资治通鉴》卷197，贞观十九年四月癸亥条。

② 《资治通鉴》卷197，贞观十九年五月甲申条。

③ 《资治通鉴》卷198，贞观十九年六月条。

④ 《旧唐书》卷199上《高丽传》。张亮帅舟师袭卑沙城所获男女八千口（《资治通鉴》卷197，贞观十九年五月己巳条），据《通鉴》这段记载来看，这部分人似乎没有被迁入内地。

⑤ 《资治通鉴》卷198，太宗贞观十九年十月乙酉、十一月条。

⑥ 如据《资治通鉴》卷198记载：贞观十九年六月，唐太宗把败降的高丽将领“简耨萨已下酋长三千五百人，授以戎秩，迁之内地”。

⑦ 《新唐书》卷143《元结传》记载：元结的祖父元仁基曾随从唐太宗征高丽，“以功赐宜君田二十顷，辽口并马牝牡各五十，拜宁塞令（从七品下职事官），袭常山公”，这里的“辽口”应当就是俘获的高丽人口。将士因作战受到嘉奖可以分到生口，元仁基一个七品下的官员就得到五十名奴婢，则其他将领得到的奴婢数量就可想而知了。而皇帝是级别最高的将领，他所得到的生口当是最多的。

⑧ 《资治通鉴》卷200，高宗显庆三年六月条。

⑨ 《资治通鉴》卷200，龙朔元年九月壬子条。

⑩ 《新唐书》卷220《高丽传》。

该有相当多的俘虏被送入内地。他们或在唐军中服役，或作为战利品被赏赐给将士。关于后者的可能性，从唐太宗攻打白岩（崖）城的时候李勣的一番话中就可以看出。①

仪凤二年（677），唐高宗授原高丽王高藏辽东都督，封朝鲜郡王，令其还辽东以安辑高丽余民，“先编侨内州者皆原遣，徙安东都护府于新城。藏与靺鞨谋反，未及发，召还放邛州，厮其人于河南、陇右，弱窭者留安东”。② 从上述记载推断，内迁的高丽遗民中有许多是按照原来的部族建制居住的，这部分人似没有被作为奴婢。这些人回迁故土之后，受高藏谋反的影响，又被唐迁至内地的“河南、陇右”地区。至于是否维持侨州建制，则不得而知。

另外，还有通过其他途径进入内地的情况，如高丽入唐侍子、留学生、求法的僧人等。因为高丽在唐朝前期即亡，所以侍子、留学生、僧人等的数量比因战争被俘而迁入唐内地者要少得多。总之，从唐朝建立（618）到高丽灭亡（669）之间的约五十年间，因为唐丽战争被俘而迁入内地的高丽人占了入唐高丽人的绝大多数。

第二节　百济人入唐概况

一、唐以前中原和百济的人口流动情况

公元前18年，马韩王割其东北部“一百里之地”容留来自扶余的百济始祖温祚，温祚于是在慰礼城（今首尔附近）称王，建国百济。③ 百济建国后，反而吞并了马韩，并与近邻的新罗展开了持续数世纪的扩张战争。四世纪中期开始，百济与高句丽的领土争夺又持续不断。百济和中原王朝隔黄海相望，与大陆的交通只有通过海路或者经由北方的高句丽陆路交往。然而，

① 《旧唐书》卷199上《高丽传》载，在唐太宗攻下辽东城的时候，白岩城的城主孙伐音乞降，随后反悔。唐太宗“怒其反复，许以城中人物分赐战士”。但是，当孙伐音再次表示投降并得到唐太宗的宽恕时，李勣对唐太宗说：“战士奋厉争先，不顾矢石者，贪虏获耳。今城垂拔，奈何更许其降，无乃辜将士之心乎?”这从一定意义上说明唐军将士希望得到城中的俘虏、物品作为奖赏，也从侧面反映出当时存在着把俘虏作为对将士的赏赐的现象。

② 《新唐书》卷220《高丽传》。

③ 《三国史记》卷23《百济本纪第一》。

高句丽和百济因为扩张领土而相互敌视，高句丽甚至切断百济进入中原的陆上通道以推行半岛扩张政策。

百济和大陆一衣带水，相比较而言，其与中国的交往，走海路比陆路似乎更可行一些。但在当时的航海条件下，使者却往往受风浪阻碍，甚至有船沉人亡的事故发生。例如，魏延兴二年（472），百济王余庆上表北魏，请求核实在百济西部海岸发现的十余具尸首并“衣器鞍勒”等物是否来自中原。孝文帝“以其僻远，冒险入献，礼遇优厚”，赐诏曰：“……前所遣使，浮海以抚荒外之国，从来积年，往而不反，存亡达否，未能审悉……”遂派遣使者邵安与百济使从陆路归国，却被高丽阻拦，“不令东过。安等于是皆还”。五年（475），孝文帝派遣邵安等从东莱浮海改由海路出使百济，结果“安等至海滨，遇风飘荡，竟不达而还”。百济与大陆之间交通之不便，从隋文帝对百济使者的一席话中也有所反映：隋灭陈的当年，隋文帝下诏给百济：“彼国悬隔，来往至难，自今以后，不须年别入贡。”[①] 另外，因为领土争夺不断，百济的疆界和高丽一样经常变动。百济国本来与高丽俱在辽东之东千余里，晋代时高丽已经略有辽东，百济也一度略有辽西。宋元嘉年间，百济王余毗还遣使来进献生口。[②] 总的来说，百济和中原王朝在唐代之前的相当长的一段时期内，没有发生大规模的人口流动，但随着国土的扩张与缩小，域内的人口会有所盈减；另外，不可否认的是，民间的小规模流动是始终存在的。“其（百济）人杂有新罗、高丽、倭等，亦有中国人”，[③] 就是很好的说明。

百济和高丽一样，都在唐初亡国，所以入唐的百济留唐学生和僧侣，总人数并不多。百济人大规模进入中国也是发生在唐朝的初期。

二、百济人大规模迁入唐朝内地

为了求得更多的生存和发展空间，朝鲜半岛三国之间斗战纷争，扩大领土地盘成了统治者迫切之需。所有的纷争均围绕疆域问题展开。随着时间的发展和斗争格局的演化，三国围绕着自身的利益或战或和。到唐初，高丽和百济在相互斗争中走向联合，共同对付其南部小国新罗。同时，两国也对新罗的与国——大唐帝国充满了警惕、畏惧和疑虑之心。尽管它们对唐统治者

① 《北史》卷94《百济传》。
② 《宋书》卷97《百济国传》；《梁书》卷54《百济传》。
③ 《通志》卷194《四夷传第一・东夷・百济》。

的警告颇有忌惮,[1] 但面对世仇——在它们的夹击下垂将灭亡的弱小新罗,却不甘心就此收手。故"虽外称顺命,内实相仇如故"。[2] 唐太宗的早逝虽然让唐对高丽的讨伐暂时搁置,然而高丽和百济联合攻击新罗的势头却趁机愈演愈烈。新罗王不得不频频向唐求救。自认为担负"代天理物,载深矜愍"责任的唐高宗眼看新罗疆宇日蹙,逐渐步入亡国之路,在"朕万国之主,岂可不恤危籓"的观念指引下,向百济下达了最后通牒,警告百济放弃灭亡新罗的做法。[3] 永徽六年(655),百济与高丽、靺鞨入侵新罗北界,攻占新罗三十余座城池,明确拒绝了唐朝皇帝的旨意,遂招致唐和新罗的毁灭性打击。

显庆五年(660),唐朝将领苏定方统水陆兵十万,联合新罗军队讨伐百济,大破其国。"虏义慈及太子隆、小王孝演、伪将等五十八人送于京师……其国旧分为五部,统郡三十七,城二百,户七十六万。至是乃以其地分置熊津、马韩、东明等五都督府,各统州县,立其酋渠为都督、刺史及县令。命右卫郎将王文度为熊津都督,总兵以镇之。"[4] 从两《唐书·百济传》的记载来看,似乎只有百济王义慈、太子隆、小王孝演、伪将等五十八人被俘虏后押往长安,但在比较了战后唐对高丽王室、百官以及民众的处置后,[5] 我们就有理由相信:有相当多的被俘百济兵士以及民众也必然被迁入了唐朝内地。唐朝这样做的目的是要分化、削弱百济旧地民众对唐军的反抗,[6] 同时增强内地的农耕社会的发展力量。《通鉴》中有一则史料记载:唐高宗仪凤元年(676)"二月,甲戌,徙安东都护府于辽东故城;先是有

---

① 《旧唐书》卷199上《东夷传》:武德"九年,新罗、百济遣使讼建武,云闭其道路,不得入朝。又相与有隙,屡相侵掠。诏员外散骑侍郎朱子奢往和解之。建武奉表谢罪,请与新罗对使会盟"。贞观元年,太宗赐百济王玺书曰:"……新罗王金真平,朕之籓臣,王之邻国。每闻遣师,征讨不息,阻兵安忍,殊乖所望。朕已对王侄信福及高丽、新罗使人,具敕通和,咸许辑睦。王必须忘彼前怨,识朕本怀,共笃邻情,即停兵革。"百济王夫余璋因遣使奉表陈谢。

② 贞观十七年,唐遣司农丞相里玄奖赍玺书往说谕高丽,令勿攻新罗。盖苏文谓玄奖曰:"高丽、新罗,怨隙已久。往者隋室相侵,新罗乘衅夺高丽五百里之地,城邑新罗皆据有之。自非反地还城,此兵恐未能已。"玄奖曰:"既往之事,焉可追论?"苏文竟不从。

③ 《旧唐书》卷199上《东夷传》载其诏曰:王若不从进止,朕已依法敏所请,任其与王决战;亦令约束高丽,不许远相救恤。高丽若不承命,即令契丹诸蕃渡辽泽入抄掠。王可深思朕言,自求多福,审图良策,无贻后悔。

④ 《资治通鉴》卷200,高宗显庆五年三月条;《旧唐书》卷199上《百济传》略同。

⑤ 据《新唐书》卷220《高丽传》:高丽王室、将帅被迁入唐朝,授予官职;总章二年(669),徙高丽民三万于江淮、山南。

⑥ 参见纪宗安、姜清波:《试论武则天与原高丽王室、权臣泉氏家族》,载《陕西师范大学学报(哲学社会科学版)》,2004年第6期。

华人任安东官者，悉罢之。徙熊津都督府于建安故城；其百济户口先徙于徐、兖等州者，皆置于建安”。[①] 此可以佐证百济国被灭后，其遗民有不少被迁移入唐安置，后来被迁往建安。[②] 这是百济历史上规模最大的向中原移民的浪潮。

百济灭亡之后，唐朝和新罗遂合力攻灭高丽。杨坚、杨广和李世民等帝王都曾想征服高丽，收复汉代失地，却直至谢世均未能如愿。未曾想到，唐高宗这样一位不具有宏韬大略的人物却轻而易举地灭掉了海东两国，其原因引人深思。唐朝将领刘仁轨认为唐高宗兴兵讨伐两国的策略比较对头：“主上欲灭高丽，故先诛百济。”[③] 表明唐高宗实际上秉承了其父的未遂志愿，只是他所面临的政治局势已经比唐太宗时期要有利得多；并且唐高宗与唐太宗有一个重大的不同是他没有亲征，这使得将士卸掉了对战场上君主人身安全的顾虑，故而可以全力投入战斗。[④] 学术界对有关唐朝和新罗灭亡百济、高丽的研究已经非常深入，且不是本书探讨的重点，故不赘述。

第三节　新罗人入唐概况

一、唐以前新罗和中国的人口流动情况

新罗作为国号，于公元503年才正式定名，此前国名或称斯卢，或言斯罗，有时也称新罗。[⑤] 但新罗人以其始祖朴赫居世立国号“徐那伐”为立国之始，时为公元前57年。[⑥] 新罗国在百济东南500余里，东濒大海，本来是三韩中辰韩的一支。有资料证明，辰韩人的主体是由秦代的流亡人构成的。史载：

辰韩耆老自言秦之亡人避苦役来适韩国，马韩割其东界地与之。有

① 《资治通鉴》卷202，高宗仪凤元年二月条。

② 建安都督府辖今辽东半岛北部地区。

③ 《资治通鉴》卷200，高宗龙朔二年七月条。

④ 参见刘进宝：《试论唐太宗、唐高宗对高丽的战争》，载《中国边疆史地研究》，1995年第3期。

⑤ 《三国史记》卷4《新罗本纪第四》。马端临认为魏时新罗称为新卢国（《文献通考》卷326《四裔考三·新罗》）。

⑥ 《三国史记》卷1《新罗本纪第一》。

城栅，其言语有类秦人，由是或谓之为秦韩。其王常用马韩人作之，世世相系袭，辰韩不得自立为王，明其为流移之人故也。其名国为邦，弓为弧，贼为寇，行酒为行觞，相呼皆为徒。①

按：马韩割地给秦朝的逃亡人居住，说明这些流人的规模不会太小，而且时间既久，他们的语言仍然有类秦人，更说明这些人之间形成了一个小社会。毫无疑问，他们的风俗习惯会受到马韩的影响，但是从“其言语有类秦人”来看，他们的语言还没有完全被马韩同化，这也在一定程度上说明这个辰韩社会群体有一种相对稳定的心理特征。当然，随着时间的推移，这种稳定性会慢慢淡化，最终达到区域性融合。②

《三国志》记载，王莽时乐浪郡与辰韩之间的联系还是“乘大船”，③有学者据以推知迁入马韩东部地区的中原人主要是乘船自汉江溯流而上。并据同卷辰韩的语言“有似秦人，非但燕、齐之名物也”，认为这证明迁入汉江流域的中原人来自许多不同的地区，不仅与朝鲜半岛北部的大同江流域一样，有今中国河北、山东等地区的居民，还可能有来自中国西部的居民。《三国史记·新罗本纪》记载辰人称国王为居西干，显然这不是汉语，当是出自马韩人的语言。说明在这一地区居住的不全是从中原地区迁来的汉人，也存在着相当数量的韩人。《梁书·新罗传》：“语言待百济而后通”，新罗立国于辰韩的居住区，其语言与汉语存在着较大差异，说明辰人的语言也与汉语不同，证明这一地区的居民还是以韩人为主。迁入汉江流域的中原人与当地土著韩人融合而形成辰韩，因此辰韩的语言既保留了部分汉语词汇，又

---

① 《文献通考》卷324《四裔考一·辰韩》。

② 《文献通考》卷326《四裔考三·新罗》载：“新罗，魏时新卢国焉。其先本辰韩种也。辰韩始有六国，稍分为十二，新罗其一也。其国在百济东南五百余里，东滨大海。魏将讨高丽，破之。奔沃沮。其后复归故国，留者遂为新罗焉。故其人杂有华夏高丽百济之属。”《隋书》卷81《新罗传》并载：“其人杂有华夏、高丽、百济之属，兼有沃沮、不耐、韩獩之地。”观此可知，新罗境内不仅有中原人、高丽人、百济人，而且有沃沮、不耐、韩獩等地的居民，他们在共同的生活中必然慢慢趋于融合。

③ 《三国志》卷30《东夷传》记载：至王莽地皇时，廉斯鑡为辰韩右渠帅，闻乐浪土地美，人民饶乐，亡欲来降。出其邑落，见田中驱雀男子一人，其语非韩人。问之，男子曰：“我等汉人，名户来，我等辈千五百人伐材木，为韩所击得，皆断发为奴，积三年矣。”鑡曰：“我当降汉乐浪，汝欲去不？”户来曰：“可。”（辰）鑡因将户（来）出诣含资县，县言郡，郡即以鑡为译，从芩中乘大船入辰韩，逆取户来。降伴辈尚得千人，其五百人已死。鑡时晓谓辰韩：“汝还五百人。若不者，乐浪当遣万兵乘船来击汝。”辰韩曰：“五百人已死，我当出赎直耳。”乃出辰韩万五千人，弁韩布万五千匹，鑡收取直还。

与汉语有所不同。①

新罗所自的辰韩也有向中原王朝迁移人口的情况。据上文所引《三国志·东夷传》载，辰韩掳掠汉人一千五百名，乐浪郡向辰韩索还汉人，因其中有五百人已死，辰韩不得不用一万五千人来抵偿新莽的人口损失。此一万五千人或不尽为韩人，但其中韩人的比例也应当不会太小。这些辰韩人将会在漫漫的时间长河中与当地民众的生活习俗融合。史书中对唐代之前新罗与中原之间人口流动的记录，似仅见于以上所述情况。

二、唐代新罗人进入中国概况

在朝鲜半岛三国中，新罗的结局与高丽、百济截然相反。新罗国小力弱，在三国冲突中紧紧抓住中国统治者“兴灭继绝”的宗主思想脉搏而不断求援。由此，它不仅一举扭转了在三国冲突中的垂亡地位，而且和唐朝联手灭掉了两大夙敌，进而鲸吞蚕食原百济、高丽的领土，并一统朝鲜半岛，达到其国家发展的强盛期。在扩张过程中，新罗与唐朝的利益发生冲突，曾一度爆发战争。利益的冲突导致国与国之间或战或和，这在半岛三国与唐朝的关系上表现得非常明显。

基于上述原因，新罗与唐朝在绝大多数时间内保持了和平友好的交往。② 新罗人入居唐朝的形式更多地表现为新罗王族贵臣子弟入唐宿卫学习，使者入唐寻求唐朝外交、军事支持，留学生、留学僧入唐求学、求法，流民入唐求食图存以及商人入唐经商，等等。新罗与高丽、百济命运的一个显著不同之处还在于，高丽、百济的王室以及百官几乎全部被迁入唐朝境内，就连其原境内的普通百姓也被迫内徙，而新罗在保全国家之外，还拓展了领土空间。所以，相对于高丽、百济来说，尽管新罗的入唐人数不如前二者集中、量大，但在与唐并存的近三百年里，入唐者几乎络绎不绝，其绝对数目也不小。

纳质宿卫是新罗向唐遣派质子以示忠诚的方式，这是当时藩属国维护宗藩体系的应尽义务。值得注意的是，这种义务是出于藩属国自愿而非被迫做出的，换言之，新罗主动向唐派出质子源自其政治、经济利益的考虑。宿卫

---

① 以上参见杨军：《公元前朝鲜半岛的民族迁徙与融合》，载《东北亚论坛》，2002年第3期。

② 之所以说新罗与唐朝在绝大多数时间内保持了和平友好的交往，是因为在唐罗攻灭高丽后，新罗收留高丽反唐势力，并大举扩张领土，不仅吞并了原百济故地，还侵占了原高丽南部疆土，引起唐朝的不满，进而一度发生战争。从咸亨三年（672）十二月新罗遣兵救高丽开始，唐、罗之间正式兵戎相见，仪凤三年（678）九月，唐高宗听从侍中张文瓘的劝告，停止东征新罗的念头。

质子在宿卫唐朝宫阙的同时，还学习文化、礼仪制度等，以便其回国后用其所学为国服务。从唐太宗时代开始，直到唐末，这种宿卫方式一直存在。由于是基于身份地位的派遣，这些宿卫质子大多由新罗王室子弟担任，所以这些高品出身的质子相对于“相望于路”的入唐留学生来说，数量不多。本书后文对此将有详述。

高丽、百济灭亡后，新罗在扩张过程中支持原高丽旧民反抗唐朝，至少有两千名新罗士兵被俘。① 根据中国方面史书对唐在与高丽、百济战争之间处置俘虏的记述，每当唐朝把战俘赦免或放归本国时，史书就大书特书，以突出宗主国在讨逆战争中的高姿态。但这些新罗被俘者在史书中没有只言片语交代其下落，说明他们很可能被迁入唐内地了。

遣送留学生入唐学习，也是新罗人入唐的途径之一。唐代中后期，新罗入唐学生的身份，由王室贵臣子弟垄断扩展到向全社会的好学者开放，新罗著名文人崔致远就是放松限制之后的留唐学生。唐后期，新罗学生留学中国竟然也被称为宿卫，而且有时候学成归国的人士一次就达一两百人，反映了宿卫在罗唐之间其实成了一个形式上的外壳，当然也侧面反映出宿卫在新罗人看来与其说是一种义务，不如说是一种荣誉。留学生可以参加唐朝的科举考试，考中的也可以做官。在唐朝的中央朝廷内和地方政府内，都有新罗人为官的史料记录。这可能是很多现代人所不能理解的，因此应该给予研究关注。严耕望先生认为，从唐太宗贞观十四年到五代中叶的三百年间，新罗所派遣的留唐学生在两千人以上。② 而马驰师的《羁旅长安的新罗人》也认为入唐的新罗学生大大超过三千人。③

留学僧是入唐新罗人的又一来源阶层。新罗的僧侣为求法而入唐巡礼，甚至转而入天竺礼佛取经，他们的行为给唐人留下了深刻印象。而新罗的商人们更是利用了接近大唐帝国的地理位置优势，或入唐朝内地经商，或长途贩运，在日本列岛、朝鲜半岛和中国之间构织了一张海上商业网。另外，还有新罗人因为国内灾荒和饥馑，或被海盗掠卖入唐，或逃荒到中国，有的人被迫典身为奴，以求食谋生。

综合上述高丽、百济、新罗人入唐的特点，可以明确他们有以下不同之处：第一，入唐方式不同。高丽、百济人大多数是因为亡国，其上自王室贵

---

① 《新唐书》卷220《高丽传》。

② 严耕望：《唐史研究丛稿》，香港新亚研究所，第431页。

③ 高明士主编：《东亚文化圈的形成与发展——政治法治篇》，（台湾）“国立”台湾大学历史学系，2003年。

族，下至平民百姓，被迁入中原内地。他们是被动入唐的。新罗则因为与唐朝关系亲密，不仅得以保全疆土和子民，甚至借以扩展领地，并最后完成了一统半岛的夙愿。第二，入唐后的待遇不同。高丽、百济人中，凡是皇室成员或出身贵族、将酋的人，基本上被授予唐朝官职，加以任用。一些士兵和平民，因为在与唐军作战中被俘，被迫成为奴婢，赏赐给唐军将士。两国的许多人被集体安置在内地居住。新罗人入唐的途径则比较复杂，宿卫、留学、经商、求法、为奴等，说明两国之间的交往环境很宽松。这些情况在后文中将一一论述。

第二章　入唐三韩使者考论

“天子之国以外五百里甸服，甸服外五百里侯服，侯服外五百里绥服，绥服外五百里要服，要服外五百里荒服。”

——《史记》卷2《夏本纪第二》

“甸服者祭，侯服者祀，宾服者享，要服者贡，荒服者王。日祭，月祀，时享，岁贡，终王。先王之顺祀也。”

——《史记》卷4《夏本纪第四》

在隋唐时期，以中国为中心，存在着规定东亚国际关系的一定的秩序形式，其表现形式之一就是册封体制。但是中国王朝同周边各国的关系不仅限于册封，它包含从朝贡到羁縻等各种不同的形式，其中的差异是根据各国的地位及实力关系而形成的。特别是涉及各国君主的利害关系，以及为维护国际、国内的权威，各国都致力于获得册封等形式，并努力加以维护。

——［日］堀敏一①

首先需要说明的是，在古代史家的笔下，周边民族、国家与中原王朝交往的诸多形式往往被冠以朝贡之名。中国历代帝王也视朝贡为政治归化的象征。而对有些国家来说，朝贡其实就是官方贸易的托词，如汉代一些携带所谓贡品前来中国的往往既非官员，也非贵族，而是前来贸易的普通商人。至于《后汉书》中被广为征引的“大秦王安敦”于公元166年“遣使自日南徼外献象牙、犀角、玳瑁，始乃一通焉”这段文字，也不过表明双方之间发生的首次政治、经济联系，实在算不上朝贡关系。因此，对文献中所反映的朝贡关系，应予以分辨。除少数藩属国外，朝贡制度中的册封制度其实并不具有君臣主从关系的实质内涵。这种象征意义，也是后世朝贡制度的一个鲜明特征。② 而高丽就是属于册封制度下的藩属国之一。以前面列举的堀敏

① ［日］堀敏一著，韩升、刘建英译：《隋唐帝国与东亚》，云南人民出版社，2002年，第13页。

② 李云泉：《汉唐中外朝贡制度述论》，载《东方论坛》，2002年第6期。

一先生的观察角度去看高丽、百济、新罗的对唐朝贡，或许更能洞察其发展对唐关系的动因。

百济、高丽在唐朝前期灭亡，它们在灭亡前和唐朝都有过频繁的交往接触，包括战争期间的使者往来。新罗也因为使者穿梭往来于罗唐之间，争取到了唐朝的支持，最终得以平灭两大夙敌，并一统三韩。此后，新罗继续遣派各种形式的使者，大力吸收唐朝的文化，促使新罗的文化制度快速优化完备。所以，研究三韩入唐使者的情况，对了解该时段的唐与朝鲜半岛三国之间的关系、朝鲜半岛三国相互之间的关系，以及唐、三韩各自国内的政治、经济、文化等方面的结构、发展和演变具有重要意义。

第一节　入唐高丽使者情况考论

一、高丽遣使入唐概况

从唐朝建立（618）到高丽灭亡（668）间的半个世纪内，高丽向唐朝派出了不下 25 批次使者。为方便对高丽入唐使者情况有较全面的认识，笔者根据有关史籍记载，汇成表格形式，表述按照入唐时间、使者姓名（若无使者具体姓名则省略）、出使目的和文献出处的顺序进行。

入唐高丽使者表

入唐时间	使者姓名	出使目的	文献出处
武德二年（619）		朝贡	《册府元龟》卷 970《外臣部·朝贡第三》
武德三年（620）十月			《册府元龟》卷 970《外臣部·朝贡第三》
武德三年（621）			《三国史记》卷 20《高句丽本纪第八》
武德五年（622）			《册府元龟》卷 970《外臣部·朝贡第三》
武德六年（623）十二月			《册府元龟》卷 970《外臣部·朝贡第三》

（续上表）

入唐时间	使者姓名	出使目的	文献出处
武德七年（624）二月七日；十二月		内附、受正朔，请颁历；贡方物	《唐会要》卷95《高句丽》；《册府元龟》卷970《外臣部·朝贡第三》
武德八年（625）		求学佛老教法	《三国史记》卷20《高句丽本纪第八》
武德九年（626）		朝贡	《旧唐书》卷2《太宗本纪上》
贞观二年（628）九月		贺破突厥颉利可汗并上封域图	《册府元龟》卷970《外臣部·朝贡第三》
贞观三年（629）九月		朝贡	《册府元龟》卷970《外臣部·朝贡第三》
贞观十三年（639）			《旧唐书》卷3《太宗本纪下》
贞观十四年（640）十二月乙卯	高丽世子相权①；王室子弟	来朝；请入国学	《旧唐书》卷3《太宗本纪下》；《册府元龟》卷975《外臣部·褒异第二》；《三国史记》卷20《高句丽本纪第八》
贞观十五年（641）		朝贡	《三国史记》卷20《高句丽本纪第八》
贞观十六年（642）春正月		献方物	《册府元龟》卷970《外臣部·朝贡第三》
贞观十七年（643）正月朔	泉盖苏文	朝贡；献方物，求传道教	《册府元龟》卷970《外臣部·朝贡第三》；《三国史记》卷21《高句丽本纪第九》；《三国遗事》卷3《宝藏奉老普德移庵》
贞观十八年（644）正月朔；九月		朝贡；贡白金、遣官50人宿卫	《册府元龟》卷970《外臣部·朝贡第三》；《旧唐书》卷80《褚遂良传》；《三国史记》卷21《高句丽本纪第九》

① 《册府元龟》、《三国史记》记作桓权。

（续上表）

入唐时间	使者姓名	出使目的	文献出处
贞观二十年（646）正月		朝贡，谢罪、献二美女①	《册府元龟》卷970《外臣部·朝贡第三》；《三国史记》卷21《高句丽本纪第九》
贞观二十一年（647）十二月乙亥	高任武②	朝贺、谢罪③	《册府元龟》卷980《通好》；《三国史记》卷22《高句丽本纪第十》
贞观二十二年（648）正月		朝贡	《册府元龟》卷970《外臣部·朝贡第三》
唐高宗永徽三年（652）春正月朔			《册府元龟》卷970《外臣部·朝贡第三》；《三国史记》卷22《高句丽本纪第十》
显庆元年（656）十二月		奉表贺册皇太子	《册府元龟》卷970《外臣部·朝贡第三》
麟德二年（665）冬十月癸亥④	福男⑤	来朝，侍祠泰山	《旧唐书》卷4《高宗本纪上》
乾封元年（666）六月壬寅	泉献诚；泉净土派出使者	请降	《旧唐书》卷5《高宗本纪下》
景龙四年（710）四月		朝贡	《册府元龟》卷970《外臣部·朝贡第三》
开元十三年（725）	高丽朝鲜王	随唐玄宗封禅泰山	《旧唐书》卷23《礼仪志三》

① 《三国史记》卷21《高句丽本纪第九》载："高丽虽遣使奉表，其言率皆诡诞；又待唐使者倨傲，常窥伺边隙，屡敕令不攻新罗，而侵凌不止。太宗诏勿受其朝贡，更议讨之。"唐太宗以拒绝受朝贡为手段制裁高丽。但观其后几年，高丽并没有停止向唐朝朝贡。

② 高丽王之第二子。

③ 《三国史记》卷22《高句丽本纪第十》载："冬十二月，（高句丽）王使第二子莫离支任武入谢罪。帝许之。"随后第二年高丽又遣使朝贡，但此时唐朝继续对高丽用兵。可见尽管高丽派王子谢罪和朝贡，但唐太宗并没有赦免高丽之意。其原因盖由于政权掌握在权臣泉盖苏文手中，而高丽王高藏只是傀儡而已。

④ 《三国史记》卷22《高句丽本纪第十》认为时间是公元666年。《旧唐书》记载颇详，故似应从《旧唐书》。

⑤ 太子。《新唐书》记作男福。

（续上表）

入唐时间	使者姓名	出使目的	文献出处
元和十三年（818）		朝贡、进乐器及乐工两部	《旧唐书》卷15《宪宗本纪下》；《册府元龟》卷972《外臣部·朝贡第五》；《唐会要》卷95《高句丽》；《三国史记》卷22《高句丽本纪第十》

正如堀敏一先生所论，无论是从其国内树立威信的角度来看，还是从与周边民族国家的竞争较量中取得优势地位的需要考虑，对于高丽君主来说，都有必要与中原王朝保持友好关系。从东晋以降的高丽历代国王登上王位，都需要有中原王朝派使者对国王进行册封，从而得到所谓的正统地位。没有得到册封的统治者，往往得不到臣民的拥护。这也是高丽泉盖苏文弑高丽王高建武后，没有自己称王，而是把高建武的侄子高藏立为傀儡国王的原因。后来泉盖苏文去世，其子虽继续掌握高丽实权，但仍然由高藏坐国王宝位，这同样是利用傀儡国王的名望，对内让臣民归心，对外使宗主国不至于太过动怒。后来，唐太宗暂时姑息了盖苏文的弑主行为，静观其变，不能不说与盖苏文立傀儡国王的措施有一定的关系。

高丽在处理与周边国家、民族的关系方面，特别是发展壮大自己的势力的时候，常常触犯中原王朝的利益，甚至直接出兵越境杀掠，引起战争。在魏晋时期，高丽与中原王朝激烈争夺，先后把乐浪、带方二郡及玄菟、辽东郡纳入自己的统治之下。到南北朝时期又与中原王朝化干戈为玉帛。[①] 另外，在唐朝征讨高丽之前的数百年中，高丽与百济、新罗之间的领土纷争不断。尽管有中原王朝屡次从中调和劝诫，高丽始终没有停止对别国领土的侵夺。高丽之所以能在这种不断扩张的环境中发展，一个重要的原因就是它在形式上能够敬奉中原王朝，在侵犯中原王朝利益时，也能做到及时调整策略，在把握住自己最大利益的情况下，与之讲和、称臣，让中原王朝统治者对其恼怒却不至于无法饶恕，因而在对高丽的决策方面不可避免有反复或犹豫的情况发生，这就给高丽的扩张带来了时间和机会。本节探讨的高丽入唐使者的时代背景，基本上都有此共性。维护君主在国内的地位，为本国争取更多的发展机会，是高丽向唐派出使者的前提，或者说是所有朝贡国使者共

① 蒋非非、王小甫等著：《中韩关系史（古代卷）》，第52～55页。

同的出使目的之一。

据上表可以看出，从唐朝建立到高丽灭亡的50年中，高丽遣使达到25批次之多。期间有停顿，停顿原因基本上可以从当时的政局情况入手分析出来。并且，即使在与半岛上的其他两国交战，甚至在和唐朝交战的过程中，高丽也屡屡向唐朝派出使者。针对上述高丽遣使唐朝情况进行分阶段探讨，可以对当时两国局势以及唐与半岛三国交往情况有一个比较深入的了解。

二、对高丽遣使入唐的四阶段分析

上述高丽对唐朝的遣使情况，基本上可以分成如下四个阶段来讨论：

第一阶段，时间从武德二年（619）到贞观三年（629）。

在这十年间，高丽向唐朝派出使者11批次，其中武德九年，即贞观元年（627）没有派出使者的记载。除此之外，高丽每年一到两次向唐朝派出使者。

为什么高丽在唐朝建立之后频频遣使？要理解其中原因，就有必要对唐以前高丽向中国朝贡的情况进行简单概述。

按照司马迁的说法，中国在夏朝开始就有所谓的五服制度，即“天子之国以外五百里甸服，甸服外五百里侯服，侯服外五百里绥服，绥服外五百里要服，要服外五百里荒服”,[①] 要求四夷按照身份定期朝贡。

东汉时，位于朝鲜半岛北部的高句丽逐渐强盛。汉光武八年（32），“高句丽王遣使朝贡，始见称王”。[②] 但此后直到西晋末，中原王朝和高丽的朝贡交往记载并不多。韩国学者全海宗认为，典型意义上的韩中朝贡关系的形成，始于东晋后期，并在5世纪逐渐走向制度化。[③]

南北朝时期，朝鲜半岛高句丽、新罗、百济相互争雄。其中，与中国建立稳定的贡封关系最早、交往最为密切的是高句丽。东晋义熙年间（405—408），高句丽“始奉表通职贡，历宋、齐并授爵位”。[④] 而且自义熙四年（408）起“每岁遣使献方物”。[⑤] “奉表”、“授爵”与定期纳贡构成后世高丽与中原王朝之间朝贡制度的主要内容。据统计，从刘宋建立至隋朝立国前夕（420—580）的160年间，高句丽来华朝贡143次，其中向北朝各政权朝

---

① 《史记》卷2《夏本纪第二》。

② 《三国志》卷30《魏书·东夷传》。

③ ［韩］全海宗：《中韩关系史论集》，中国社会科学出版社，1997年，第141～147页。

④ 《梁书》卷54《东夷传》。

⑤ 《宋书》卷97《蛮夷传》。

贡102次（北魏79次，东魏16次，北齐6次，北周1次），向南朝各政权朝贡41次（宋22次，齐3次，梁11次，陈5次）。[①]

从高句丽与北魏之间稳定的朝贡关系来看，朝贡趋于制度化主要表现在以下四个方面：一是贡有定期，封有常制；二是规定贡物的名目；三是每逢受封加爵，高句丽王须遣使“谢恩”，所贡之物称“谢恩贡”，包括金、银等贵重物品；四是北魏统治者在韩中朝贡关系中居于主导地位，并以宗主的身份对高句丽发号施令。南北朝时期韩中朝贡关系的制度化，为以后中外朝贡制度的发展和完善奠定了基础。[②]

南北朝以降，高丽对中原王朝的朝贡记载不绝于史籍。唐朝建立后，高丽的朝贡仍然史不绝书。除了上文所述的朝贡国家的共性及高丽在东晋以来形成的惯例，和前述堀敏一先生认为的“涉及各国君主的利害关系，以及为维护国际、国内的权威”外，直接的原因是来自对隋炀帝征高丽的余恐。隋炀帝征高丽最终没有成功，并且导致国内大乱，帝座易主。对于高丽来说，虽说可以举国抵抗隋朝军队，但百万征讨大军毕竟势难抵挡。倘若不是因为隋朝国内起义云起和高丽主动请降，张扬狂放的隋炀帝岂会草草结束对高丽的征讨！因此，鉴于此例，高丽也要与继隋而起的唐朝尽量保持和平友好的交往。另外，高丽在隋代之前与中原王朝之间的政治、经济、文化等方面的交往的惯例，也使得其重视与唐朝之间的交往。在魏晋南北朝时期，高丽和中原王朝之间的经济文化交流就有了长足发展，在汉字、汉文、儒学、佛教、艺术工艺以及经济技术等方面，高丽都需要和中原保持密切联系。这些方面的因素都是促成高丽与唐朝保持友好关系的前提条件。

据上表，史书没有贞观元年（627）高丽入贡的记载，似乎有违惯例，而这与当时唐朝和高丽国内的政局有关。

先看唐朝政局。是年，唐朝宫阙内爆发夺权冲突，秦王李世民发动玄武门兵变，消灭了太子李建成和三弟李元吉的势力，皇帝李渊被迫让位。在唐朝一团混乱的局势下，高丽即使派出使者，也显然无法得到像平时那样的正规接待。更何况，李世民在发动兵变之前，已对可能产生的政局作出了对

① 从中可以看出，除去双方交战的时期，高句丽来华朝贡的次数与上述“每岁遣使”的记载大致相符。与高句丽较多地向北朝诸政权朝贡不同的是，百济和新罗向南朝的朝贡多于北朝，且次数要少得多。在同一时期内，百济来华朝贡28次，其中向南朝朝贡23次（宋13次，齐3次，梁5次，陈2次），向北朝朝贡5次（北魏1次，北齐2次，北周2次）；新罗来华朝贡10次（北魏1次，北齐2次，梁1次，陈6次）（[韩] 全海宗：《中韩关系史论集》，第142～143页）。

② 李云泉：《汉唐中外朝贡制度述论》，载《东方论坛》，2002年第6期。

策：政变如果不成功，就退守其洛阳根据地。早在武德四年，李世民就已认识到洛阳的重要战略地位，其地处中原，有利于联络山东、河北、河南的势力。因此加紧在洛阳经营，派温大雅“镇洛阳以俟变”。[①] 不仅如此，还派张亮到洛阳暗中活动，史载“太宗以洛州形胜之地，一朝有变，将出保之。遣亮之洛阳，统左右王保等千余人，阴引山东豪杰以俟变”。[②] 李元吉曾对李渊说，李世民“初平东都之日，……分散钱帛，以树私惠”，[③] 也就是说，李世民以洛阳为中心，形成了他的地方势力。[④] 在这种早有预谋的情况下，玄武门之变前后，即使外族使者进入唐朝，也会被限制行动，使之不能接触皇家机密，避免走漏风声。实际上，政变当月进贡唐朝的只有新罗和西突厥两国。[⑤]

再来看高丽当时的国内政局，也可进一步明确高丽当年（627）为何没有派使者入唐。武德九年（626），新罗、百济分别上表唐朝，控诉高丽阻断其入贡朝廷的通道，并且屡屡侵犯两国的疆土。在这种情况下，唐高祖派朱子奢入高丽，“持节谕和”；高丽虽然派使者奉表谢罪，[⑥] 但实际上对唐朝的戒备、疑虑又增加了一层，第二年没有像往年那样派出使者，或许与此有关。

第二阶段，从贞观二年（628）到贞观十二年（638）。

此阶段高丽遣使唐朝的特点是，由按常例派遣到停止。贞观二年、三年分别入贡，但贞观四年（630）到十二年间没有朝贡记录。

造成此种情况的原因，当然也与当时唐朝、高丽的周边政局息息相关。

从唐朝方面来说，贞观二年，唐在东北地区的势力大增，令高丽不安。这主要表现在三个方面：一是突厥内部斗争削弱了其实力，因为东北地区突厥的十部多叛突厥而降唐，颉利可汗对管辖该地的突利可汗十分不满，加上突利可汗在对薛延陀、回纥作战中战败，受到颉利可汗的拘禁和鞭挞，由此与颉利矛盾激化，上表唐廷请求入朝。[⑦] 二是本来臣服突厥的契丹投降了唐朝，给已经处于内讧中的突厥又一个打击。唐朝抓住此次机会，拒绝了颉利

---

① 《旧唐书》卷61《温大雅传》。

② 《旧唐书》卷69《张亮传》。

③ 《旧唐书》卷64《巢王元吉传》。

④ 李英祥、尹春明：《唐玄武门之变真相初探》，载《河北师范大学学报（社会科学版）》，1999年第1期。

⑤ 《册府元龟》卷970《外臣部·朝贡第三》。

⑥ 《旧唐书》卷189上《儒学上》。

⑦ 《资治通鉴》卷192，太宗贞观二年四月己卯条。

可汗以梁师都交换契丹的要求，并很快消灭了梁师都的势力，又挫败了突厥的援军。[①] 突厥的实力进一步被削弱，这种状况令高丽更加紧张。三是当唐朝势力在东北取得重大进展的情况下，北方的黑水靺鞨也在次年臣附，唐以其地设立燕州[②]，次年黑水西部的室韦开始朝贡，并从此朝贡不绝[③]；霫也在贞观三年向唐进贡[④]。综上所述，时局的发展使得唐朝在东北的势力不断增强，而这对要求在东北地区扩张领土的高丽来说，则是非常不愿看到、也极难接受的事实。此前，新罗、百济举讼高丽阻断其入朝道路，这在一定程度上表明，高丽为扩张地盘而阻挡唐朝于东北地区行使权力的力量在增长，只不过高丽对唐朝的阻挡是在暗暗抵抗，还没有将对唐朝势力发展的不满情绪表面化。现在，唐朝势力在东北地区发展得如此迅速，一定程度上激化了高丽的担心和不满。反映到表面，就是高丽对唐朝的朝贡相应懈怠下来。

贞观四年（630），唐朝李靖、张宝相等数次大败突厥，并俘获颉利可汗，突厥对唐朝的威胁解除。"突厥既亡，营州都督薛万淑遣契丹酋长贪没折说谕东北诸夷，奚、霫、室韦等十余部皆内附。"[⑤] 更激起了高丽的强烈反感。所以有学者指出，这在准备于大陆有一番作为的高丽看来，唐朝已取代突厥成为阻挡自己发展的巨大障碍。[⑥] 对唐朝的朝贡热情锐减也就不足为奇了。

在高丽对唐朝在东北的势力发展正感觉恼怒、无计可施的情况下，唐朝的一个举动彻底断绝了高丽对唐朝的幻想。贞观五年（631），唐太宗诏遣广州都督府司马长孙师前往高丽，收瘗隋时因征高丽而战亡的将士骸骨，并毁坏了高丽当时所立的京观。[⑦] 高丽仿佛又嗅到了隋代征伐高丽时战场厮杀的血腥味，或者是预感到又一场残酷战争正在悄然迫近，故对唐太宗这一举动表现出强烈的敌意。因此，在唐毁高丽京观后的当年，高丽王高建武就下令修筑一条长城，以阻挡可能来临的军事进攻。长城长一千余里，东北起于扶余城，西南至海。前后共用十六年才完成。[⑧] 这标志着高丽对唐的敌意完全公开化。与此同时，高丽对唐朝贡断绝。正是在这种情况下，高丽对唐无朝贡的时间持续了九年。

---

① 《资治通鉴》卷192，太宗贞观二年四月条。

② 《新唐书》卷219《黑水靺鞨传》。

③ 《旧唐书》卷199下《黑水室韦传》。

④ 《旧唐书》卷199下《霫传》。

⑤ 《资治通鉴》卷193，太宗贞观四年八月甲寅条。

⑥ 蒋非非、王小甫等著：《中韩关系史（古代卷）》，第94页。

⑦ 《旧唐书》卷199上《高丽传》。

⑧ 《三国史记》卷20《高句丽本纪第八》。

作为宗主国，唐朝既然在东北的势力大大增强，当然也不愿看到属国高丽对其无礼，那么为什么高丽阻塞新罗、百济的入唐道路，唐朝能派使对其责问，而修筑千里长城这种明显敌视唐朝的行为发生后，甚至在高丽缺贡的九年时间内，唐朝却没有责问、训斥或者征讨呢？

原因仍然要从当时唐朝和高丽两国的具体情况入手寻找。从唐朝方面来看，主要有三方面因素对上述结果产生了影响。

首先，唐朝从隋末战争以来，国力还远远没有恢复。贞观二年（628）四月，诏以“隋末乱离，因之饥馑，暴骸满野，伤人心目，宜令所在官司收瘗”。①可见当时的社会状况仍然很残破，国力状况可想而知。所以直到贞观六年，当群臣上言请封泰山的时候，唐太宗还说：“议者以封禅为大典。如朕本心，但使天下太平，家给人足，虽阙封禅之礼，亦可比德尧、舜；若百姓不足，夷狄内侵，纵修封禅之仪，亦何异于桀、纣？昔秦始皇自谓德洽天心，自称皇帝，登封岱宗，奢侈自矜。汉文帝竟不登封，而躬行俭约，刑措不用。今皆称始皇为暴虐之主，汉文为有德之君。以此而言，无假封禅。礼云，‘至敬不坛’，扫地而祭，足表至诚，何必远登高山，封数尺之土也！”话虽然在自矜德比汉文帝，但以唐太宗的英武雄略，不封禅泰山肯定不符合他的内心本意，因此，这不啻透露出他想说而说不出口的话，即唐朝社会经济其时远没有恢复到足以应付封禅大典所需巨额花费的程度。所以当时魏征就唐太宗这一席话作了评论：“随末大乱，黎民遇陛下，始有生望。养之则至仁，劳之则未可。升中之礼，须备千乘万骑，供帐之费，动役数州。户口萧条，何以能给？”其目的在于坚定唐太宗不劳民伤财的决心，但这些话却明明白白地反映出唐朝经济脆弱、不堪折腾的客观事实。

其次，贞观初年，在平灭了突厥颉利可汗之后，仍然有北方的薛延陀、西方的吐谷浑不时威胁唐朝边境，需要备战防范。而且贞观初唐朝自然灾害频仍。据《通鉴》载：“（贞观）元年，关中饥，米斗直绢一匹；二年，天下蝗；三年，大水。”② 同书卷192三月条载，贞观二年，由于关内旱饥，民多卖子以接衣食，诏出御府金帛为赎之，归其父母。朝廷因此“诏以去

---

① 《资治通鉴》卷192，太宗贞观二年四月乙卯条。

② 《资治通鉴》卷193，太宗贞观四年十二月条。

岁霖雨，今兹旱、蝗，赦天下”。[①] 因此，唐朝即使有心责罚高丽，也没有足够的经济实力来支撑。

再次，唐朝在高丽缺贡的九年间，没有对高丽进行责问，更没有讨伐，这并不代表唐朝对此事不介意，相反，更表明唐太宗对此事非常重视，故不轻易表态。这不仅仅是因为高丽修建长城名曰“仅是自保，没有直接危及唐的边境，因此，唐朝没有采取行动，只是静观其变”。[②] 其真正的原因，唐太宗在贞观十五年九月终于吐露：“高丽本四郡地耳，吾发卒数万攻辽东，彼必倾国救之。别遣舟师出东莱，自海道趋平壤，水陆合势，取之不难。但山东州县凋瘵未复，吾不欲劳之耳。”[③] 在唐太宗眼里，高丽本来就是中国领土，是汉武帝设立的朝鲜四郡地的一部分，回归中国管辖理所当然，只是把收复时间暂时延迟一下罢了。所以，当贞观十九年征讨高丽出发之前，唐太宗直截了当地说：“朕今东征，欲为中国报子弟之仇，高丽雪君父之耻耳”。[④] 显然，说为隋朝复仇，是为了激励将士奋勇当先，其背后隐含之意，当是对高丽多年来不恭的清算。

第三阶段，从贞观十三年（639）到贞观二十一年（647）。

从贞观十三年开始，高丽恢复了对唐朝的朝贡。

是什么原因促使高丽态度发生转变呢？史书没有明确记载。根据当时唐朝和朝鲜半岛三国各自的社会状况和交往情况，笔者推测，一方面可能是因为唐朝长时间对高丽不加责问，使得高丽对唐朝的戒心逐渐松弛；另一方面，半岛的其他两国新罗和百济都在向唐朝朝贡，唐朝对它们都加以优待（见下面百济、新罗使者表），这可能使得高丽意识到不能和强大的唐朝长期疏远，有必要跟唐朝拉近一点距离；再有一个方面的原因，可能是来自高丽和新罗战争结果的影响。高丽经过了九年的和平时期后，于贞观十二年（638）十月，重新挑起和新罗的战争，结果大败而归。[⑤] 在战败的情况下，高丽采取了向唐朝低头的姿态。高丽善于在任何时候既保全自己，又获得最

---

① 《资治通鉴》卷192四月条载：畿内有蝗。辛卯，上（指李世民）入苑中，见蝗，掇数枚，祝之曰：“民以谷为命，而汝食之，宁食吾之肺肠。”举手欲吞之，左右谏曰：“恶物或成疾。”上曰：“朕为民受灾，何疾之避！”遂吞之。是岁，蝗不为灾。根据上文所引资料，当年不仅关中有蝗灾，而且全国都有。“是岁，蝗不为灾”之语，明显乃史官歪曲事实，宣扬天命，为唐太宗歌功颂德。

② 蒋非非、王小甫等著：《中韩关系史（古代卷）》，第94页。

③ 《资治通鉴》卷196，太宗贞观十五年九月丙子条。

④ 《资治通鉴》卷197，太宗贞观十九年三月丁丑条。

⑤ 《三国史记》卷20《高句丽本纪第八》。

大利益。[1] 这次或许又是在争取更有利的时机，以改变不利处境。

高丽在贞观十三年恢复朝贡后，唐朝没有对它此前的缺贡有所指责，这令高丽感到意外和欣喜。所以，次年（640）高丽更派出了以太子桓权为代表的使团入唐朝贡，并申请让王室贵族子弟入国学深造，借以密切早先疏远的丽唐关系。高丽太子桓权入唐朝贡是一次非常值得注意的遣使，它是高丽自建国称王以来首次以太子为使者，[2] 也是历代高丽出使中原王朝使者的最高级别。纵观此前高丽向中原王朝遣使的历史记录，均没有指出使者的姓名，反映出使者的身份并不是很特殊，不值得专门记载。此次遣使反映了高丽与唐交好的愿望特别强烈，也是高丽历史上所作出的最低姿态。之后直到贞观二十二年（648），高丽几乎每年都朝贡。在贞观十七年（643），甚至还专门派莫离支泉盖苏文到唐请求派道士去高丽弘扬大唐国教，以示归化。唐朝对此给予了积极回应。

在这一阶段中，贞观十九年（645）在史书上没有高丽朝贡的记录，是唯一缺贡的年份。其原因乃是该年唐太宗亲征高丽，两国开战使然。唐朝在二月从洛阳发兵，九月从安市城班师。而此前一年（644）十一月开始，唐太宗已经命令李勣、张亮等大将“发天下甲士，召募十万”，分别从柳城、莱州出发，分陆路、水路“并趣平壤，以伐高丽”。[3] 尽管高丽曾在这年正月、九月两次朝贡，但已不能阻止唐朝对高丽的征讨。这进一步反映出，唐在高丽缺贡的那九年里没有责让高丽，非但不是不在意，相反，是慎重对待的，所以不轻易表露。高丽虽然尽力弥补因戒备、敌视而缺贡给唐朝带来的不良印象，以至于在其历史上第一次派出了太子朝贡，但最终还是不能避免唐朝的征讨。高丽逐渐扩张的经历和趋势，半岛三国之间的相互厮杀和争

---

① 据《隋书》卷81《高丽传》：隋朝平陈之后，高丽王“汤大惧，治兵积谷，为守拒之策”。开皇七年（587），隋文帝赐汤玺书，列举了高丽对隋的种种不端行为：驱逼靺鞨，固禁契丹，劫掠人口，招隋弩手，禁锢隋使，杀害边人，派使侦探，等等。并以陈为例劝高丽守籓臣之节，不要轻举妄动。高丽汤得书惶恐，没来得及奉表陈谢就病死了。其子元嗣立。高祖使使拜元为上开府、仪同三司，袭爵辽东郡公，赐衣一袭。元奉表谢恩，并贺祥瑞，因请封王。但第二年，高元就率靺鞨之众万余骑寇辽西，导致隋大军征讨。高元惶惧，遣使谢罪，上表称“辽东粪土臣元”，隋朝罢兵，待之如初，元亦岁遣朝贡。大业七年，隋炀帝征高丽，“城将陷，贼（指高丽兵）辄言请降，诸将奉旨不敢赴机，先令驰奏。比报至，贼守御亦备，随出拒战。如此者再三”，导致隋军“食尽师老，转输不继，诸军多败绩，于是班师”。大业十年（590），隋炀帝又发天下兵征讨高丽。至辽水，高丽遣使乞降，于是隋炀帝许之，受其降款。仍征元入朝，元竟不至。以上高丽的做法在获得最大利益的同时又保全了自己。

② 《北史》卷94《高丽传》：太和十五年（491），北魏孝文帝诏高句丽王云“遣世子入朝，令及郊丘之礼。云上书辞疾，遣其从叔升于随使诣阙。严责之”。

③ 《旧唐书》卷3《太宗本纪下》。

夺，以及唐朝国力的不断巩固和增长，都预示着高丽最终要面临一场决定性的战争，来重新规划它的发展方向。当高丽预感到决战的迫近，作出努力来尽量拖延时间的时候，战争已然降临。

唐朝征讨高丽是经过了一番考虑的。不仅在等待国力的恢复与发展，还在坐观高丽的举动，等待征讨时机进一步成熟。贞观十六年（642），高丽西部大人泉盖苏文弑高丽王高建武，自立为莫离支，并立高建武的侄子高藏为傀儡王。唐太宗得知此事后说："莫离支贼弑其主，尽杀大臣，用刑有同坑阱。百姓转动辄死，怨痛在心，道路以目。夫出师吊伐，须有其名，因其弑君虐下，败之甚易也。"① 藩属国出现大乱，宗主国唐朝虽然有征讨之意，却没有及时出来扶乱匡正，表明唐朝仍然在等待征讨高丽的时机进一步成熟。

从上面使者列表可以看出，高丽在泉盖苏文弑主之后，仍然保持了对唐朝贡。而唐朝并没有受此迷惑，在接受高丽朝贡的同时，也在着手准备征讨高丽。贞观十八年（644），时机基本成熟。唐太宗亲自到老将李靖家去问疾。李靖曾率军灭掉突厥和吐谷浑两国，唐太宗对李靖的慰问和封赏是其决心征讨高丽的预兆。不久，在讨伐高丽之前，太宗又召见李靖，问他："公南平吴会，北清沙漠，西定慕容，惟东有高丽未服，公意如何?"② 这等于是对战功赫赫的老将说，东西南北的敌人你打败了三面，现在只剩东面之敌了，箭已上弦，你说是该打呢，还是留着它坐大？已无须回答。征得李靖的赞同只是程序上的需要，用来更加坚定征伐高丽的决心和信心。"贞观之治"使隋末以来凋敝的社会经济得到恢复并有所发展，突厥、吐谷浑等其他周边威胁势力已被击垮，长期以来，高丽对唐朝的敌视和傲慢态度给唐太宗心中造成的压抑就要爆发，唐太宗已经不能再容忍下去。

从列表中的记载来看，贞观二十年（646）和二十一年（647），高丽派出入唐使者的目的都是谢罪。而且二十一年高丽派出的是一位王子高任武，他是高丽历史上派出的第二位高级别的朝唐使者。但两次谢罪的缘由不一样，前者是针对唐太宗645年亲征而表示的谢罪，后者则针对是年（647）

① 《旧唐书》卷199上《高丽传》。

② 《旧唐书》卷67《李靖传》。

唐兵两次从水陆两路分别攻伐高丽[①]而谢罪。[②] 贞观二十一年，唐朝采用了新的战略以拖垮高丽。[③] 从中可以看出，在唐朝的频繁打击下，高丽的农业生产和社会生活都受到了巨大影响，国力不支，因此为延缓、减少唐朝的进攻时间和频率而派出使者，以争取时间备战。[④]

第四阶段，从贞观二十二年（648）到乾封元年（666）。

这一阶段高丽对唐的朝贡时断时续，十九年中，只有五次派使者入唐。体现出两国关系的变化不定。

从表中可以看出，贞观二十二年正月，高丽仍然入唐朝贡。这是紧接上一年十二月高丽派使谢罪后的外交手段，是高丽在唐朝连续打击下采取的一种政治姿态，在某种程度上也是对唐朝意向进行直接侦察的最佳策略。因为该年太宗皇帝又遣右武卫将军薛万彻等往青丘道讨伐高丽，“进破其泊灼城，俘获甚众。太宗又命江南造大船，遣陕州刺史孙伏伽召募勇敢之士，莱州刺史李道裕运粮及器械，贮于乌胡岛，将欲大举以伐高丽”。[⑤] 随后唐太宗“以高丽困弊，议以明年发三十万众，一举灭之”。[⑥] 在这种情况下，高丽以外交途径躲避征讨的方法显然是行不通的。此后三年，高丽遂停止朝贡，加紧备战。

贞观二十三年（649）五月，唐太宗驾崩，遗诏罢辽东之役。高丽得以从危机中暂时摆脱，但是不再遣使入唐。从永徽二年（651）唐高宗对百济使者的一席话中可以看出，此阶段内，高丽和半岛其他两国之间的争夺仍在继续。[⑦] 永徽三年（652）春正月朔，高丽再次恢复朝贡。从列表记录可以看出，高丽再次朝贡的时间已经是四年之后（656）了。因为在这四年期

---

① 据《新唐书》卷220《高丽传》载：贞观二十一年三月，“诏左武卫大将军牛进达为青丘道行军大总管，右武卫将军李海岸副之，自莱州度海；李勣为辽东道行军大总管，右武卫将军孙贰朗、右屯卫大将军郑仁泰副之，率营州都督兵，繇新城道以进。次南苏、木底，虏兵战不胜，焚其郛。七月，进达等取石城，进攻积利城，斩级数千，乃皆还”。

② 《资治通鉴》卷199，太宗贞观二十一年条。

③ 据《资治通鉴》卷199太宗贞观二十一年二月丁丑条载：上将复伐高丽，朝议以为：“高丽依山为城，攻之不可猝拔。前大驾亲征，国人不得耕种，所克之城，悉收其谷，继以旱灾，民太半乏食。今若数遣偏师，更迭扰其疆场，使彼疲于奔命，释耒入堡，数年之间，千里萧条，则人心自离，鸭绿之北，可不战而取矣。”上从之。

④ 据前述，该年高丽的千里长城经过十六年的修建之后完工。但是在唐军的打击下，千里长城明显没有发挥多大作用，所以高丽需要重新考虑备战。

⑤ 《旧唐书》卷199上《高丽传》。

⑥ 《资治通鉴》卷199，贞观二十二年六月癸酉条。

⑦ 《资治通鉴》卷199，高宗永徽二年条载：唐高宗曰：“勿与新罗、高丽相攻，不然，吾将发兵讨汝矣。”

间，高丽在唐朝的军事压力解除后，趁机再度向周边国家大肆扩张，又把唐朝的警告放到一边去了。

永徽五年（654），高丽出师派“高丽、靺鞨兵击契丹，松漠都督李窟哥御之，大败高丽于新城”。[①] 契丹在贞观二十二年（648）四月和十月分别由其酋帅率众内属，接受唐朝的管辖。唐朝在其地分别设立羁縻府州治理。[②] 所以，高丽对契丹的侵略，即是对唐朝的侵犯。永徽六年（655），高丽又与百济、靺鞨联兵，侵略新罗北境，取三十三城；新罗王春秋遣使求援。高丽四处扩张的活跃举动令唐朝意识到问题的严重性。当年二月，唐朝遣营州都督程名振、左卫中郎将苏定方发兵攻打高丽，得胜而归。[③] 从永徽四年（653）到麟德二年（665）的十三年中，高丽只有在显庆元年（656）十二月遣使入唐，名义是“贺册皇太子”。而唐高宗册立皇太子的时间是当年的正月。[④] 高丽在唐册封太子之后才朝贺，确实有点离奇。实际上，唐朝从永徽六年（655）即屡屡派将领率军攻打高丽[⑤]，这是唐太宗时期“数遣偏师，更迭扰其疆场，使彼疲于奔命，释耒入堡，数年之间，千里萧条，则人心自离，鸭绿之北，可不战而取”战略的继续。高丽在不合适的时间朝贺，很可能意在通过遣使侦察唐朝对高丽的态度。

显庆二年（657），因与西突厥沙钵罗可汗鏖战，唐没有派兵攻打高丽。同年，沙钵罗可汗被俘获后，唐朝恢复了连续派小股部队骚扰高丽疆场的战略。在龙朔三年（663），唐朝专攻百济残余反抗力量。[⑥] 麟德元年（664）下诏将于两年后（666）封禅泰山。在这四年内（663—666）没有对高丽用兵的记载。

乾封元年（666），唐高宗和武则天封禅泰山。高丽王在前一年十月派太子福男[⑦]入唐，侍祠泰山。这是高丽历史上第二次派出太子作为使者，说

---

① 《三国史记》卷22《高句丽本纪》。

② 据《资治通鉴》卷199太宗贞观二十二年四月己未、十一月庚子条载：是年，契丹辱纥主曲据帅众内附。以其地置玄州，以曲据为刺史，隶营州都督府。十一月契丹帅窟哥、奚帅可度者并帅所部内属。以契丹部为松漠府，以窟哥为都督；又以其别帅达稽等部为峭落等九州岛，各以其辱纥主为刺史。以奚部为饶乐府，以可度者为都督；又以其别帅阿会等部为弱水等五州，亦各以其辱纥主为刺史。辛丑，置东夷校尉官于营州。契丹成为接受唐管辖的羁縻府州。

③ 《三国史记》卷22《高句丽本纪第十》。

④ 据《资治通鉴》卷200高宗显庆元年正月辛未条载：“以皇太子忠为梁王、梁州刺史，立皇后子代王弘为皇太子，生四年矣。”

⑤ 《三国史记》卷22《高句丽本纪第十》。

⑥ 显庆五年（660）百济被唐和新罗灭亡。

⑦ 《新唐书》记作男福。

明高丽对唐朝的封禅非常重视，这也是高丽国灭亡前的最后一次遣使入唐。当然，高丽对遣太子参加唐朝的封禅当非出于自愿。当时的半岛局势是，高丽的同盟国家百济在唐和新罗的联合打击下已经灭亡，高丽早已成为唐罗两国瞄准的下一个攻击目标。① 而唐高宗的封禅诏令三年前就已传出。高丽此时派太子侍祀泰山，一方面在向唐朝伸出橄榄枝，另一方面不可避免地带有察看、揣测唐朝意图的目的。② 对当时的高丽来说，以此借口来了解唐朝的动向也是再正常不过的。结果，封禅的当年，唐朝就恢复了对高丽的大举进攻，两年后（668）灭掉高丽。

高丽灭亡后，高丽人掀起了复国斗争。圣历二年（699），武则天派原高丽王高藏之子高德武为安东都督，统摄安东高丽旧户，然而高丽旧地遭新罗、靺鞨等蚕食鲸吞，高丽遗民纷纷逃散，“高氏君长遂绝矣”。③ 因此，有学者认为，“高句丽作为一个政治实体就这样从历史舞台上消失了”。④ 然据上表所列材料显示，在高丽作为一个政治实体从历史舞台上消失之后，还至少有三次高丽使者（其中有一次是高丽朝鲜王）入唐事件见于史料记载。所以有必要对此现象进行探究。

高丽在乾封三年（668）被唐、罗军队攻破国都后，国王及王室、大臣等被俘虏，遣送入唐，这标志着高丽国的灭亡。唐朝“分其地置都督府九、州四十一、县一百，又置安东都护府以统之”。⑤

除了上表中的三条记录外，笔者还发现，高丽国灭亡近半个世纪后，史书上仍有高丽国存在的信息。开元三年（715），突厥“十姓部落左厢五咄六啜、右厢五弩失毕五俟斤及子婿高丽莫离支高文简……等各率其众，相继来降，前后总万余帐。制令居河南之旧地。授高文简左卫员外大将军，封辽西郡王”。⑥ 其中值得关注的是，高文简降前的官职为“高丽莫离支”。莫离支是高丽独有的官职，泉盖苏文弑高建武之后，自任太大莫离支，独揽军国大权，盖苏文死后，其子泉男生继任莫离支。

---

① 据《资治通鉴》卷200记载：高宗龙朔元年（661），即在灭百济的次年正月，唐朝就“募河南北、淮南六十七州兵，得四万四千余人，诣平壤、镂方行营”。同月，“以鸿胪卿萧嗣业为扶余道行军总管，帅回纥等诸部兵诣平壤”。三月份，唐高宗甚至想“亲征高丽，以象用武之势”。

② 早在隋朝初年，高丽就因为“常遣使人，密觇消息”而受到隋文帝的责问。（《隋书》卷81《高丽传》）

③ 《旧唐书》卷199上《高丽传》。

④ 蒋非非、王小甫等著：《中韩关系史（古代卷）》，第105页。

⑤ 《旧唐书》卷199上《高丽传》。

⑥ 《旧唐书》卷194上《突厥传上》。

既然开元年间仍然有高丽莫离支的官职出现，那么，在高丽国灭亡后，是否还有一个被称为高丽的政权在某个地方存在呢？

三、乾封三年之后的高丽国存在状况探析

上述“高丽莫离支”高文简从突厥降唐事件至少反映了以下两个方面的问题：

第一，高丽灭亡后，部分高丽人逃到了突厥，其中有高丽王室成员。因为唐曾经在高丽旧地“擢其酋渠有功者授都督、刺史及县令，与华人参理百姓。乃遣左武卫将军薛仁贵总兵镇之”，不过这些高丽民众“其后颇有逃散”。①

第二，逃到突厥去的这部分王室成员可能在突厥的庇佑下继续沿用高丽国号，或者沿用、设立高丽官职。他们很可能以高丽国君继承人自居，而突厥默啜可汗为笼络、驾驭这些高丽遗民，则把自己的女儿嫁给了这个“高丽国”首领，于是高丽莫离支就成为突厥可汗的子婿。当然，即使有这样的一个高丽国存在，此高丽已非彼高丽，它是突厥国内之国，受制于突厥，要跟着突厥辗转迁徙，在很大意义上已沦为突厥可汗为自己权威增色的象征性衬托。唐高宗永徽元年（650），“车鼻既破之后，突厥尽为封疆之臣”，“自永徽已后，殆三十年，北鄙无事”。② 也就是说，在突厥国内，即使有此象征性的高丽国流亡政权，它也没有机会得到发展。史书没有记载此高丽的情况，也说明其无足轻重，对唐朝没有什么影响。

那么，上表所述景龙四年入贡的高丽是否是设在突厥的高丽国呢？

应该不是。因为从武则天时代起，突厥默啜就屡屡侵扰唐（武周），并时而与唐（武周）交好，时而翻脸入寇，反复无常。唐中宗甚至一度“购斩默啜者王以国、官诸卫大将军”。③ 突厥与唐朝的这种胶着状况一直延续到唐玄宗朝。换言之，即使有所谓的突厥国内之国“高丽国”，在变化不定的突厥与唐关系中，出于其自身安危的考虑，它怎敢贸然向唐朝贡呢？因此，景龙四年朝唐的高丽应当不是来自突厥方面。

有迹象显示，该高丽国有可能来自新罗。

据《三国史记》记载，高丽国灭亡后的第三年，即咸亨元年（670），

---

① 《旧唐书》卷199上《高丽传》。
② 《旧唐书》卷194上《突厥传上》。
③ 《新唐书》卷215上《突厥传上》。

因为新罗擅取百济土地遗民，导致唐、罗两国交恶。是年六月，高句丽水临城人牟岑大兄收合残兵，杀害唐朝官吏，向新罗逃亡。中途遇到渊（泉）净土[①]之子安胜，“迎（安胜）致汉城中，奉以为君”，并遣小兄多式等哀告新罗曰：“兴灭国继绝世，天下之公义也，惟大国是望。我国先王以失道见灭，今臣等得国贵族安胜，奉以为君，愿作藩屏，永世尽忠。”新罗王遂处之国西金马渚（今韩国全罗北道益山市）。七月，新罗王遣使封安胜为高句丽王，并在册书里说：“……命公为高句丽王，公宜抚集遗民，绍兴旧绪，永为邻国，事同昆弟……”[②]

根据此项记载，新罗在其西部金马渚这个地方安置了高丽遗民成立的高丽国，从“永为邻国，事同昆弟”之语看出，高丽国从此在新罗存在下去。[③] 据下文新罗入唐使者表可以看出，中宗神龙元年（705）之后到玄宗朝“安史之乱”爆发（755）的这段时期，新罗基本上每年都派使入唐朝贡，有时候甚至达到一年三次。新罗与唐的和睦关系，势必对附属国高丽有所影响。《宋高僧传》就记载了天宝年间来自高丽国的僧人元表的事迹，曰：“释元表，本三韩人也。天宝中来游华土，仍往西域，瞻礼圣迹……”[④] 唐敬宗宝历三年（827）“三月，高句丽僧丘德入唐，赍经至。（新罗）王集诸寺僧徒出迎之”。[⑤] 高丽僧人入唐取经回国，新罗王召集僧人迎接他。这一情况说明这个高丽国不仅在新罗国内，而且还和唐朝在佛教方面有交流。

所以，景龙四年入贡的高丽，以及元和十三年（818）向唐朝朝贡、进乐器及乐工的高丽，很可能就是此附属于新罗的高丽。

根据上表，开元十三年（725）十一月，在随唐玄宗封禅泰山的外国酋长中，有高丽朝鲜王。现录《旧唐书》相关文字如下：

> 壬辰，玄宗御朝觐之帐殿，大备陈布。文武百僚，二王后，孔子后，诸方朝集使，岳牧举贤良及儒生、文士上赋颂者，戎狄夷蛮羌胡朝献之国，突厥颉利发，契丹、奚等王，大食、谢飑、五天十姓，昆仑、日本、新罗、靺鞨之侍子及使，内臣之番，高丽朝鲜王，百济带方王，

---

① 渊（泉）净土是原高丽莫离支泉盖苏文之弟。

② 《三国史记》卷6《新罗本纪第六》。

③ 高宗上元元年（674），新罗因为招纳高丽遗民叛众，鲸吞百济土地而与唐朝发生冲突。新罗此时更封安胜为报德王。（《三国史记》卷6《新罗本纪第六》）意即新罗为安置高丽遗民而引起与唐朝的战争，高丽遗民应当知道报恩。

④ 《宋高僧传》卷30《唐高丽国元表传》。

⑤ 《三国史记》卷10《新罗本纪第十》。

十姓摩阿史那兴昔可汗，三十姓左右贤王，日南、西竺、凿齿、雕题、牂柯、乌浒之酋长，咸在位。①

这个高丽朝鲜王不可能是附属于新罗的傀儡高丽国王。为什么这样说呢？

首先，查证史籍，在唐、罗灭亡高丽之后，唐从未派使入新罗册封高丽朝鲜王；其次，新罗收留高丽遗民并使其建国，本来就是违背唐朝意志的，为此唐罗之间还爆发过战争，遗民高丽国既然是新罗的附庸，那么就不会再受到唐朝的册封，新罗也必不肯接受唐朝对其册封，否则遗民高丽国的地位当和新罗平级，新罗对高丽国的宗主国地位必然丧失，这不是新罗所愿意见到的；再次，退一步说，假如参加封禅的高丽朝鲜王是新罗册封的高丽国主，那么唐朝不愿也不会认同其藩属国所册封的藩属国王。原因很简单：立王封国是天子独有的大权，唐朝皇帝作为“万国之主”，怎能把册封国家的权力交给藩属国新罗呢！基于上述原因，参加封禅的高丽朝鲜王不可能来自新罗。

这个高丽朝鲜王很可能来自唐朝内地。

高丽被唐和新罗灭亡之后，王室贵族大多被迁入唐朝内地。此后，他们多担任了唐朝的官职，而且他们当中很多人的爵称仍然跟高丽地区有关。比如，前述开元年间从突厥投降唐朝的高丽莫离支高文简，被唐册封为辽西郡王；② 高足酉也是入仕于唐和武周的重要高丽将领，据其墓志《大周故镇军大将军高君（足酉）墓志铭并序》③ 所载：“证圣元年（695），造天枢成，悦豫于来彤……斯时也，即封（高足酉）高丽蕃长，渔阳郡开国公（正二品），食邑两千户。”其他类似情况还有原高丽王室成员在唐朝被册封为相应官职，如高宝元被册封为高丽郡王，等等（下文均有详述）。

这里面值得一提的是高足酉的高丽蕃长头衔。武则天为了宣示她德化四海，给忠心于她的“四夷”首领封官加爵，最后把他们的名字都铸在天枢上，高足酉的高丽蕃长头衔也是因此而来的。所以，这种头衔实际上是为武则天建造天枢服务的，是为了给女皇面子上增光。鉴于此，笔者大胆推测，唐玄宗为了在封禅泰山之时营造一种“万国来朝”的宏伟壮观场面，在封禅之前就封好了本已灭亡的高丽、百济的首领爵称。届时，与唐有朝贡关系的众多蕃国酋长济济于泰山脚下，唐朝天子傲立泰山之巅，居高临下俯视世

① 《旧唐书》卷23《礼仪志三》。

② 《新唐书》卷215上《突厥传上》

③ 《隋唐五代墓志资料汇编 · 洛阳卷》，第7册，第84页。

界，显得多么有天下共主之气派！故此，所谓的高丽朝鲜王和百济带方王的人选，当是从居于唐朝境内的原高丽和百济王室后裔中物色出来的。这个头衔是荣誉性的，没有任何实际意义。当然，此推论还需以后找到资料来进一步论证。

第二节　入唐百济使者情况考论

一、百济遣使入唐概况

百济从武德三年（620）第一次入唐朝贡到永徽三年（652）灭亡前最后一次遣使，32 年间共有 27 批次。和高丽使者入唐情况类似，绝大多数入唐使者的姓名不见于史载。但通过对这些使者入唐情况的分析，能以新视角来了解唐朝、百济以及当时朝鲜半岛的政治、经济、文化情况。以下是百济遣使入唐的整体情况统计表。

入唐百济使者表

时间	使者	目的	文献出处
武德三年（620）十月		献果下马	《册府元龟》卷 970《外臣部·朝贡第三》
武德四年（621）			《旧唐书》卷 199 上《百济国传》
武德七年（624）五月、七月、九月		朝贡、献光明甲	《册府元龟》卷 970《外臣部·朝贡第三》
武德八年（625）十一月		朝贡	
武德九年（626）①（八月之前）、十二月		献光明铠、讼高丽闭其入唐道路；朝贡	《旧唐书》卷 2《太宗本纪上》；《旧唐书》卷 199 上《高丽传》；《三国史记》卷 27《百济本纪第五》

① 《三国史记》卷 27《百济本纪第五》将公元 627 年记作唐高祖武德十年，误。李世民在武德九年（626）八月就已经即位，次年为贞观元年。

（续上表）

时间	使者	目的	文献出处
贞观元年（627）（两次）	扶余福信（百济王侄）	朝贡；奉表陈谢	《三国史记》卷27《百济本纪第五》
贞观三年（629）九月		朝贡	《册府元龟》卷970《外臣部·朝贡第三》
贞观五年（631）九月			
贞观六年（632）十一月			
贞观九年（635）十一月			
贞观十年（636）二月			
贞观十一年（637）	扶余隆	献铁甲雕斧	《册府元龟》卷970《外臣部·朝贡第三》；《三国史记》卷28《百济本纪第六》
贞观十二年（638）十月乙亥		贡金甲雕斧	《旧唐书》卷3《唐太宗本纪下》
贞观十三年（639）十月			《册府元龟》卷970《外臣部·朝贡第三》
贞观十四年（640）二月	王室子弟	请入国学	《三国史记》卷27《百济本纪第五》
贞观十五年（641）三月		告丧（百济王卒）	
贞观十六年（642）春正月		献方物	《册府元龟》卷970《外臣部·朝贡第三》
贞观十七年（643）正月朔			
贞观十八年（644）正月朔（九月前另有一次）		献方物；奉表入唐陈谢	《册府元龟》卷970《外臣部·朝贡第三》；《三国史记》卷28《百济本纪第六》
贞观十九年（645）正月朔	扶余康信（太子）	贡方物	《册府元龟》卷970《外臣部·朝贡第三》
唐高宗永徽二年（651）		朝贡	《三国史记》卷28《百济本纪第六》
永徽三年（652）春正月朔			《册府元龟》卷970《外臣部·朝贡第三》

（续上表）

时间	使者	目的	文献出处
麟德二年（665）	百济酋长	侍封泰山	《旧唐书》卷84《刘仁轨传》
开元十三年（725）	百济带方王		《旧唐书》卷23《礼仪志三》

根据上述列表所载的朝贡使者情况，只有贞观元年（627）、贞观十一年（637）、贞观十九年（645）的使者列具姓名。这在百济所有的遣使当中是值得注意的现象，以下对此进行分析论述。

二、百济王室成员充任入唐使者的原因

列具姓名的入唐使者——王侄、王子、太子——都是百济王室成员。百济王室成员充任入唐使者，与半岛三国之间的关系走向密切相关。

朝鲜半岛上的百济、高丽、新罗三国，为了扩张各自的领土，很早就攻战不休。到了隋朝，在隋炀帝准备征讨高丽时，百济王积极响应，并派使者入隋请军期。然而当隋军真正攻打高丽的时候，百济却"严兵于境，声言助隋，实持两端"。不仅如此，百济还伺机派小规模兵力侵扰新罗。唐朝初年，百济对新罗的动武更加频繁。贞观元年（627）七月，百济王准备大举进攻新罗，收复被新罗侵占的领土。新罗王向唐告急，百济才作罢。在这种情况下，当年八月，百济王派出王侄扶余福信入唐朝贡。①

百济向唐朝派出王室成员这样高级别的使者，表明对此次出使非常重视。其原因当和前月准备大举进攻新罗，后来得知新罗向唐朝告急而罢兵有关。百济意识到唐朝有可能对此事进行干预，故派出王侄为使者，为自己辩护。果然，唐太宗对百济和新罗进行了调解，敕书百济王："王世为君长，抚有东蕃……忠款之至，职贡相寻，尚想嘉猷，甚以欣慰。朕祗承宠命，君临区宇，思弘正道，爱育黎元……新罗王金真平，朕之蕃臣，王之邻国。每闻遣师征讨不息，阻兵安忍，殊乖所望。朕已对王侄福信、高句丽、新罗使人具敕通和，咸许辑睦。王必须忘彼前怨，识朕本怀，共笃邻情，即停兵革。"②

此时唐太宗刚登上宝位不久，宫廷内部的问题还没解决完，对于蕃国之

① 《三国史记》卷27《百济本纪第五》。

② 《三国史记》卷27《百济本纪第五》。

间的矛盾纷争也就采取中立政策，务求息事宁人。使者扶余福信即使想要为本国申诉，恐怕也没有机会让唐太宗真正听进去并为其解决问题。

贞观十一年（637），扶余隆入唐朝贡。他以王室成员的身份前往。百济遣扶余隆入唐的原因，可能有以下两方面的考虑：一是百济与唐之间有大海相隔，两国没有明显的利益冲突，所以百济不像高丽那样顾忌重重。派王室成员入唐，不但不担心被唐朝扣留，反而能够让唐增加对其的信任和好感。二是扶余隆乃扶余义慈之嫡子，当时的百济王扶余璋之嫡孙。按其身份，将来必将接任百济国的王位。在年少之时派遣其出使大唐，可以增加其阅历，更使百济给唐朝留下忠诚的印象，从而拉近与唐朝的关系。

有资料认为，公元637年入唐的扶余隆为百济太子，① 误。因为此时扶余义慈还没有当百济王，他才是百济太子，扶余隆为太子之子。公元641年，百济王扶余璋去世之后，义慈接任宝位，三年后，也就是公元644年才册封扶余隆为太子。又据记载：公元660年，唐讨伐百济时，义慈王和太子孝逃到北方边境地区，② 这似乎表明当时的太子已不再是扶余隆。然而，是否扶余隆的太子位置被扶余孝取代了呢？对于换太子这样重大的事情，史书上却没有任何记载，这是不太可能出现的事情。另据《新唐书》载，唐军攻入百济时，“义慈挟太子隆走北鄙”，③ 这些都表明当时的百济太子为扶余隆而不是扶余孝。而且据《新唐书·百济传》所载，当时的另一个王子为“小王孝演”，即扶余孝演，非扶余孝。《旧唐书·百济传》也记载，当时的“太子隆、小王孝演”被唐军俘获入唐。可见，《三国史记》把扶余孝记为太子是错误的。

公元644年，百济册封扶余隆为太子。据上表可知，贞观十九年（645）正月，百济太子扶余康信朝唐，则此扶余康信当即扶余隆。遣太子朝贡显示出百济对唐朝的重视，其背景应当还有以下原因：一是扶余隆在没有当太子之前，已经有作为朝贡使者的经历，对于朝贡事务比较熟悉，唐朝对他也不会陌生，而且这次是以百济太子的身份前往，更能引起大唐对百济以及扶余隆本人的好感。二是此时的唐朝正在准备大举征讨高丽，太宗皇帝即将御驾亲征，这对百济来说是个不小的震撼。唐征高丽的原因之一就是高丽侵凌新罗，而百济和高丽又常常联合攻打新罗，百济对唐朝的出兵不能不

---

① 《册府元龟》卷970《外臣部·朝贡第三》。

② 《三国史记》卷28《百济本纪第六》。

③ 《新唐书》卷220《百济传》。

有所顾虑。但百济在与新罗战争频频的同时，善于及时向唐朝朝贡以表示恭敬，也就是说，百济这种外交策略在保护自己免受大唐制裁的同时，还能够尽量地侵略新罗，扩张地盘。这和隋炀帝征讨高丽时百济虽积极表态，但“严兵于境，声言助隋，实持两端”的做法实质上是相同的。一方面结好高丽，一方面又讨好唐朝，这是小国百济求生存并图发展的手段。

唐高宗永徽三年（652）春正月，百济最后一次入唐朝贡。此后，百济一面与倭国通好，一面和高丽、靺鞨联合，占领新罗的大片领土，在政治上同唐朝的意志越来越远。同时百济王扶余义慈也荒淫无度，不纳忠言，[①] 终致唐朝和新罗毁灭性的打击。小国百济在数百年间审时度势，所以才能够在大国间的夹缝中保全并发展自己，当它一旦忽视了所面临的严峻现实，特别是与高丽联手欲灭掉新罗而开罪唐朝时，就完全背离了其一直秉承的持国方略，滑向了危险的边缘。而其统治者生活糜烂、政治腐败的现象，也与其先祖兢兢业业的持国态度相悖，不能不说与其灭亡也有必然联系。这或许就是“适者生存”规律在国家关系中得以体现的一个反面例子吧。

史载麟德二年（665）十月，唐高宗封禅泰山，刘仁轨率领新罗及百济、耽罗、倭四国酋长赴会。唐高宗对此情况极为满意。[②] 而此时百济早已灭亡，所以参加此次封禅的百济酋长应是以象征性的爵称参加的。原百济王扶余义慈被俘入长安后“数日而卒”，[③] 参加封禅的百济酋长应是前百济太子扶余隆。早在龙朔二年（662），以战俘身份入唐的扶余隆被授予熊津都督官职，遣回本国统辖遗民，原百济旧地成为唐的一个羁縻府。麟德二年（665）八月，唐朝派专使督令新罗和扶余隆举行盟誓，企图让这两家夙敌和睦相处。主盟者在盟誓之后返唐。凭着与新罗多年的交往经验，扶余隆坚信，没有唐朝军队镇管，新罗必不遵守誓约，定会想方设法置自己于死地。所以史书说扶余隆“惧新罗，寻归京师”。扶余隆跑回唐都长安，适逢唐高宗的封禅泰山大典，封禅结束后就借势留在唐朝，不再回国。此后百济旧地不再有原百济王室成员维持统治，新罗更加大肆侵夺百济旧地。事实最终证明扶余隆对新罗的判断是正确的，新罗后来果然吞并了百济旧地，并与唐朝

---

① 《三国史记》卷28《百济本纪第六》。

② 《旧唐书》卷84《刘仁轨传》。

③ 《旧唐书》卷199上《百济传》。

发生了军事冲突,[①] 这不仅意味着唐朝安排的新罗、百济盟誓完全失败,[②] 也标志着唐朝对新罗的支持政策以此终止，同时表明唐朝没有根据变化了的形势及时调整对新罗的政策，导致其陷于尴尬的境地。

第三节　入唐新罗使者情况述论

比起高丽和百济，新罗派遣入唐的使者从次数和人数上都远远超出前者，这不仅是因为新罗和唐朝的关系较紧密，也由于新罗的国祚跨越唐朝始终。笔者对新罗遣使唐朝的情况也作了一个统计，为简明起见，将新罗遣使情况也以表格形式叙述，以便于分析讨论。

一、新罗遣使入唐

	入唐时间	使者姓名	出使目的	文献出处
1	武德三年（620）十月		朝贡	《册府元龟》卷 970《外臣部·朝贡第三》
2	武德四年（621）七月		朝贡	《三国史记》卷 4《新罗本纪第四》
3	武德六年（623）十月		朝贡、讼高丽塞入贡道路且侵新罗	《册府元龟》卷 970《外臣部·朝贡第三》；《三国史记》卷 4《新罗本纪第四》

① 关于新罗方面的态度，拜根兴先生有更深入的探讨，他认为：龙朔三年四月，唐政府在新罗设立鸡林大都督府，任命新罗王金法敏为鸡林州大都督，也就是说，唐王朝将原百济故地纳入其固有的羁縻体制之后，此时也把新罗纳入此体系之中。从现存史料中不能直接看出新罗对此事的态度，但随后新罗面对唐朝要求与百济会盟作出的姿态，似乎可以看做是对此前事件的深层面反映。对这次会盟，新罗决策层仍然保留态度，但又不能违背唐王朝的意愿，故虽然唐王朝在盟文中将新罗置于百济之上，百济却完全处于依附的地位，但这无疑和新罗的希求相差太远，这种矛盾的最终结果，导致此后唐朝与新罗非常激烈的摩擦直至最终决裂。（拜根兴：《刘仁愿事迹考述试论稿——以与新罗关系为中心》,《中国史研究》第 18 辑别册，2002 年。）

② 据《旧唐书》卷 199 上《百济传》载，新罗和百济盟誓部分内容曰：“刑牲歃血，共敦终始；分灾恤患，恩若弟兄。祗奉纶言，不敢失坠，既盟之后，共保岁寒。若有弃信不恒，二三其德，兴兵动众，侵犯边陲，明神鉴之，百殃是降，子孙不昌，社稷无守，禋祀磨灭，罔有遗余。”

（续上表）

	入唐时间	使者姓名	出使目的	文献出处
4	武德九年（626）		朝贡	《旧唐书》卷2《太宗本纪上》
5	太宗贞观元年（627）六月、十一月		朝贡	《册府元龟》卷970《外臣部·朝贡第三》
6	贞观三年（629）九月		朝贡	同上
7	贞观五年（631）		朝贡，献美女二人①	同上
8	贞观六年（632）十二月		朝贡	《三国史记》卷4《新罗本纪第四》
9	贞观七年（633）七月		朝贡	同上
10	贞观十三年（639）		朝贡	《旧唐书》卷3《太宗本纪下》
11	贞观十五年（641）五月		新罗王室子弟，入国学	《三国史记》卷4《新罗本纪第四》
12	贞观十六年（642）春正月、八月		献方物；求助	《册府元龟》卷970《外臣部·朝贡第三》
13	贞观十七年（643）正月、九月		献方物、请求唐朝派兵援救新罗	《册府元龟》卷970《外臣部·朝贡第三》，《旧唐书》卷199上《新罗传》
14	贞观十八年（644）正月		献方物	《册府元龟》卷970《外臣部·朝贡第三》
15	贞观十九年（645）正月		献方物	同上
16	贞观二十一年（647）		谢恩	《三国史记》卷5《新罗本纪第五》
17	贞观二十二年（648）正月、冬、十二月，邯帧许	金春秋、金文王、温君解	朝贡；请唐出兵请改新罗章服	《册府元龟》卷970《外臣部·朝贡第三》、卷974《外臣部·褒异一》；《三国史记》卷5《新罗本纪第五》
18	永徽元年（650）	金法敏	破百济告捷	《旧唐书》卷199上《新罗国传》
19	永徽二年（651）	金仁问	朝贡、宿卫	《三国史记》卷5《新罗本纪第五》

① 《册府元龟》卷970《外臣部·朝贡第三》把此条记载归在贞观六年，盖误。

（续上表）

	入唐时间	使者姓名	出使目的	文献出处
20	永徽三年（652）春正月		朝贡	《册府元龟》卷970《外臣部·朝贡第三》
21	永徽四年（653）十一月		献金总布	同上
22	永徽五年（654）		谢封	《三国史记》卷5《新罗本纪第五》
23	永徽六年（655）		求援	同上
24	显庆元年（656）三月、十月	金文王①等	破百济告捷朝贡	《唐会要》卷95《新罗》；《册府元龟》卷970《外臣部·朝贡第三》；《三国史记》卷5《新罗本纪第五》
25	显庆四年（659）		乞师	《三国史记》卷5《新罗本纪第五》
26	显庆五年（660）②		新罗王弟监天福、金仁问、金儒敦、金中知，灭百济露布大唐，宿卫	同上
27	龙朔二年（662）	金仁问	贡方物	《三国史记》卷6《新罗本纪第六》
28	乾封元年（666）	金汉林、金三光	宿卫	同上
29	乾封三年（668）	金仁问、助州、金仁泰、金义夫、金薮世、金天光、金兴元	随唐军押送朝鲜王室成员等俘虏入唐	同上

① 按：《唐会要》、《册府元龟》记载为文正，疑误。

② 按：据《三国史记》卷5所载，先是新罗王弟入唐露布，然后是儒敦等随唐军押解百济被俘君臣回唐。故该年新罗两次派使者入唐。

（续上表）

	入唐时间	使者姓名	出使目的	文献出处
30	总章元年（669）	祇珍山；金钦纯、仇珍川、金良图；金福汉①	献磁石；谢罪；献造弩木	同上
31	咸亨元年（670）	不详②		同上
32	咸亨三年（672）	原川、边山	送所俘唐朝将士归国并谢罪，进贡银、铜、针、金、牛黄、四十升布、三十升布	《三国史记》卷7《新罗本纪第七》
33	上元二年（675）		入贡、谢罪③	同上
34	垂拱二年（686）		奏请《礼记》并文章	《三国史记》卷8《新罗本纪第八》
35	武则天长寿三年（694）		朝贡	《唐会要》卷95《新罗》
36	圣历二年（699）二月		朝贡	《册府元龟》卷970《外臣部·朝贡第三》
37	长安三年（703）正月、七月	金思让	朝贡	《册府元龟》卷970《外臣部·朝贡第三》；《三国史记》卷8《新罗本纪第八》
38	中宗神龙元年（705）三月、九月		献方物	《册府元龟》卷970《外臣部·朝贡第三》
39	景龙元年（707）十二月		朝贡	同上
40	景龙三年（709）十二月		贡方物	《三国史记》卷8《新罗本纪第八》
41	景龙四年（710）正月		朝贡	《册府元龟》卷970《外臣部·朝贡第三》
42	睿宗景云二年（711）十二月		献方物	同上

① 是年新罗使者分三批入唐。

② 《三国史记》卷6《新罗本纪第六》载："是年春正月，高宗许钦纯还国，留囚良图，终死于圆狱。以王擅取百济土地遗民，皇帝责怒，再留使者。"

③ 这是新罗在刚刚打败唐朝军队之后所派出的朝贡使者。说明新罗对唐朝一直执行着军事和外交两条路线。

（续上表）

	入唐时间	使者姓名	出使目的	文献出处
43	太极元年（712）二月、十二月		朝贡	《册府元龟》卷971《外臣部·朝贡第四》；《三国史记》卷8《新罗本纪第八》
44	先天二年（713）	金贞宗	朝贡	《三国史记》卷8《新罗本纪第八》；《册府元龟》卷971《外臣部·朝贡第四》
45	唐玄宗开元二年（714）二月、闰二月	金守忠；朴裕	宿卫；贺正	《三国史记》卷8《新罗本纪第八》
46	开元四年（716）三月	金枫厚	朝贺	《册府元龟》卷971《外臣部·朝贡第四》
47	开元五年（717）三月、五月		献方物	同上
48	开元六年（718）二月		朝贡	同上
49	开元七年（719）正月丙申、五月丁酉		贺正；朝贡	同上
50	开元十年（722）十月乙巳	金仁壹	来贺并献方物①	同上
51	开元十一年（723）三月、四月		献美女二人；果下马、牛黄、人参、头发、朝霞绌、鱼牙绌、细镂、鹰铃、海豹皮、金银等，上表陈谢②	《册府元龟》卷971《外臣部·朝贡第四》；《唐会要》卷95《新罗》；《三国史记》卷8《新罗本纪第八》
52	开元十二年（724）二月、十二月	金武勋；金嗣宗	贺正	《册府元龟》卷971《外臣部·朝贡第四》；《唐会要》卷95《新罗》
53	开元十三年（725）		侍封禅泰山	《旧唐书》卷23《礼仪志三》

① 《唐会要》卷95《新罗》载：开元十年，新罗频遣使献方物。据此新罗遣使次数当不少于三次。

② 《唐会要》卷95《新罗》把该项内容记载在开元十年之后，归于开元十二年，但其后又出现十二年的记载，故知此应当是开元十一年之事。

（续上表）

	入唐时间	使者姓名	出使目的	文献出处
54	开元十四年（726）四月、五月	金忠臣；金钦质	贺正；朝贡	《册府元龟》卷971《外臣部·朝贡第四》
55	开元十五年（727）正月		贺正；献方物	同上
56	开元十六年（728）	金嗣宗	献方物，兼表请子弟入国学	《三国史记》卷8《新罗本纪第八》
57	开元十七年（729）正月、九月		贺正；朝贡	同上
58	开元十八年（730）正月、九月①	金志满	贺正；献小马、狗、金、头发、海豹皮	《册府元龟》卷971《外臣部·朝贡第四》；《册府元龟》卷975《外臣部·褒异二》
59	开元十九年（731）二月	金志良	贺正；献牛黄、金银	同上
60	开元二十年（732）正月		贺正	《册府元龟》卷971《外臣部·朝贡第四》
61	开元二十一年（733）十二月乙未	金志廉	谢恩；献小马、狗、金银、布、牛黄、人参、头发、海豹皮、芝草图	《册府元龟》卷971《外臣部·朝贡第四》；《册府元龟》卷975《外臣部·褒异二》；《唐会要》卷95《新罗》
62	开元二十二年（734）四月②	金竭丹；金志廉	朝贡	《册府元龟》卷971《外臣部·朝贡第四》
63	开元二十三年（735）正月、十二月	金义忠、金荣、金（忠）相等③	贺正；献方物	《册府元龟》卷971《外臣部·朝贡第四》；《册府元龟》卷975《外臣部·褒异二》；《唐会要》卷95《新罗》

---

① 《册府元龟》卷974《外臣部·褒异一》和《三国史记》卷8《新罗本纪第八》记载的时间均为二月、十月。

② 《唐会要》卷95《新罗》把此事归于开元二十年，但记载介于开元二十一年和二十三年之间。核对《册府元龟》卷971《外臣部·朝贡第四》的记载，可知此应当为开元二十二年之事。

③ 《册府元龟》卷975《外臣部·褒异二》载：开元二十三年（735）二月癸卯，新罗贺正副使金荣死，赠光禄少卿；闰十一月壬辰，新罗王遣从弟大阿飡金相来朝，死于路。帝深悼之，赠卫尉卿。按：金相，《唐会要》卷95《新罗》记载为金忠相。

（续上表）

	入唐时间	使者姓名	出使目的	文献出处
64	开元二十四年（736）六月、十一月	金相	贺正，献表谢赐土地	《三国史记》卷8《新罗本纪第八》；《册府元龟》卷971《外臣部·朝贡第四》
65	开元二十五年（737）二月、十二月①	金抱质	贺正、献方物、告哀	《册府元龟》卷971《外臣部·朝贡第四》；《唐会要》卷95《新罗》
66	开元二十六年（738）三月	金元玄	贺正	《三国史记》卷9《新罗本纪第九》
67	天宝元年（742）五月		朝贡	《册府元龟》卷971《外臣部·朝贡第四》
68	天宝二年（743）十二月乙巳	新罗王弟	贺正	《册府元龟》卷975《外臣部·褒异二》
69	天宝三年（744）闰二月、四月、十二月	新罗王弟等	贺正、谢恩并献方物；献马及宝	《册府元龟》卷971《外臣部·朝贡第四》；《唐会要》卷95《新罗》
70	天宝四年（745）四月		朝贡	《册府元龟》卷971《外臣部·朝贡第四》
71	天宝五年（746）二月		贺正、献方物	同上
72	天宝六年（747）		贺正、献方物	《三国史记》卷9《新罗本纪第九》
73	天宝七年（748）		献金银及六十总布、鱼牙绌、朝霞绌、牛黄、头发、人参	《唐会要》卷95《新罗》
74	天宝十四年（755）四月		贺正	《册府元龟》卷971《外臣部·朝贡第四》
75	天宝十五年（756）		朝贡	《三国史记》卷9《新罗本纪第九》
76	唐肃宗至德二年（757）八月丁卯		朝贡	《册府元龟》卷976《外臣部·褒异三》
77	乾元元年（758）八月		朝贡	《三国史记》卷9《新罗本纪第九》

① 《册府元龟》卷971《外臣部·朝贡第四》和《唐会要》卷95《新罗》中的记载不一，未知此年是两次还是三次遣使。

（续上表）

	入唐时间	使者姓名	出使目的	文献出处
78	宝应元年（762）九月		朝贡	《册府元龟》卷972《外臣部·朝贡第五》
79	宝应二年（763）		朝贡	《唐会要》卷95《新罗》
80	代宗永泰元年（765）		朝贡	《三国史记》卷9《新罗本纪第九》
81	永泰二年（766）三月	金岩	朝贡、宿卫	《册府元龟》卷972《外臣部·朝贡第五》；《三国史记》卷43《金庾信传》
82	大历二年（767）七月	金隐居	朝贡	《三国史记》卷9《新罗本纪第九》
83	大历三年（768）五月、九月		朝贡	《册府元龟》卷972《外臣部·朝贡第五》；《册府元龟》卷976《外臣部·褒异三》
84	大历八年（773）四月、六月		贺正，献金银、牛黄、鱼牙细、朝霞细等；谢恩	《三国史记》卷9《新罗本纪第九》
85	大历九年（774）四月、十月		朝贡；贺正	《册府元龟》卷972《外臣部·朝贡第五》
86	大历十年（775）正月、五月、六月		朝贡	同上
87	大历十一年（776）七月、十月		献方物；朝贡	同上
88	大历十二年（777）十二月		献方物	同上
89	德宗建中三年（782）闰正月		朝贡	同上
90	贞元二年（786）	金元全	献方物	《三国史记》卷10《新罗本纪第十》
91	贞元八年（792）		献美女金井兰	同上
92	贞元十五年（799）		贡九尺人参	同上
93	贞元十六年（800）（或之前）	梁悦	宿卫	同上
94	贞元二十年（804）十一月		朝贡	《册府元龟》卷972《外臣部·朝贡第五》

（续上表）

	入唐时间	使者姓名	出使目的	文献出处
95	宪宗元和元年（806）（或之前）①	金献忠	宿卫	《册府元龟》卷997《外臣部·纳质》
96	元和元年（806）八月		朝贡	《册府元龟》卷972《外臣部·朝贡第五》
97	元和三年（808）②	金力奇	朝贡	《册府元龟》卷972《外臣部·朝贡第五》；《三国史记》卷10《新罗本纪第十》
98	元和四年（809）七月	金陆珍	谢恩兼进奉方物	《三国史记》卷10《新罗本纪第十》
99	元和五年（810）十月③	金允夫、王子金宪章	献金银佛像及佛经幡等为顺宗祚福并贡方物、宿卫	《册府元龟》卷972《外臣部·朝贡第五》；卷976《外臣部·褒异三》；卷996《外臣部·纳质》
100	元和七年（812）四月	金昌男等54人	贺正兼告哀	《册府元龟》卷972《外臣部·朝贡第五》
101	元和十年（815）正月丁酉		朝贡	《册府元龟》卷976《外臣部·褒异三》
102	元和十一年（816）	王子金士臣④等	朝贡	《唐会要》卷95《新罗》
103	元和十二年（817）三月	王子金张廉	朝贡	《三国史记》卷10《新罗本纪第十》
104	元和十五年（820）二月、十一月		朝贡	《册府元龟》卷972《外臣部·朝贡第五》；《册府元龟》卷976《外臣部·褒异三》
105	穆宗长庆二年（822）十二月	金柱弼	朝贡	《册府元龟》卷972《外臣部·朝贡第五》；《唐会要》卷95《新罗》

① 宪宗元和元年十一月放宿卫新罗质子金献忠归本国。

② 《唐会要》卷95《新罗》把此条内容归于元和二年。

③ 《册府元龟》卷976《外臣部·褒异三》载：文宗开成二年十二月，新罗国质子试光禄卿紫金鱼袋金允夫进状称："本国王命臣入朝充质二十六年矣……"据以推测，金允夫当于是年入唐。

④ 《旧唐书》卷199上《新罗传》记载为金士信，二者当为同一人。

（续上表）

	入唐时间	使者姓名	出使目的	文献出处
106	宝历元年（825）	金昕（王子），金允夫、金立之、朴亮之等12人	来朝兼充宿卫	《唐会要》卷95《新罗》；《三国史记》卷10《新罗本纪第十》
107	文宗太和元年（827）正月		朝贡	《册府元龟》卷976《外臣部·褒异三》
108	太和二年（828）二月、十二月	金大廉	朝贡	《三国史记》卷10《新罗本纪第十》
109	太和四年（830）十二月		朝贡	《册府元龟》卷972《外臣部·朝贡第五》
110	太和九年（835）十二月		朝贡	同上
111	开成元年（836）	金义琮	谢恩兼宿卫	《旧唐书》卷199上《新罗传》
112	开成二年（837）	金忠信	宿卫	《册府元龟》卷976《外臣部·褒异三》
113	开成三年（838）秋七月		遗淄青节度使奴婢	《册府元龟》卷980《外臣部·通好》
114	唐宣宗大中五年（851）	金元弘	求佛经、佛牙	《三国史记》卷11《新罗本纪第十一》
115	唐懿宗咸通二年（861）	金富良等①	献方物	同上
116	咸通九年（868）	（王子）金胤、学生李同等3人	谢恩，献方物，宿卫	同上
117	咸通十一年（870）	金因	宿卫	同上
118	唐僖宗乾符三年（876）		献方物	同上
119	乾符五年（878）五月		朝贡②	同上

① 《三国史记》卷11《新罗本纪第十一》载：金富良等一行人溺没，即遭遇海难。

② 《三国史记》卷11《新罗本纪第十一》载：因得知黄巢起义，因而此次朝贡停止。

（续上表）

	入唐时间	使者姓名	出使目的	文献出处
120	中和五年（885）		贺破黄巢	同上
121	唐昭宗景福二年（893）	金处诲	纳旌节①	同上
122	乾宁四年（897）		请求允许让王位	同上

从新罗遣唐使情况可以看出，第一次派使开始于公元620年，最后一次是公元897年。在这期间的277年中，新罗仅有122年曾向唐朝派出使者。这122年派出使者至少162批次。但有的年份新罗一年之内遣使数次，而一年内多次遣使的情况多发生在唐玄宗开元、天宝年间以及代宗大历年间。这些时段是唐朝和新罗国内均相对稳定的时期。在没有使者入唐的年份中，有许多原因导致遣使中断，如新罗国内发生政变、叛乱，或与日本、渤海发生战争，或受唐朝政局动荡影响，等等。在新罗入唐使者当中，王室成员占有相当的比例。新罗王族姓金，按照新罗骨品制，“王族为第一骨，妻亦其族，生子皆为第一骨，不娶第二骨女，虽娶，常为妾媵。官有宰相、侍中、司农卿、太府令，凡十有七等，第二骨得为之”。② 在列具姓名的新罗入唐使者里面，金姓的第一骨和第二骨占了绝大多数，说明新罗非常重视和唐朝的交往。

二、新罗入唐使者的作用

综合上面对高丽、百济入唐使者情况来看，高丽在与唐朝交往的时候多有顾虑，所以很少派王子入朝；百济比起高丽来，顾虑就少得多，所以百济王子有时也被遣往唐朝，以增加阅历；新罗则比百济更加注重跟唐朝的交往，它非但没有什么顾虑，而且要通过派遣大量王室成员入唐争取唐朝的好感，以大力争取唐朝的帮助，特别是军事上的援助（灭百济、高丽之前）。所以派出的使者中，王室远近支派成员占了绝大多数，可见新罗对入唐使者的选择非常注重身份地位。入唐为使的新罗王室成员有的后来当上了新罗国王，如金春秋、金法敏。他们以新罗王位继承人的身份来到大唐，受到的待

① 《三国史记》卷11《新罗本纪第十一》载：金处诲途中“没于海”。

② 《新唐书》卷220《新罗传》。

遇自然是其他一般使者所不能比拟的。

贞观二十二年（648），金真德遣王室成员国相、伊赞子金春秋及其子文王（一说文正）来朝。唐太宗特地遣光禄卿柳亨郊劳之。[①] 光禄卿，从三品职事官，掌邦国酒醴、膳羞之事。[②] 金春秋受到了唐朝的国礼接待。不仅如此，唐太宗还诏授春秋为特进（正二品文散官），文王为左武卫将军（从三品武职事官）。金春秋并且向唐太宗提出希望“诣国学观释奠及讲论，太宗因赐以所制《温汤》及《晋祠碑》并新撰《晋书》。将归国，令三品以上宴饯之，优礼甚称”。[③] 金春秋能得到唐太宗亲笔题写的作品和碑铭，说明他给唐太宗留下了很好的印象，而这个好印象正是金春秋此行要达到的目的之一，它为日后新罗游说唐政府出兵援助新罗消灭百济奠定了基础。

从史籍记载来看，在唐朝对蕃国使者的接待仪式和规格里面，金春秋所受到的优礼是非常特殊的。为什么金春秋受到唐朝如此隆重的欢迎和重视呢？原因可能有以下三方面：其一，这是唐朝对新罗三年前助唐征讨高丽的肯定和抚慰；其二，显示大国的礼仪风范；其三，希望唐罗继续保持密切关系。[④]

笔者认为，第三个原因当是主要的。理由就在于唐朝正在准备再次征讨高丽——虽然征讨高丽也是应新罗之请，但隋炀帝征讨高丽时百济的“持两端”造成的麻烦想必唐朝皇帝不会没有印象——唐军需要新罗军队的积极配合。

唐太宗亲征高丽之后，采取了派遣偏师骚扰打击高丽疆场的战略，目的是使高丽社会动荡，经济萧条，国力疲惫，从而使唐朝可以较轻松地征服高丽。到了贞观二十二年（648）六月，唐太宗认为征服高丽的时机基本成熟，“以高丽困弊，议以明年发三十万众，一举灭之”。[⑤] 但唐军所面临的难题是：若大军出征，由于战场和后方之间交通不便，粮草的后备供给必将面临困难。为此，唐太宗在遣右领左右府长史强伟于剑南道伐木造舟舰以运粮草[⑥]的同时，也考虑到了新罗的地理位置便于提供给养援助的可能性。所以，当金春秋入唐朝贡的时候，唐太宗也就对其格外看重。《日本书纪》卷

① 《三国史记》卷5《新罗本纪第五》。
② 《旧唐书》卷44《职官志三》。
③ 《旧唐书》卷199上《新罗传》。
④ 拜根兴：《七世纪中叶唐与新罗关系研究》，中国社会科学出版社，2003年，第28页。
⑤ 《资治通鉴》卷199，太宗贞观二十二年六月癸酉条。
⑥ 《资治通鉴》卷199，太宗贞观二十二年七月条。

25 载金春秋“美姿颜，善谈论”。《三国史记》卷 5 载唐太宗见他“仪表英伟，厚待之”。这些都是表面现象，非金春秋受唐太宗礼遇盛待的根本原因。

在国家之间的交往中，外交使者在外国受到多大的重视，永远是和本国的国家力量、该国在本地区或者世界范围内所处的国际地位成正比的，离开了国家力量这个大背景，使者个人的力量就显得非常渺小。使者个人的魅力只能是国家地位的从属性补充，不值得也不应该过分夸大。

金春秋此行的目的主要是说服唐朝出兵援助新罗，“借天兵剪除凶恶”的百济，但因为唐朝此时一意征讨高丽，和新罗期望不合，所以唐太宗对金春秋的要求虽然“许之”，但不予承诺出兵的时间。国家利益在外交中始终居于决定性地位，外交双方的活动无不是围绕着它进行的。对于新罗要求唐朝出兵百济的要求，唐太宗以不承诺具体时间的方式应允出兵，同时厚待使者，使得新罗达到了部分满意，至少不会彻底失望。唐朝于是把外交主动权抓到手中，便于下一步对新罗提出要求，使其配合唐军。这也是从唐朝的利益出发的。

金春秋出使唐朝，除了得到了唐朝的允诺，为以后唐朝的出兵援助作了积垫之外，还在其他两个方面产生了深远的影响：一是金春秋留下其子金文王宿卫唐廷，开新罗宿卫质子之先河（此部分后文有详述）；二是金春秋凭借此次受到隆重欢迎的出使，奠定了他在新罗的政治地位，成为他当上新罗国王的重要筹码。永徽五年（654），新罗真德女王去世，新罗群臣请于川伊餐摄政，但是于川坚决辞让。他说：“臣老矣，无德行可称。今之德望崇重，莫若春秋公，实可谓济世英杰矣。”群臣遂奉春秋为王。春秋三让，不得已而就位。①

于川在女王去世之后，能得到群臣的拥戴，说明他在新罗大臣中具有很高的政治地位，但是他却以年老和无德行推让金春秋，说明他是在自己与金春秋之间作过衡量的。换个角度考虑，年老实际上正说明了于川在新罗的资格老、阅历深；至于无德行，当然是自谦语。若从个人活动给新罗带来的利益情况来看，金春秋短期内的穿梭外交给新罗带来的好处当然更大、更明显，更易被国人所看重，所以于川说“今之德望崇重，莫若春秋公”。史载金春秋为了抗击百济和高丽，曾经分别出访过高丽和唐朝，向其寻求援助。这些出访需要智慧和勇气。其中金春秋在出访高丽寻求帮助的时候，被高丽

① 《三国史记》卷 5《新罗本纪第五》。

扣留，经过狱卒的帮助才逃出。出使大唐则受到了隆重的接待。史书对于川的事迹没有多少记载，说明于川可能只是在国内事务中发挥作用。这种作用对新罗国内的政治固然重要，但它可能是靠稳定性、长期性得以体现的。在眼前局势急迫的情况下，能救急解困的人往往更容易受人瞩目。换个角度来说，金春秋出使外国，特别是上述出使唐朝的经历，正是提高其在国内政治地位的有利因素。能被举戴为新罗王，当与他出使唐朝产生的巨大政治影响密切相关。

金法敏是金春秋的长子。唐高宗永徽元年（651），新罗大破百济，新罗王金真德亲自织锦作五言《太平颂》，[①] 遣法敏入唐进献。金法敏被唐朝授予太仆卿（从三品职事官）的官衔。新罗此举是此前金春秋等入唐求援的继续，只是求助的方式作了调整。正如拜根兴先生所说，“真德王及其新罗决策者此举明显有讨好唐皇帝之意。但为了现实的利益，即摆脱在与丽、济实际交涉中的被动地位，掌握对唐交涉的主动权，新罗最高决策层的政策趋向是无可厚非的，这从此后罗唐双方交涉的最终结果即可看出”。[②] 所以当新罗王位空缺的时候，金春秋作为继任者得到了新罗群臣的认可。这种认可也是建立在金春秋和金文王、金法敏父子作为新罗使者，在对唐交涉中作出很大贡献的基础之上的。

由上表记载的新罗入唐使者的情况，我们还可以看出，新罗的入唐纳质宿卫者占有一定的比例。宿卫质子是一种特殊的国家使者。学界对纳质虽然有一定程度的探讨，但对新罗入唐宿卫质子情况的探讨还不够深入。新罗纳质的特点在唐朝前、后期又有不同之处。这是一个值得注意的现象。

第四节　新罗对唐纳质宿卫述论

在新罗向唐朝的遣使内容中，纳质宿卫是其中的一项重要事项。对新罗和唐朝来说，纳质符合双方利益。新罗纳质宿卫的原因前后有别，导致宿卫

① 《旧唐书》卷199上《新罗传》载其词曰：“大唐开洪业，巍巍皇猷昌。止戈戎衣定，修文继百王。统天崇雨施，理物体含章。深仁偕日月，抚运迈陶唐。幡旗既赫赫，钲鼓何锽锽外夷违命者，翦覆被天殃。淳风凝幽显，遐迩竞呈祥。四时和玉烛，七曜巡万方。维岳降宰辅，维帝任忠良。五三成一德，昭我唐家光。”

② 拜根兴：《七世纪中叶唐与新罗关系研究》，第31页。

者的职能性质发生变化，其留唐的期限也相应有所不同。新罗宿卫者起到了沟通罗唐两国的桥梁作用，为加深两国的政治与文化交流作出了贡献。

西汉武帝在位时开始出现“四夷纳子为质”的新现象，是居于正统地位的中原王朝同周边的少数民族政权之间交往的新模式。最初纳质的当属南越王赵胡遣太子婴齐入汉宿卫。① 受赵胡的请求，西汉兴兵讨伐入侵南越的闽越国。为了表示感恩和忠心，即“望大廷，以报盛德”，同时也出于倚靠大国庇护的考虑，赵胡派太子婴齐作为质子入汉宿卫。此后其他一些周边少数民族政权尤其是西域诸国陆续向西汉纳质，以西汉为宗主国。这个传统基本上为以后的中原王朝和周边政权所继承。蕃国质子的主要任务是宿卫阙庭，即侍卫天子，故又称“侍子”。依据“蕃望大小”、“比类流例”、“功效高低”，质子被授予武职或文职官衔。

至唐朝时，中国国威更加声名远播。在周边少数民族政权向唐朝频遣质子的同时，又出现了唐朝接纳外国质子的现象。而在与唐朝关系密切的国家中，新罗可以称得上是佼佼者。值得注意的是，新罗向唐朝纳质时，是严格按照蕃臣身份给自己定位的，但即使如此，这种纳质和唐朝与其辖内的少数民族政权之间的纳质性质还是应当区分明确的，也就是说，在唐朝“统御万国”的时代背景下，新罗是以“外臣”的身份与唐朝进行交往的，这与唐朝周边的许多民族政权的“内臣”身份不同。基于当时的这种客观现象，本书试图对新罗向唐朝的纳质宿卫作一论述。②

迄今为止，笔者所见史学界对于新罗入唐质子的研究散见于一些有关蕃将研究和中外关系史研究的论著中，如严耕望《新罗留唐学生与僧徒》、③章群《唐代蕃将研究》及《唐代蕃将研究（续编）》、马驰师《唐代蕃将》、刘永智《中朝关系史研究》、杨通方《中韩古代关系史论》、蒋非非、王小甫等《中韩关系史（古代卷）》、韩国卞麟锡《唐长安의新罗史迹》、拜根兴《七世纪中叶唐与新罗关系研究》、马驰师《羁旅长安的新罗人》、刘希为《唐代新罗侨民在华活动的考述》，等等，对于新罗对唐纳质宿卫的专门的、系统的研究尚未出现。鉴于此，笔者根据史籍所载的有关资料，在吸收前人研究成果的基础上，试图填补这一空白。

---

① 《册府元龟》卷996《外臣部·纳质》。

② 中国古代还有一种纳质的情况，即在外任职的臣子送自己的家人留在国君身侧，以表明自己对国君的忠心不二。这种纳质不在本书的探讨范围之内。

③ 《唐史研究丛稿》，香港新亚研究所，1968年。

一、新罗纳质宿卫的初因

新罗在东晋十六国时期就已向前秦朝贡，但没有对中原王朝纳质的记述。①

6世纪初，新罗加快接受中华文化的步伐，实行郡县制、官制、舆服制、谥法、年号、律令，文物典章基本完备。② 直到6世纪中期（532—562），新罗才统一了弁、辰韩人的所有部落。此前的新罗国小力微。隋朝建立之前的南北朝并立，国势也不算强大，与新罗又远隔沧波，各自都受到国内外战争等事务的牵扰。以上因素决定了至少在当时，新罗与中原国家之间，要达到“纳质”的亲密程度，条件尚不具备。

唐朝建立后，新罗已经成为朝鲜半岛的三雄之一。唐罗各自的国内形势基本稳定，国家发展的需要促使双方交往趋向紧密。但是直到唐朝贞观前期，唐朝与新罗的关系似乎还不如与高丽、百济密切。③ 然而国家利益的影响变化无常，两国关系很快就开始升温。新罗在与高丽、百济争雄战争中的被动处境成为其向唐朝纳质的起因。正如前文所述，从半岛三国建立起，其相互争夺领地的战争就绵延不断，到唐初，发展成为百济、高丽联合进攻新罗的局面，百济与新罗之间的相互征伐尤为激烈。为了扭转劣势，新罗一面频频向唐朝派使告急求助，一面于贞观十六年（642）试图联合高丽对付百济。在遭到高丽要挟而失败④之后，新罗最终只有靠求助于唐朝来扭转劣势。贞观二十二年（648），新罗善德女王派金春秋及其子朝唐控诉百济“塞其朝宗之路”，唐太宗答应出师，金春秋遂向唐太宗表示愿留子宿卫。⑤ 新罗入质宿卫便发端于此。

唐高宗永徽二年（651），新罗派遣王子金仁问入唐宿卫。据《三国史记》载：新罗“屡为百济所侵，愿得唐兵为援助，以雪前耻，拟谕宿卫仁

---

① 《资治通鉴》卷104，晋烈宗太元二年春条。

② 张碧波：《中华文化圈中的新罗》，载《学术交流》，2001年第4期。

③ 《中韩关系史（古代卷）》，第68页。

④ 《三国史记》卷5《新罗本纪第五》。

⑤ 《三国史记》卷5《新罗本纪第五》。蒋非非、王小甫等著《中韩关系史（古代卷）》认为金春秋留下了其子文汪（王）为质（第113页）。又，刘盛佳、宋传银《公元7世纪新罗金文王墓地考》认为新罗太子金文王留仕于唐，其墓在湖北京山芭蕉寺（《华中师范大学学报（哲学社会科学版）》，1997年第4期，第61～64页）。据《三国史记》：春秋上奏太宗曰：“臣有七子，愿使不离圣明宿卫。”乃命其子文汪（王）与大监□□□□□□……（卷5）按照文意推理，金文王留唐为质的可能性很大。

问乞师”。[①] 因此可以说，新罗纳质宿卫是与建立、巩固唐罗联盟联系在一起的，其寻求军事保护的目的很明显；同时含有倚靠大国巩固、壮大自己的用意。

在对唐纳质的问题上，新罗君臣显然是经过深思熟虑的。也就是说，新罗并非因唐太宗答应出师才对唐纳质的，换言之，即使唐朝暂时没有答应出师，新罗也会要求纳质宿卫。为什么这样讲呢？

在朝鲜半岛其他两国的夹击下，新罗的处境极为危急，时刻面临着“亡社稷”的窘境。只有取得大唐的同情和援助，新罗才有可能在半岛三国的角逐中求得生机并保存国家，甚至反败为胜，除此之外没有其他选择。因此，在与唐朝的交往中，新罗恭敬谨慎地保持“事大”的主动姿态，冀以求得支援。所以，不管唐朝当时是否答应出兵，新罗都不会放弃与唐结交的努力，其以纳质宿卫作为重要的沟通方式也就不足为奇了。新罗对唐的纳质在当时不仅是可行的，而且是必需的；不仅是权宜之计，更是明智之举。这种纳质与上述春秋战国时期诸侯国之间的“国弱惧其侵伐，令子及贵臣往为质”显然性质不同。

通过在长安宿卫的金仁问等新罗质子的沟通与维系，罗唐关系迅速升温，最终两国合力灭掉百济和高丽，新罗几百年来的夙愿终于实现。在目的达到之后，新罗的纳质虽一直延续，但是其宿卫质子的职能却发生了变化。

二、新罗入唐宿卫者的职能演变

在唐前期，新罗入唐宿卫者多数是新罗王族或者贵臣子弟。作为唐朝的外蕃内臣，新罗、波斯以东的西域十六国和昭武九姓国以及渤海等属国的入侍质子大都配于诸卫，授将军、中郎将、郎将等职，得到优待。受“安史之乱”以及之后国内纷乱局势的困扰，唐朝国力下降，但其对周边国家、地区的政治影响力依旧强大。不过，传统的任诸蕃入朝君长、质子统禁军的制度发生了明显的变化：前期蕃将的后人、寒姓蕃将、河朔蕃人镇帅子弟逐步把持了禁军统领权。[②]

受此影响，此后新罗尽管继续派质子入唐宿卫，但以宿卫阙庭为主要使命的性质发生了变化，学习文化制度成为宿卫者的另一任务。应该提到的是，新罗派人入唐习业并不是从“安史之乱”后才开始的。早在唐太宗之

① 《三国史记》卷44《金仁问传》。
② 马驰：《唐代蕃将》，第35～36页。

时，就曾大征天下名儒为学官，凡学生能明一大经以上者皆得补官，因此，新罗及高丽、百济都争相派遣王公贵胄之子弟入唐求学。[①] 中宗皇帝反正以后，也曾下诏同意“蕃王及可汗子孙愿入学者，附国子学读书”。[②] 新罗所遣入唐习业的子弟，虽不能说尽为质子，但显然不乏以质子身份入国子监者，如新罗名将金庾信的玄孙金岩即是“入唐侍卫，间就学阴阳家法”。[③] 金茂先、崔慎之等学生八人、大首领祈绰等八人、小首领苏思等二人，都是“赴阙习业，兼充宿卫”。[④]

敬宗宝历元年（825）五月，新罗国王金彦升上奏唐天子：

> 先在（唐的）太学生崔利贞、金淑贞、朴季业四人（按：漏记一人或当为三人）请放还蕃。其新赴朝贡金允夫、金立之、朴亮之等一十二人，请留在宿卫，仍请配国子监习业、鸿胪寺给资粮。

新罗王的请求得到唐敬宗的许可。[⑤]

上述事实透露出这样的信息：从唐初，新罗质子就可以入国学，但是职能以宿卫宫阙为主。严耕望先生认为在唐中叶以前，史家“例只云宿卫，不明说其有所学习。盖史笔省略也”。前面也曾引述严先生以及马驰师的观点，即从唐太宗贞观十四年到五代中叶的三百年间，新罗向中国派遣的留学生达两千甚至三千人以上。而后来新罗学生入唐求学竟然也被称为“宿卫”，这与唐初的情况就大不相同了。学界也少有对该现象的深入探讨。

出现这种由宿卫性质向留学性质过渡现象的原因，笔者认为，应当分别依据两国的国情来入手分析。

首先，就唐朝来说，其要求的是一种以唐帝国为中心的“天下秩序”，即以唐朝的先进文化影响周边的民族国家，使它们自觉地“向风慕化”，从而达到“九夷同文”的局面。唐朝对蕃国实行羁縻统治，却不曾对其以武力强迫归附，倒是蕃国主动要求以唐皇帝为“天可汗”，这是世界历史进程中的非常值得关注的现象。其实这种主动性的要求主要归因于蕃国对自身国家利益的考虑，“种种的需要使得各国、各民族接近中国而加入中国的世界秩序中”，也就是说，“当时唐朝所确定的这种秩序并不是由于中国的征服

① 《三国史记》卷5《新罗本纪第五》。
② 《新唐书》卷44《选举志上》。
③ 《三国史记》卷43《金庾信传》。
④ 《东文选》卷47，转引自《新罗留唐学生与僧徒》。
⑤ 《册府元龟》卷999《外臣部·请求》。

和强制而强加于人的”。[①] 然而即使如此，对像纳质宿卫这样正式的蕃国义务，唐朝其实也并不是很在意地去落实。与其说是唐朝皇帝满足于拥有天朝与内外蕃国之间的“名分”，不如说这反映了唐朝开放的文化心态。唐玄宗在开元十一年（723）发布的一道诏书就很能说明这一问题。诏曰：

> 我国家统一寰宇，历年滋多，九夷同文，四隅来暨。夫其袭冠带、奉正朔，颙颙然向风而募化，列于天朝、编于属国者，盖亦重矣。我则润之以时雨，照之以春阳。淳德以沃之，中孚以信之。玄风既同，群物兹遂，莫不自天壤、穷海域，厥角以请吏，执资以来庭。皇唐之德，于此为盛。今外蕃侍子，久在京国，虽威惠之及，自远毕归，而羁旅之志，重迁斯在。宜命所司勘会诸蕃：充质宿卫子弟等量放还国。契丹及奚延通质子并即停追，前令还蕃。首领等至幽州且住交替者，即旋去。朕欲以鸟兽威若，华戎俱泰，来则纳其朝谒之礼，去则遂其生育之心。推我之诚，崇彼大顺，含弘之施，德莫厚焉。[②]

在诏书中，处处体现了唐朝皇帝对于自身“皇唐之德”、天下共主名分的满足感，但是，换一个角度讲，恰恰是这种“华戎俱泰”的心态体现了唐文化的博大胸怀。也正因如此，包括新罗在内的外蕃质子才能够在宿卫的名义下入国学，学习唐朝的文化和制度；唐朝皇帝才能对新罗以宿卫名义派遣留学生的行为听之任之，甚至照顾有加。比如留学生在唐的待遇就有：“鸿胪寺给资粮”，[③] 或“京兆府支给逐月书粮”，每年冬春，天子还“恩赐时服”，[④] 等等。

其次，对于新罗方面来说，在统一了半岛之后，向发达的近邻唐朝学习，发展本国的政治、经济、文化就提上了议事日程，是以向唐朝大量地派遣留学生。

附带说明一下，新罗对唐朝还存在一种名誉上的宿卫，主要表现在新罗使者朝唐时，被封以将军、郎将或其他官职，然后遣还本国，受封者本人并不在唐朝留仕。如开元十四年（726）金钦质入唐朝贡，被授予郎将，[⑤] 开元二十四年（736），新罗大臣金端竭丹入唐贺正，被授予卫尉少卿员外[⑥]，

---

① ［日］堀敏一著，韩升、刘建英译：《隋唐帝国与东亚》，第7页。

② 《册府元龟》卷996《外臣部·纳质》。

③ 《册府元龟》卷999《外臣部·请求》。

④ 《东文选》卷47，崔致远《遣宿卫学生首领等入朝状》。

⑤ 《册府元龟》卷975《外臣部·褒异二》。

⑥ 《册府元龟》卷975《外臣部·褒异二》。

代宗大历七年（772），贺正使金标石被授予卫尉员外少卿[①]，等等。所领官职是一种高荣誉奖赐。带着这些隆重的奖赐，使者们便风光地被“遣还蕃”。马驰师的《羁旅长安的新罗人》对此有详述。这种情况不在本书的主要讨论范围之内。

三、新罗遣质宿卫的过程和宿卫概况

从贞观二十二年（648）金春秋朝唐时自愿留子宿卫之后，新罗继续派出宿卫质子。随着百济、高丽这两大夙敌的相继败亡，新罗不失时机地攻占了百济和高丽的旧地，引起了唐朝的不满，唐罗联盟日渐松动，进而导致两国交兵。在两国关系恶化的这段时期里，新罗质子入唐的情况没有史料记载。开耀元年（681），新罗王金法敏去世，唐高宗甚至没有按照惯例为之举哀。直到武则天垂拱二年（686），新罗奏请《礼记》并文章[②]后，两国关系才慢慢升温。从武则天长安二年（702）金兴光继任新罗王开始，两国之间的朝贡关系逐渐恢复正常，此后新罗基本上每年都遣使入唐朝贡，甚至一年多达三四次。[③] 在停止了约半个世纪之后，新罗于玄宗开元二年（714）重新向唐派出质子，宿卫阙庭。[④] 开元中，唐玄宗发布暂停四夷质子入侍，并且放宿卫质子还蕃的诏书（见前述）。“安史之乱”期间，受唐朝政局动荡的影响，新罗便很少派遣入质侍子。从德宗贞元十六年（800）之后直到唐末五代，新罗宿卫重又频繁起来。而这期间的宿卫质子则是以宿卫学生名之了。下文对此有详述。

严耕望先生在《新罗留唐学生与僧徒》一文中列举并考证了新罗入唐的宿卫学生。他们是子玉、金风训、德福、崔利贞、金叔贞、朴季业、金允夫、金立之、朴亮之等一十二人，金义琮，习业学生二百一十六人，质子及年满合归国学生一百零五人，李同等三人，崔承佑、金茂先、杨颖、崔涣、崔匡裕、金绍游、崔慎之等八人，祈绰等二人，苏思等二人，崔英、金渥、崔致远、朴仁范、金文蔚、元杰、王巨仁、金垂训、金夷鱼、金可纪、崔仁滚，等等。马驰师的《羁旅长安的新罗人》附表中，也涉及了入质宿卫者

---

① 《册府元龟》卷976《外臣部·褒异三》。

② 《三国史记》卷8《新罗本纪第八》。

③ 《唐会要》卷24《诸侯入朝》载：先天二年（713）十月敕曰：“诸蕃使、都府管羁縻州，其数极广，每州遣使朝集，颇成劳扰。应须朝贺，委当蕃都督与上佐及管内刺史，自相通融，明为次第。每年一蕃令一人入朝，给左右不得过二人。仍各分颁诸州贡物，于都府点检，一时录奏。”

④ 《三国史记》卷8《新罗本纪第八》。

的介绍。为了更详细地了解新罗质子的情况，笔者在结合严、马两位先生前述研究的基础上，把新罗宿卫质子的史料更加细化（具体情况见下表），以便对有唐一代新罗遣质宿卫的情况有个更全面的了解。

新罗入唐宿卫质子表

质子姓名	入唐时间	身份	唐封官职	文献出处	备注
金文汪（王）	贞观二十二年（648）	王子	左武卫将军	《三国史记》卷5《新罗本纪第五》	
金仁问	永徽二年（651）	王子	右骁卫大将军；辅国大将军上柱国临海郡开国公左羽林军将军，等等	《三国史记》卷5《新罗本纪第五》；卷44《金仁问传》	七度入唐侍卫；曾被唐封为新罗王；延载元年（694）终老于唐
薛永衡	永徽二年（651）		左武卫大将军	《陈子昂集》卷6	从金仁问仕唐
金儒敦、金中知	显庆五年（660）	大臣	不详	《三国史记》卷5《新罗本纪第五》；卷6《新罗本纪第六》	
金汉林	乾封元年（666）	贵臣金天存之子	不详	《三国史记》卷6《新罗本纪第六》	
金三光	乾封元年（666）	贵臣金庾信之子	左武卫翊府中郎将	《三国史记》卷43《金庾信传》（下）	曾以唐朝使者身份出使本国
金守忠	开元二年（714）	王子	不详	《册府元龟》卷996《外臣部·纳质》；《三国史记》卷8《新罗本纪第八》	唐赐宅及帛以宠之；开元五年（717）回国
金嗣宗	开元十六年（728）	新罗王从弟	果毅	《册府元龟》卷975《外臣部·褒异二》	

（续上表）

质子姓名	入唐时间	身份	唐封官职	文献出处	备注
金志满	开元十八年（730）	新罗王侄	太仆卿员外置同正员	《册府元龟》卷975《外臣部·褒异二》	赐宅及金帛以宠之
金思兰	开元二十一年（733)前	新罗王族人	太仆员外卿	《旧唐书》卷199上《新罗传》	唐遣之归国，发兵以讨靺鞨
金孝方	天宝五年（746）前	不详	不详	《三国史记》卷8《新罗本纪第八》	
金忠信	天宝五年（746）	不详	左领军卫员外将军	《三国史记》卷8《新罗本纪第八》；《册府元龟》卷976《外臣部·褒异三》	曾充入新罗副使
金志廉	天宝五年（746）	新罗王从侄	鸿胪少卿员外置	《三国史记》卷8《新罗本纪第八》	
金岩	大历中（766—779）或之前	贵臣金庾信后裔	不详	《三国史记》卷43《金庾信传》	入唐侍卫，间就学阴阳家法
梁悦	贞元十六年（800）前	宿卫学生	右赞善大夫	《三国史记》卷10《新罗本纪第十》	德宗幸奉天，悦从难有功封官
金献忠	元和元年（806）前	王子	试秘书监	《旧唐书》卷199上《新罗传》	元和元年归国
金沔	元和七年（812）	不详	试卫尉少卿，试光禄少卿充吊祭册立副使	《册府元龟》卷976《外臣部·褒异三》	
金士信	元和十一年（816）	王子	太子中允	《旧唐书》卷199上《新罗传》	入唐遇恶风，飘至楚州盐城县界

（续上表）

质子姓名	入唐时间	身份	唐封官职	文献出处	备注
金昕	宝历元年（825）之前	王子	不详	《唐会要》卷95《新罗》	
金义琮	开成元年（836）	不详	不详	《旧唐书》卷199上《新罗传》	二年四月，放还蕃，赐物遣之
金忠信	开成二年（837）	不详	不详	《册府元龟》卷976《外臣部·褒异三》	赐锦丝有差
金因	咸通十一年（870）	大臣	不详	《三国史记》卷11《新罗本纪第十一》	

注：1. 唐肃宗时（756—762），新罗王金嶷（金宪英）请求入唐侍卫。①

2. 玄宗天宝年间和文宗开成年间分别有一位质子名叫金忠信。

四、新罗宿卫者的在唐期限

根据职能划分，新罗宿卫者可分为宿卫质子和宿卫学生两种。前者带有较强的政治色彩，后者则是为学习文化而入唐，两者宿卫年限不同。

以王族身份宿卫阙庭的质子一般没有固定的留唐期限。有人在宿卫的次年就可以回国，如开成元年（836），王子金义琮来唐“谢恩兼宿卫，二年四月十一日放还蕃”；也有在唐留居二十多年的，如金仁问，他以宿卫质子的身份，从永徽二年入唐至延载元年的四十三年间，七次入唐，在唐朝居住达二十三年，并在唐终了一生；② 金允夫以质子身份在唐生活更达到了二十六年之久。③ 新罗入唐宿卫者没有固定的期限，还表现在新罗可以随时更换质子，比如天宝年间回国的金忠信，他留唐宿卫的原因是当初他朝唐时，恰逢一位在唐质子金孝方去世，因此，金忠信就代替金孝方宿卫；而他的去唐则是因为新罗王念及他“久侍天庭”，所以派金志廉来代替他为质。④

① 《资治通鉴》卷222《唐纪三十八》。

② 《三国史记》卷44《金仁问传》。

③ 《册府元龟》卷996《外臣部·纳质》。

④ 《三国史记》卷8《新罗本纪第八》。

宿卫学生的在唐期限则有具体规定，“通常为十年”,[①] 但著名的新罗文人崔致远六年即完成学业，虽然可用他的聪颖来解释，但至少说明这个“十年”的期限并不绝对。每当学生学习期满，新罗都会及时请求唐朝政府放宿卫学生归国，并不断补充新的学生入唐习业。这是一个很有意思的东方文化现象。

五、新罗宿卫者的作用

在新罗纳质宿卫初期，质子在促成罗唐联盟以平灭百济、高丽问题上起了推动作用，此见前述；而宿卫学生归国后，则对新罗政治、经济、文化等方面的发展作出了不可磨灭的贡献，许多文章对此也有专门探讨，这里不再赘述。值得注意的是新罗质子以副使身份出使本国这一现象。

新罗质子常以唐朝使者的身份出使本国。上表中的金思兰于开元二十一年（732）被派往新罗发兵助唐攻打渤海靺鞨，即是以唐使者身份前往的。“思兰本新罗之行人，恭而有礼，因留宿卫。及是委以出疆之任，且便之也。”[②] 事情的起因是渤海靺鞨越海入寇登州。当时金思兰“先因入朝留京师，拜为太仆员外卿，至是遣归国发兵以讨靺鞨”,[③] 就是利用了他的双重身份之便。

新罗质子更多的是充任唐朝入新罗吊祭册立的副使。当新罗国王去世或者新国王即位的时候，其质子便会以唐副使身份出使本国，行使宗主国的吊祭和册立权。《旧唐书》载，宪宗元和七年（812），新罗王金重兴卒，国人立金彦升为王，唐以质子金士信为持节吊祭册立副大使，配合职方员外郎、摄御史中丞崔廷出使新罗。[④] 元和十五年（820），时为太子中允的金士信奏称：

> 臣本国朝天二百余载，常差质子宿卫阙庭，每有天使临蕃，即充副

---

① 《唐史研究丛稿》，第431页。

② 《唐会要》卷95《新罗》。

③ 《旧唐书》卷199上《新罗传》。

④ 《旧唐书》卷199上《新罗传》。《新唐书》卷220《新罗传》略同，但只记崔廷事，且叙述模糊。而《册府元龟》卷976《外臣部·褒异三》载：宪宗元和七年七月庚午，以新罗质子试卫尉少卿赐紫金鱼袋金沔为试光禄少卿，充吊祭册立副使，随崔陵赴新罗。按：元和七年唐朝派出的吊祭册立使，应该是去吊祭去世国王金重兴并册封新任国王金彦升的，而派使之事只能唯一，据此，或许崔廷即崔陵，金士信即金沔。

使，转通圣旨，下告国中。今在城宿卫质子，臣次当行之。①

由此可以看出：①新罗质子以副使身份出使本国是普遍现象；②质子们对新罗二百多年来宿卫唐朝阙庭不仅不以为异，反而认为质子以副使身份出使本国应当按资排序，以免遗漏；③金士信在元和七年（812）已经以副使身份出使过本国，而元和十五年又要求充使前往，表明此职对于质子颇具吸引力，所以质子们乐此不疲。针对这种现象，唐朝有人专门作诗云：

云岛茫茫天畔微，向东万里一帆飞。久为侍子承恩重，今佐使臣衔命归。通海便应将国信，到家犹自着朝衣。从前此去人无数，光彩如君定是稀。②

说以副使身份东归的质子“人无数”，当然是夸张，但它说明质子以这种方式“光彩”回国则是当时潮流追求的指向；“到家犹自着朝衣”反映出入质者在“久为侍子”后，得以大唐副使的身份归国而自感无限荣耀自豪。其实，像金士信这样有两次出使本国经历的质子还大有人在。文宗开成二年（837）十二月，新罗质子试光禄卿紫金鱼袋金允夫就进状称：

“本国王命臣入朝充质二十六年矣。三蒙改受试官，再当本国宣慰及册立等副使。准往例，皆蒙特授正官。”遂授武城王庙令。③

据此可以推知：①质子在唐朝尤其是到唐后期一般是授予试官；②试官经过几次迁转，或者侍子以副使身份出使本国达两次，则可以授予正官。“准往例”，说明在金允夫之前，已经有此种授官的先例。金允夫在其长达二十六年的质子生涯中，三授试官，两次出使本国，而且他敢于向唐朝皇帝进状讨要官爵，说明质子在唐朝是受到信任和重视的。而从授予外国人实权官职这一国家行为上，我们能够看出唐朝社会高度的包容、开放与自信。

除了新罗质子以副使身份出使本国外，还有在唐朝地方政府任职的新罗人以副使身份前往本国，如金云卿。会昌元年（841）七月，敕：

归国新罗官、前入新罗宣慰副使、前充兖州都督府司马、赐绯鱼袋金云卿，可淄州长史。④

---

① 《册府元龟》卷996《外臣部·纳质》。
② 《全唐诗》卷385《送金少卿副使归新罗》。
③ 《册府元龟》卷996《外臣部·纳质》。
④ 《旧唐书》卷199上《新罗传》。

金云卿留学唐朝，并在唐朝因宾贡科举及第而被授予官职，因此，他又可以称为前“宿卫学生”。唐代地方官官阶的高低跟所在府州县的大小级别有关。因为金云卿所任的兖州和淄州属于上州，相应地，上州司马是从五品下职事官，长史为从五品上职事官。[1] 可以说，金云卿任职级别是比较高的。

那么，为什么会出现以新罗人为副使出使本国的情况呢？原因主要有以下两点：

首先，唐罗两国在文化上具有相似性。新罗习慕华风、颇知书记，被唐朝视为“有类中华”的“君子之国”。[2] 这使得唐人对新罗的感情远比对其他国家更为亲近。让质子作为副使出使本国，是唐对新罗及质子的特别褒奖。

其次，新罗虽然文字上用的是汉字，但是语言上却不通行汉语。所以金士信在请求副使之职的时候说“转通圣旨，下告国中”，即是为了发挥新罗宿卫者的本土语言优势，除了颁布圣旨外，还需要翻译唐、罗语言，分别对唐、罗上层的思想、意图进行阐释和沟通。因此可以说，接受了唐罗两国文化的质子，正是高效地传输两国政府信息的最佳人选。从这个意义上讲，他们在促进唐朝和新罗政治联系和文化交流方面起到了桥梁和纽带作用。

六、总结

作为属国与宗主国之间的一种交往手段，新罗纳质最初是为促成与唐朝的结盟，以扭转在半岛三国角逐中的不利地位。对于唐朝来说，接受宿卫又象征着将新罗纳入以唐朝为核心的天下秩序，是唐朝国威远播、德化四海的表现。因此，纳质宿卫符合两国各自的利益。新罗完成半岛统一后，尽管对唐纳质宿卫的初衷已经消失，但是为了改变落后的社会状况，需要学习唐朝的先进文化，也就必然要求它与唐朝保持密切联系。所以，尽管新罗对唐的纳质宿卫曾因两国的矛盾冲突而一度中断，却能够再次恢复并一直持续到唐末。当然，随着宿卫学生的比例逐步提高，其宿卫的性质也逐步地发生了变化，以至于到唐朝后期宿卫竟然成了新罗留学生的代称。不管质子们入唐的原因是作为加强罗、唐政治联系的纽带还是学习先进文化，新罗对唐的纳质宿卫是始终围绕着其国家利益进行的，是适合其具体国情的外交政策。

高丽、百济和新罗在与唐朝的交往中，都尽量遣派使者进行周旋，以达

① 《旧唐书》卷44《职官志三》。

② 《旧唐书》卷199上《新罗传》。

到各自的目的。但是，出于国家利益的考虑，高丽在与唐朝交涉中多有顾忌，扩张疆域的活动也从未停止，从而招致唐朝的不满，所以，其使者在唐朝不受重视也是可以理解的。虽然高丽不停地派使者朝贡，但这种表面上的尊敬掩盖不了事实上对唐朝的不恭，唐朝对高丽的整套政策始终没有改变。百济在与唐朝的交涉中虽然一度非常注重交好，但其外交策略重点出现错乱，使其在国家角逐中站位失误，走到了唐朝的对立面，招致灭亡之灾。新罗在与唐朝的交往中非常注重发挥使者的作用，并重视派出使者的身份，对使者入唐的使命也分别赋予宿卫、朝贡、求学等不同内容，这使得新罗和唐朝的交往有了一个比较广阔的空间，对于新罗取得唐朝越来越多的好感，最后帮助新罗出兵消灭百济和高丽，以及后来新罗统一朝鲜半岛都奠定了坚实的基础。三韩使者对唐朝的出使活动，以及唐朝对三韩采取的各种各样不同的态度和措施，无一不是围绕着各自的国家利益出发的。纷繁复杂的朝鲜半岛局势，最后出现了统一局面，新罗一国独存，这与新罗使者在罗、唐的利益间不停穿梭斡旋、游说奔走有着密切关系。高丽、百济两国的使者在对唐交往中尽管也在一直努力争取最佳效果，但国家利益的冲突使得他们的种种努力都化为泡影。在国家之间的政治交往中，使者们的才智和个人品质、修养是取得良好沟通效果的重要因素，这是确定无疑的，但他们的才智、品质、修养无不与国家利益和国家力量紧密地联系在一起，并附属于国家利益和国家力量，不可能单独存在。三韩使者与唐朝的交往以及最后的效果都说明了这个问题。

第三章　入唐的原百济、高丽王室以及权臣事迹考论

由于前高句丽王高藏政变失败被捕，泉男生在679年去世，前百济王扶余隆似乎再度返唐定居，所以高句丽可说是陷于无政府状态，李敬业起兵反武后失败后有意逃往高句丽，或许与此有关。686年，武后封高藏孙宝元为朝鲜郡王。尽管史籍未明载高宝元此时身在何方，但参考上述西突厥领袖的例子，相信武后有意利用高宝元安抚高句丽旧地旧族。

——黄约瑟①

原百济、高丽王室和高丽权臣泉氏家族在国家灭亡后被迁入唐，他们及其后裔在唐朝（包括武则天朝）仍然受到了重视。唐（武周）朝重视其原王室贵胄的地位并对其加以利用，使得他们在当时军事、政治方面为唐朝边疆的保卫、国内安定政治环境的维持和武周的建立等方面作出了贡献。尤其是这些原蕃国上层统治者及其后裔在加强唐（武周）朝东北边疆的巩固方面起了很大作用。则天女皇君临天下，改唐为周，魄力可谓大矣，但对武则天的评价，从古至今，褒贬不一，尚无定论。其民族政策则向来受到许多人的指责。事实果真如此吗？以下试从这些入唐高丽、百济王室及原高丽权臣泉氏家族在唐（武周）朝的事迹与经历入手，从出土墓志记载出发，结合史书有关记载，对唐（武周）朝的政治、经济、文化、民族等方面的问题进行探讨分析，并对武则天的历史评价方面提出笔者的管见。

① 黄约瑟：《武则天与朝鲜半岛政局》，载刘建明编《黄约瑟隋唐史论集》，中华书局，1997年，第69页。

第一节　唐朝对原百济王室、高丽王室及权臣的安置

唐高宗显庆五年（660），唐朝派左卫大将军苏定方统兵，联合新罗灭掉百济国。俘虏国王扶余义慈、太子扶余隆、小王扶余孝演以及其他高级将领五十八人，押送到唐都长安。唐高宗赦免了百济君臣与唐为敌的罪过并分别给他们委任了官职。唐在百济旧地分置熊津、马韩、东明、金涟、德安五个都督府，各统州县，以百济大小酋长为都督、刺史及县令。①

一、唐对百济王室的安置措施探析

百济国王扶余义慈入唐不久后病逝。当时，扶余义慈因“事亲以孝行闻，友于兄弟”，被时人号为“海东曾子”。② 曾子，即曾参，字子舆，比孔子小四十六岁。孔子以为其能通孝道，所以向他传授学业。曾子著有《孝经》。③ 事亲之孝堪与曾子齐名的扶余义慈在为百济王时，却整日迷恋于与宫人淫荒耽乐饮酒，以至于把对其劝谏的臣下关入牢狱，使其他人不敢再开口进谏。这是扶余义慈在亡国前的表现。④ 当一个人满足现状、不思进取的时候，往往就是危机潜滋暗长之时，而专制制度下国君的行为在一定程度上或许能够预示国家的发展趋势。百济很快亡国，扶余义慈的昏聩是内因，由此又演变出与高丽联合凌灭新罗，得罪唐朝而不自省。百济灭亡的外因在于唐军和新罗的强大攻势。另外，和百济频仍的自然灾害也有一定关系。⑤

义慈之子扶余隆入唐后，被封为司稼正卿。根据唐高宗朝的官制，司稼正卿是从三品上职事官，掌邦国仓储委积之事，管理上林、太仓、钩盾、导

---

① 《旧唐书》卷199上《百济传》。

② 《新唐书》卷220《百济传》。

③ 《史记》卷67《仲尼弟子列传第七》。

④ 《三国史记》卷28《百济本纪第六》。

⑤ 从公元653年起，百济大旱，出现饥荒；公元657年，大旱赤地。此后，百济气候异常，出现许多反常现象，如公元659年长三丈的大鱼于岸边搁浅而死；公元660年，王都井水呈血色，西海滨小鱼出死，百姓食之不能尽，泗沘河水赤如血色。当是由今天我们所称的“赤潮”现象导致的。由此亦可看出，当时的气候就已经开始变暖并导致一些反常自然现象的发生。

官四署与诸监之官属，负责出纳事务。[①]《山东通志》载：乾封元年（666）春正月，唐高宗在东封泰山途中，专门到曲阜去祭祀孔子，追封以太师之职，增修庙制，并蠲免其子孙的赋役；令司稼正卿扶余隆以少牢致祭，以褒扬圣侯德伦。祭文的开头称曰："皇帝遣司稼正卿扶余隆以少牢致祭于先圣孔宣父曰……"[②] 百济和唐朝虽然通用汉字，但语言不同。在此种情况下，唐朝还任命扶余隆为司稼正卿，说明唐朝对这位原百济太子地位的看重，而且再度表明唐朝政府在政治领域内的开放和自信，自信而信人。

龙朔二年（662），唐曾封扶余隆为熊津都督府都督，令其回国与新罗消弭旧怨，并招抚遗民。麟德二年（665），唐将刘仁愿安排并主持了扶余隆和新罗王金法敏的盟誓，以彻底消除两国世仇。但盟誓结束后，扶余隆因惧怕新罗而回到唐朝（见前述），继续担任司稼正卿。[③] 仪凤元年（676）二月，唐朝对东疆的安东都护府和熊津都督府府治分别进行了迁移，"徙安东都护府于辽东故城；先是有华人任安东官者，悉罢之。徙熊津都督府于建安故城；其百济户口先徙于徐、兖等州者，皆置于建安"。[④]

对于唐朝内迁安东都护府的原因，学者们仁智互见。陈寅恪先生认为，由于西北强敌"吐蕃炽盛"，唐朝不得不在东北消极退守。[⑤] 岑仲勉先生认为安东府移治有两个原因，一是辽东道远，唐军运粮困难；二是突厥、契丹、奚脱离中国控制，使得唐朝顾此失彼。[⑥] 黄约瑟先生则认为，这乃是因为670年代高宗朝的外务是以吐蕃为重，并列举了7世纪60年代末期在朝鲜半岛作战的唐朝重要将领薛仁贵、高侃、李谨行三人被调发到西陲边疆与吐蕃作战的事例证明：没有强大的军队作后盾，唐室实不易控制潜伏着强大反对势力的高句丽旧地；并认为，比较可行的解决办法是利用旧日皇（王）

① 《旧唐书》卷44《职官志三》。

② 《山东通志》卷11之三《阙里志三·历代隆仪》，文渊阁四库全书本。

③ 《新唐书》卷220《高丽传》记载：公元668年，唐朝流放"百济王扶余隆岭外"，误。首先，扶余隆没有当过百济王，唐朝也未曾封其为百济王，他的最高身份也只是百济太子。公元660年百济灭亡后，扶余隆还率领水军随唐军参加激烈的白江口战役（《旧唐书》卷84《刘仁轨传》），而且唐高宗是年"仍授扶余隆熊津都督，遣以招辑其余众"。只是由于扶余隆害怕新罗，很快就逃回长安。且据上述《山东通志》所载，扶余隆在乾封元年仍然在唐朝供职，没有记载表明其在两年后因犯罪被流放。况且，除了《新唐书》此处记载扶余隆被流放外，其他史书均没有对此说明，也在一定程度上表明扶余隆没有被流放，《新唐书》此处记载错误。

④ 《资治通鉴》卷202，高宗仪凤元年二月甲戌条。

⑤ 陈寅恪：《唐代政治史述论稿》，上海古籍出版社，1998年，第146页。

⑥ 岑仲勉：《隋唐史》，高等教育出版社，1957年，第127页。

族，把他们遣送回旧地，以控制那里的反叛势力。[①] 陈、岑、黄三位先生分别着眼于当时唐朝外交军事的整体局势来分析安东都护府的迁置，基本上找出了当时唐朝边疆政策调整的核心原因。

需要补充的是，唐朝在内迁安东府的同时，派原百济、高丽王室入旧地统治，以填补唐军内撤形成的力量真空，这不仅仅是为了利用原王室来平息旧地的反叛势力，还有一个重要的原因是让高丽、百济遗民在他们王室成员的号召下组织起来，共同遏制新罗的扩张。唐朝西部边陲由于吐蕃的入侵而感到压力，东北地区的统治则受到百济、高丽遗民的反抗以及新罗蚕食鲸吞百济、高丽旧地的威胁。新罗在实现了消灭两个世仇的愿望后，下一个目的自然是要尽可能地扩张疆域。为了增强力量，新罗积极招纳高丽反唐力量，逐步吞并原百济领土，并派兵驻守，且进一步蚕食原高丽南部疆土。而这就不可避免地与唐朝产生了矛盾。新罗的做法触犯了唐朝的利益，引起唐朝的恼怒。这当是唐朝派遣百济、高丽的王室安抚旧地的一个重要原因。在当时西部边陲形势吃紧的情况下，唐朝派遣高丽、百济的王室成员入旧地安辑余众的策略，不能不说是合宜之举。

由于新罗的不断扩张，上元元年（674），极为不满的唐高宗干脆下诏削去新罗王金法敏的王位，任命当时留驻长安的金法敏之弟金仁问为新罗王，让他归国取代其兄的地位。同时出兵讨伐新罗。[②] 金法敏屡战屡败，于次年（675）被迫遣使入贡，向唐谢罪。唐高宗赦免其罪，并恢复了他的王位。[③] 但新罗对百济旧地的侵夺势头并没有减弱，所以虽然唐朝赦免了金法敏的不恭之罪，实际上唐朝和新罗之间的战争仍在继续。所谓的谢罪、赦免也只是两国的外交手段而已。唐调遣契丹、靺鞨兵配合唐军与新罗作战，双方互有胜负。[④] 也正是在这种情况下，唐朝任命原百济太子扶余隆回旧地安抚遗民，实际上是要他招集遗民，在抑制新罗扩张方面发挥作用。但此时新罗势力炽盛，对扶余隆虎视眈眈，扶余隆怎敢回故土受辱？所以很快寻机返回长安，不再涉足旧日恩怨，最终老于长安，葬于洛阳北邙清善里，享年六十八岁。[⑤]

唐高宗晚年苦于风疾，处理政事往往由武则天来协助，以至于朝臣称之

---

① 刘建明编：《黄约瑟隋唐史论集》，中华书局，1997 年，第 62 ~ 63 页。

② 《资治通鉴》卷 202，高宗上元元年正月壬午条。

③ 《资治通鉴》卷 202，高宗上元二年二月条。

④ 《三国史记》卷 7《新罗本纪第七》。

⑤ 周绍良主编：《唐代墓志汇编》，第 702 页。

为“二圣”。高宗去世后，武则天临朝称制，对百济、高丽的民族政策沿用了高宗时的做法。在对百济的措施方面，任命扶余隆的孙子扶余敬袭封带方郡王（从一品爵）。当然，此时的百济旧地已经被新罗、渤海和靺鞨瓜分，[①]扶余敬不可能回到旧地去管理部众，因此扶余敬的带方郡王也只能是一个象征性的爵位。

武周对原百济王室的处置方式反映了以下几个方面的问题：首先，从侧面印证了笔者在上一章论述百济使者内容时的论断，即在唐玄宗封禅泰山的时候，所谓的百济带方王不是来自百济旧地，而是由生活在唐朝的原百济王室后裔充任的。其次，在唐高宗统治时期，由于百济遗民经常反唐，使得唐朝不得不派出原百济王室或王室后裔入旧地安抚。到了武则天统治时期，委派的扶余敬虽然没有实权，但至少这个委任对于已经入居唐朝的原百济遗民来说是个心理安慰。从某种意义上说，武则天的这个举措比较人性化，客观上也有利于居住于唐朝的百济遗民更顺利地融入唐朝社会。再次，不可否认的是，对百济王室的委任主要是基于武周统治利益的需要而作出的。关于这方面的探讨，将在下文论述武则天对于高丽高宝元的任命情况时一并详述。

二、唐（武周）对高丽王室及权臣泉氏家族安置措施探析

唐太宗、高宗对高丽数次用兵，最后在高宗乾封三年（668）与新罗合力平灭高丽，设立安东都护府统辖。高丽王室和包括权臣泉氏家族在内的众多将帅豪酋被俘迁入唐朝内地，唐朝分别委任他们不同官职。[②]

公元676—679年，原高丽国王高藏和原权臣泉男生分别被唐朝派遣到原高丽旧地去安抚旧民。泉男生采取了一系列措施，改置州县，在当地受到了百姓的欢迎，据其墓志所载，“襁负如归”；[③] 而高藏却暗地里与靺鞨联络，企图反叛，结果被唐朝发觉后流放。

从唐朝派高藏去“镇本藩为主”，同时又派泉男生参与治理的事件中反映出两方面的问题：第一，这和上述唐朝任命百济太子扶余隆回旧地安辑部众一样，是为了遏制新罗的进一步侵略。第二，尽管高丽已经平定，但当时高丽旧地对唐军的反抗仍然强烈。唐朝令其“安辑余众”，并把安东府迁到

① 《三国史记》卷28《百济本纪第六》。
② 《旧唐书》卷199上《高丽传》。
③ 《唐代墓志汇编》，调露023，第667页。

新城（今辽宁抚顺附近），[1] 表明唐朝对高丽旧地仍然很重视。唐朝派原王室治理旧地，不失为一种比较稳妥的方式。第三，同时派遣高藏、男生去安辑余众，是唐朝采取的“分而治之”政策，即让高藏和泉男生相互掣肘、互相监督，由唐朝来居中把握平衡。据两《唐书》、《资治通鉴》和《三国史记》等史籍记载，在高丽时代，高藏和泉男生的权力分配扭曲错位。高藏虽为国王，但有名无实，如同傀儡，权力操纵在世袭莫离支泉氏家族手中。而且在降附唐朝后，高藏受封的官爵比起泉男生仍然要逊色一些。[2] 对于高藏来说——原来就受到跋扈的泉氏家族胁迫，现在又有泉男生的监视掣肘——朝廷的做法无疑表明对其带有警惕性或者说是不信任，这种不信任给高藏造成的心理压力也许是导致其反叛的因素之一。而朝廷能够了解到其与靺鞨勾结谋反之事，当是有人揭发。在当地最了解高藏，也最关注高藏举动的人莫过于同处一地的泉男生了。由此推断，高藏的谋叛被发觉可能是泉男生侦知并上报朝廷的。[3]

垂拱二年（686），高藏之孙高宝元被武则天封为朝鲜郡王（从一品爵）。圣历元年（697）进授左鹰扬卫大将军（正三品武职事官），封忠诚国王（正一品爵），委其统摄安东高丽旧户，但却没有成行，[4] 其原因史书未详。按：神功元年（697），正是契丹李尽忠、孙万荣大举反唐之际，他们攻陷营州，将唐朝军队击退入河北，辽东局势严重失控。高宝元在此时受封为“忠诚国王”，有可能是武则天让其以原高丽国王继承人身份号召高丽旧民，配合朝廷抗击契丹军队。在册封官爵的问题上，对高宝元的委派和上述武则天对百济扶余敬的任命都是在类似背景下发生的（故此后有关百济王室的爵称都只具有象征意义，笔者对此不再专门论述）。然而因为契丹叛军进攻迅速，导致高宝元没有机会进入高丽旧地。

武则天的这种做法，与此前唐高宗对高藏和泉男生的派遣任命在实质上是一致的，都是以一方牵制另一方。其不同之处在于前者是以人牵制人，后

---

① 《旧唐书》卷5《高宗本纪下》。

② 高藏被授以司平太常伯（正三品职事官）之职，而泉男生授右卫大将军（正三品职事官），封汴国公（从一品爵），特进（正二品文散官）如故。（《旧唐书》卷199上《高丽传》）司平太常伯，负责“天下百工、屯田、山泽之政令”，右卫大将军则是对宫廷的戍守保卫负总责，可见泉男生仍然比高藏受唐重视。

③ 黄约瑟先生还认为，高藏谋反事泄也可能是扶余隆向唐告发的。参见刘建明编《黄约瑟先生隋唐史论文集》，第63页。

④ 《旧唐书》卷199上《高丽传》。

者是以国牵制国。[1] 尽管没有达到以高丽牵制契丹的目的，但在当时的社会状况下还是有利于朝廷平叛的。也就是说，在维护东北边疆和平与稳定的问题上，武则天的措施和唐太宗、唐高宗时期的统治政策基本上一脉相承，应当给予肯定。

万岁通天二年（697）五月，契丹叛乱被平定。次年六月，武则天降安东都护府为都督府，[2] 说明在武周看来，高丽旧地地位的重要性已经下降。武则天之所以轻视高丽旧地的战略地位，很可能与武周、后突厥默啜可汗之间的和亲有关。据《通鉴》记载，圣历元年（698）六月，甲午，武则天“命淮阳王武延秀下突厥，纳默啜女为妃；……赍金帛巨亿以送之”。武则天对与默啜和亲的主意是如此坚决，甚至把向其进谏劝阻和亲的官员贬官。凤阁舍人襄阳张柬之谏曰：“自古未有中国亲王娶夷狄女者。”由是忤旨，出为合州刺史。[3] 也许是女皇对与默啜和亲的举动过于乐观，认为一个长久和平的北部边疆就要出现，所以安东都护府作为牵制突厥的重要性被大大忽略而降级为都督府。

也是在圣历元年，高藏之子高德武被任命为安东都督，依旧“领本藩”、统管原高丽的民众。武周对高德武任命的原因史书没有说明。笔者认为，这很可能跟武周与默啜可汗之间的和亲破裂有关。据史载，是年八月，当武周派遣以武延秀为首的迎亲队伍到达突厥黑沙南庭时，突厥默啜对武周朝廷的迎亲官员说：“我欲以女嫁李氏，安用武氏儿邪！此岂天子之子乎！我突厥世受李氏恩，闻李氏尽灭，惟两儿在，我今将兵辅立之。”遂发兵进攻河北。陷定州（今河北省定县）、攻赵州（今河北省赵县），武则天派遣幽州都督张仁愿等率领至少五十万大军抗击突厥默啜，甚至改默啜之名为斩啜，[4] 以发泄其对默啜侵扰的愤怒。据此可以明了：高德武的“领本藩”，依然是武则天“以夷制夷”策略的延续，即利用高德武的原王室后裔身份号召旧地民众，策应朝廷军队抗击突厥；同时也说明，武则天降安东都护府为都督府的做法是过于乐观地估计了与默啜之间的和亲可能达到的安辑北疆的功效，而看轻了高丽旧地的战略地位。突厥的拒婚和入侵粉碎了她的幻想，使她重新认识到高丽旧地的重要性，于是才有对高德武的任命之举。

---

① 类似的措施还有利用突厥默啜镇压契丹孙万荣反叛（参见《资治通鉴》卷205，则天万岁通天元年九月庚申条）。

② 《旧唐书》卷39《地理志二》。

③ 《资治通鉴》卷206，则天圣历元年六月甲午条。

④ 《资治通鉴》卷206，则天圣历元年九月甲子条。

然而，高丽旧民早已饱尝战乱之苦，现在又面临着突厥铁骑的侵袭，为了躲避战乱，他们纷纷背井离乡，投奔突厥或靺鞨而去，致使安东都督府辖户越来越少。史书记录说，以原高丽王室后裔身份对旧地管辖的“高氏君长遂绝矣”。① 这标志着武则天委派高丽王室后裔来绥抚高丽旧户、策应朝廷军队的计划破产。所以，有观点认为：“在没有唐朝军事庇护的情况下，维持羁縻统治是不可能的。高丽降户四散逃走，说明唐朝在辽宁的羁縻统治已经宣告结束。”②

唐高宗和武则天本来对高丽旧地的担忧主要在于旧民的反叛及与其他部族的反朝廷力量相纠结而可能造成麻烦，现在旧民四散，其联合起来反抗朝廷的可能性已经大大减小，所以武周在这里投入的注意力也就相应地降低，维持羁縻统治的必要性也不大了。从这个意义上说，武则天在对待高丽问题的民族政策上没有什么大的失误。

第二节　高丽王室后裔和百济王室后裔在唐（武周）朝事迹述论

一、高丽王室后裔事迹考论

如上文所说，“高氏君长遂绝”意指武周不再册命原高丽王室统摄其旧民。那么，在曾受封管辖高丽的原王室中，是否仅有高藏、高宝元、高德武三人得到过委派呢?《唐开府仪同三司工部尚书特进右金吾卫大将军安东都护郯国公上柱国高公（震）墓志铭并序》③（以下简称《高震墓志》）载，高震“祖藏，开府仪同三司工部尚书、朝鲜郡王、柳城郡开国公；祢讳连，云麾将军、右豹韬大将军、安东都护”。表明高藏至少还有一子，名高连。高连和其子高震甚至还当过安东都护。

自高藏谋叛被流放至高宝元被任命为忠诚国王的十年间，有关安东府的继任长官未见史载。今据《高震墓志》，高藏之子高连似当在此期间继任为安东都护。然而为什么史书对于这样重大的事件都没有记载呢？极有可能是

① 《旧唐书》卷199上《高丽传》。

② 《唐代羁縻府州研究》，第98页。

③ 《唐代墓志汇编》，大历075，第1814页。

因为高连、高震的安东都护的身份是赠官。

据《高震墓志》载，高丽王室家族在入唐后受到了礼遇，“怀化启土，继代称王，嗣为国宾，食邑千户”。又曰，“公（高震）竭丹悬以辅主，力斗战以册勋……封五级，自子男以建公侯；官品九阶，越游击而升开府”，意在表明其通过自身的努力进取，累功逐渐升迁，即其所谓“斯亦人臣之自致也”；可是通篇墓志没记一件立功之事。唐人墓志中对志主生前的荣耀经历往往都大书特书，而高震的墓志铭却没有举出实例来说明他生前的“丰功伟绩”，显然，志文的溢美之词掩盖不住其以荫资而仕的事实。又据高震之女墓志《宣义郎唐守唐州慈丘县令邵公故夫人高氏墓志并序》[①] 曰：“……父震，定州别驾……夫人即别驾府君之第四女也。”按照唐人撰写墓志的习惯，对于做官之人，墓志铭文中必然要写明志主生前的最高官职。高震于之女墓志铭文的记载表明，高震死前的最高官爵应是“定州别驾”（官阶正五品上）。高震于大历八年（773）去世，其女之死先于高震一年，所以其墓志铭所记应该属实。故高震之所谓右金吾卫大将军（正三品武职事官）、安东都护（正三品文职事官）之官衔必定乃死后赠官。[②]

再来看高连，其父高藏因在旧地谋反而被流放。据唐律，“凡反逆相坐没其家为官奴婢”。[③] 朝廷可能会考虑到高丽王室家族的特殊身份而法外开恩，不株连高连，但要信任他实非易事。唐太宗时，也曾因突厥降附而附之以信任，置之内地，“入居长安者数千家”。但当其结社率谋反后，太宗“始患之”，“乃徙于河北”，[④] 不敢再相信降附的其余突厥人。据此推断，在高藏被流放后，唐高宗让高连继承其父之职去统辖安东府的可能性很小，也就是说，高连的安东都护很可能也是死后赠官。朝廷在高丽王后裔死后给予赠谥以表哀宠，不过是以“兴亡继绝”自居的天子对高丽王族的历史追忆而已。此时高氏的地位早已无法与昔日相比。换个角度讲，如果高震、高连生前真的得到过唐和武周的隆遇，中国方面的史书必不会漏省。史书对所赠官职不予载录恰恰证实了笔者的推论。

随着高丽王室逐渐融入唐（武周）朝社会，除了特殊情况下需重新启用他们旧时的声望来招揽旧地民心、维护朝廷利益外，他们的受重视程度实

---

① 李献奇、郭引强编著：《洛阳新获墓志》，文物出版社，1996年，第75页。

② 刘统《唐代羁縻府州研究》认为，高震的右金吾卫大将军、安东都护仅是没有任何实际意义的荣誉称号（第100页）。

③ 《唐六典》卷6，都官郎中员外郎条。

④ 《旧唐书》卷194上《突厥传上》。

际上是逐渐下降的，这种趋势是必然的。类似的典型例子还有吐谷浑王室慕容氏家族在唐的地位变化。慕容氏家族开始一直袭封国王，最后袭封被取消：咸亨元年（670），吐谷浑国被吐蕃吞灭，国王慕容诺曷钵及其亲信数千帐内属。唐朝在灵州界置安乐州安顿他们，以诺曷钵为刺史。其后慕容氏家族世袭刺史、青海国王、乌地也拔勒豆可汗职位。贞元十四年（798）十二月，以朔方节度副使、左金吾卫大将军同正慕容复为袭长乐州都督、青海国王、乌地也拔勒豆可汗。慕容复死后，其封袭遂绝。[①] 所以，高丽、吐谷浑等蕃国王族入唐后，尽管唐朝给他们封官晋爵，使之“守其祭祀”，给予他们很高的政治地位，但他们更多的是作为一个地方民族政权的标志性象征，不再拥有实权。

值得一提的是，高震墓志与其女墓志均称其为渤海人，《高震墓志》曰：“公讳震，字某，渤海人。”其女墓志曰：“夫人姓高氏，渤海人也。”高震的墓志铭文却又说其“朝鲜贵族，弈叶称王”。如果高丽王室后裔不是因入唐之后已历经百年而对其籍贯有些淡忘的话，此现象至少带有讳言其高丽籍贯的意味。类似的现象还发生在其他高丽人后裔的墓志铭记载中，如开元十八年去世的高丽人高木卢的墓志铭，称其为渤海蓨人；[②] 高玄，志称其为辽东三韩人；[③] 高足酉的墓志铭中称志主为辽东平壤人，[④] 等等。这种现象反映了高丽人在国灭入唐后，讳言其国籍的心态。高震与其女的墓志铭记载他们是渤海人，与上述人的心态应属一致。

高震之妻真定侯氏的情况，在高震的墓志铭中有如下记载：

> 大历八年夏五月廿有七日，右金吾卫大将军安东都护公薨于洛阳教业里之私第，春秋七十三。前年四月十二日，郯国夫人真定侯氏先薨于博陵郡，以十三年十一月廿四日丙寅附葬于洛之北邙之阳新茔，礼也。

高震之妻侯氏先高震卒于博陵郡。博陵郡亦即定州。定州之名数度改易，其中在天宝元年（742）改为博陵郡；乾元元年（758）复为定州。[⑤] 高震之妻在定州去世，高震曾任定州别驾，据此可以推知，高震之妻可能是在高震任定州别驾时去世的。高震墓志记载其去世的时间为高震去世前一年，

① 《旧唐书》卷198《吐谷浑传》。

② 《唐代墓志汇编》，开元096，第520页。

③ 《唐代墓志汇编》，天授015，第317页。

④ 《唐代墓志汇编》，万岁通天003，第348页。

⑤ 《旧唐书》卷39《地理志二》。

即大历七年（772）。而高震又在洛阳去世，这就说明高震可能在其妻去世后迁到洛阳。迁移的原因虽无具体说明，不过，根据高震年过古稀的情况推测，也许是因为年迈，也许是因为丧妻之痛，所以致仕归居洛阳。到洛阳后不到一年就去世了。定州为上州，根据唐朝官制，上州别驾的官品为正五品上职事官。① 这是高震生前的最高官职，从而佐证了上文中关于高震的“右金吾卫大将军、安东都护”等官衔为赠官的推断。另外，侯氏的“郯国夫人”之爵位，同样应当是赠官。据唐代官制的规定，“一品及国公母妻，为国夫人”。② 根据前述，既然高震死后被封赠“开府仪同三司工部尚书特进右金吾卫大将军安东都护郯国公上柱国”，那么侯氏当然被称为郯国夫人了，这个封号是在高震死后得到的当无疑问。

又据上述高震墓志和其女墓志分别记载：

> 夫人（按：指高震之妻）淑质，明妇仪母训，虹梁坠日，仙鄣敛云，桐折剑沉，镜移鸾弊，命矣！嗣子朝请大夫深泽令叔秀，孝逾江革，礼越王祥，扶母兄以发博陵，就严孝而迁洛邑。涉雪千里，衔哀九冬……铭曰：……一同仁孝，千里扶丧，履□冒雪，裂膈抽肠，哀号擗地，仰诉穹苍。
>
> 夫人（按：指高震之女）姓高氏，渤海人也……曾祖（空白），皇朝鲜王……祖讳连，皇封朝鲜郡王；父震，定州别驾……夫人即别驾府君之第四女也……归于君子，以配唐州慈丘县长邵公陕之室焉……即大历七年岁次□子二月八日构疾终于洛阳履信里之私第……嗣子太□、太初、太虚等五人。

以上内容，反映出以下信息：

第一，高震有一子名高叔秀，高叔秀仕唐为朝请大夫深泽令。朝请大夫是唐朝的从五品上文散官；深泽为县名，隶属于定州，为中县。③ 根据唐朝官制，中县县令为从七品上职事官。④ 据此可推知，高震和他的儿子同在定州任职。另外，根据高震墓志所载其妻“以十三年（778）十一月廿四日丙寅附葬于洛之北邙之阳新茔”推知，在高震去世五年之后，高震妻才被从定州迁葬至洛阳北邙。根据“附葬”来看，似乎高震妻没有和高震合葬，

---

① 《旧唐书》卷42《职官志一》。
② 《旧唐书》卷43《职官志二》。
③ 《新唐书》卷39《地理志三》。
④ 《旧唐书》卷42《职官志一》。

而是安葬在高震墓旁。但实际上夫妇二人应该是合葬在一起的。根据就在于，高震在大历八年去世，但其墓志铭却记载了其妻大历十三年迁葬于洛阳的事情，如果说侯氏只是安葬在高震墓旁的话，高震墓志怎么会写上这些事情呢？墓志是随志主一同下葬的，高震死后五年才下葬的可能性实在太小。所以说，高震墓在大历十三年更换过墓志，新墓志记载了其妻迁葬的事情。

自古以来，中国人讲究入土为安、安土重迁。那么，高震坟茔如果被打开并重换墓志的话，倘若不是和其夫人合葬，就很难以其他的原因来解释。墓志铭中“新茔”反映出此高丽王室后裔家族至少有两处坟茔，所谓的“旧茔”当指定州高震妻原葬之地，这是针对高震妻子的坟茔来说的。所谓的新茔，也许可以解释为是这个原高丽王室家族的老茔地，只是对高震妻子的茔地来说是“新”的而已。深泽令高叔秀于寒冬“千里扶丧”，“扶母兄以发博陵，就严孝而迁洛邑”，这句话也透露出高震家庭其他成员的信息：大历十三年高叔秀所迁葬的不仅仅是他的母亲，还有他的一位兄长。另据高震女“即别驾府君之第四女”知，高震至少有四个女儿。综上，高震至少有二子四女。

第二，高震娶真定侯氏、其女嫁邵陕说明该高丽王室家族后裔不仅仕唐为官，而且与唐人通婚。高震所任官职为正五品上，高叔秀官职为从七品上，表明高丽王室后裔已经不再像其祖那样享有显赫的王爵待遇。但是我们从高震之女的墓志铭所表达的口气来看，墓志颇以高震的定州别驾、高叔秀的深泽令官职为荣，这反映出高氏家族已经融入了唐人社会，他们体内流淌的血液中高丽王室成分已经很淡了。根据高震大历八年（773）以 73 岁高龄去世推算，高震当生于武则天长安元年（701）。此时，距离其家族迁入唐土已经过了三十多年，这个高丽王室家族应该早已适应了唐朝的生活习俗。这也从侧面反映出高震父子身为唐官，生活已基本融入了唐朝社会。

第三，高氏家族成员可能有道教信仰。中国的方士和神仙故事早在秦汉时期就已传到朝鲜。文献记载中国道教正式传入朝鲜是在 7 世纪初左右。《三国遗事》记载：唐高宗于高丽荣留王七年（624）送去了道士和天尊像，让道士讲论《道德经》，国王和国人都来旁听。翌年，荣留王派人赴唐学习佛老，以示答礼。贞观十七年（643），高丽宝藏王再次向唐朝寻求道教，并以莫离支泉盖苏文为使者。[①] 唐太宗专门派道士叔达等八人携《道德经》往赐高丽并为其宣讲。宝藏王因此还把部分佛寺改作道观，下令将道士置于

① 《三国遗事》卷 3《宝藏奉老　普德移庵》。

儒士之上，采取崇道抑佛的国策。[①]

根据上述记载来看，道教应该至少在当时高丽上层社会中受到了重视。虽然仅根据高震外孙“太初、太虚”的名字就推论为受高丽道教影响的理由不充足，不过在中国，道教经过了数百年的发展，加上唐朝统治者以老子后裔自居，道教信仰当比在高丽更加普遍。因此，如果说高震女儿的家庭有一定程度的道教信仰的话，那么其受唐朝道教影响的可能性会更大一些。换句话说，高震家族入唐已过百年，他们的高丽族血统恐怕已因融进了华族成分而稀释得不易分辨了。说高震家族是一个汉化得比较彻底的高丽遗民家族应不为过。

二、百济王室后裔事迹考论

关于入唐的百济王室扶余氏家族后裔的情况，史载还有扶余泰、扶余忠胜、扶余忠志、[②] 扶余文思、扶余文宣、扶余氏姊妹和扶余准等。

扶余泰在唐朝大将苏定方围攻百济都城时曾自立为王。百济国破后，扶余泰和扶余义慈、扶余隆等被俘虏至唐。[③]《旧唐书》载，与扶余义慈、扶余隆同时被押送京师的是小王孝演，[④] 因此，这个扶余孝演可能就是扶余泰。或许因为是太子之弟，所以称小王，或许是因其曾自立为王而得小王之称。唐代的东女国也有小王，但扶余孝演这个小王与东女国小王的含义肯定不同。[⑤]《三国史记》将有关百济王室等的入唐情况记载变为“定方以王及太子孝、王子泰、隆、演及大臣将士八十八人，百姓一万二千八百七人送京师”。[⑥] 扶余隆此时为百济太子，前文已经论述。这里又把“孝演”二字拆开为二人，很明显是错误的。按照常理推断，在百济灭亡之后，为防止百济遗民以王族成员为号召再起事端，被迁入唐朝的王室成员应当包括所有百济王族户口。所以，在龙朔二年（662），当唐军和百济反抗力量以及倭国援军在白江口战役中俘获王子扶余忠胜、扶余忠志后，[⑦] 这两名百济王子很可

---

① 《三国史记》卷21《高句丽本纪第九》。

② 《旧唐书》卷84《刘仁轨传》。

③ 《新唐书》卷111《苏定方传》。

④ 《旧唐书》卷199上《百济传》。

⑤ 《旧唐书》卷197《东女国传》载：东女国，西羌之别种，以西海中复有女国，故称东女焉。俗以女为王。女王若死，国中多敛金钱，动至数万，更于王族求令女二人而立之。大者为王，其次为小王。若大王死，即小王嗣立，或姑死而妇继，无有篡夺。

⑥ 《三国史记》卷28《百济本纪第六》。

⑦ 《旧唐书》卷84《刘仁轨传》。

能也被迁入唐朝。①

由于史载简略，百济的其他王室成员在唐朝的情况不见于史载。比较闻名的其他扶余氏家族成员后裔，则有扶余文宣、扶余氏姊妹和扶余准等。

扶余文宣是扶余隆之子，拜官司膳卿（从三品文职事官）、左卫大将军（正三品武职事官）、乐浪郡公（正二品爵）。② 在唐代，郡公以上的职位如果有余爵，则可以回授子孙。③ 扶余文宣的官品、爵位的获得，可能与其特殊的身份地位而荫袭其父有一定关系。扶余文宣所任的司膳卿"掌邦国酒醴、膳羞之事，总太官、珍羞、良酝、掌醢之属，修其储备，谨其出纳。国有大祭祀，则省牲获，视濯涤。若三公摄祭，则为之终献。朝会宴享，则节其等差，量其丰约以供焉"。④ 在武职方面，扶余文宣也有所作为。则天圣历元年（698），后突厥默啜可汗大举南下掠地。则天命时为皇太子的中宗为行军大元帅，以纳言狄仁杰为副帅，扶余文宣等六将军为子总管讨击。⑤ 上述情况表明，扶余氏家族在武周朝仍受到重视。扶余隆之孙扶余敬在则天朝时还袭封带方郡王（从一品）、授卫尉卿（从三品）之职，已见前述，不复赘言。

百济王室扶余氏家族还有女子分别嫁给唐朝的皇室宗亲和寻常百姓。嗣虢王李邕，其祖父乃唐高祖的第十五子。⑥ 李邕于神龙元年（705）嗣虢王。⑦ 据《旧唐书·李巨传》载，李巨之母为扶余氏。同书卷载，李邕之妻扶余氏是"吉温嫡母之妹"，表明扶余氏家族还有其他女子嫁给吉氏家族。吉温之父吉琚，是天官侍郎、同凤阁鸾台平章事吉顼之弟。《旧唐书》、《新唐书》中都有吉温传，但没有提及吉温父亲的详细信息。《旧唐书》说："吉温，天官侍郎顼弟琚之孽子也。"⑧《新唐书》则说："吉温，故宰相顼从子也。"⑨ 史官闪烁其词，我们反而可据此推知吉琚很可能没有进入仕途，即或为官，其官阶肯定卑微。还有个细节值得注意：《旧唐书·吉顼传》对

---

① 《旧唐书·刘仁轨传》称二人为伪王子，表明此二人为百济王扶余丰之子。扶余丰曾入质于倭国，百济灭亡后被百济遗民立为王。白江口战役中，百济战败，扶余丰逃走，王子扶余忠胜、扶余忠志被俘。二人当为扶余丰之子。

② 《元和姓纂》卷2。

③ 《旧唐书》卷43《职官志二》。

④ 《旧唐书》卷44《职官志三》。

⑤ 《新唐书》卷215上《突厥传上》。

⑥ 《旧唐书》卷120《李巨传》说其为唐高祖第十四子，误。

⑦ 《旧唐书》卷64《李凤传》。

⑧ 《旧唐书》卷186《吉温传》。

⑨ 《新唐书》卷209《酷吏传》。

于吉项在进士及第之前的吉氏家族及家庭成员的情况一无所载。令人怀疑该家族是在吉项成名后才具备了体面的社会地位。凭此可以更进一步推知吉琚的社会地位绝不会高。史载的唐代扶余姓氏，仅见于百济王室成员中使用，故此扶余氏当即百济王室后裔。百济王室后裔扶余氏二姊妹，一个嫁给唐朝王子，另一个嫁给平民百姓。

唐朝的社会风气较为开放。婚姻习俗中虽有封建保守的一面，但也有务实、自由的一面。[①] 宋代朱熹曾经说过："唐源流出于夷狄，故闺门失礼之事，不以为异。"[②] 这在一定程度上说明唐代男女之间交往的禁忌比较淡漠，婚姻在很大程度上由男女双方本人的意愿决定。所以，在没有史料依据的情况下，我们也不能从扶余氏家族地位高贵，吉琚家族地位卑微，就得出是扶余氏下嫁平民的结论。

虽然如此，笔者认为，上述现象还是可以隐约反映出扶余氏家族在唐朝的社会地位状况。或许可以这样说：扶余氏家族正处于一个由高到低、由显赫向平民化过渡的阶段，这种过渡是宗法社会的必然现象。扶余氏家族在刚入唐时，尽管是被俘迁入，但百济王室的身份地位，决定了其必然受到唐廷的重视和礼遇。这个大家族入唐时户口众多，支系庞杂。在门荫制度下，王室嫡系可以继承爵位，其他庶出支系的家族成员如果对朝廷没有功劳，其地位必然逐代下降，走向平民化（见下图）。按照图解，由王族身份过渡到平民地位只需六代就完成了。这种过渡趋势如果在婚姻形式上体现出来，那么发生与不同社会阶层的人通婚的情况也就不足为怪了。

封建社会中家族地位分化当然也有偶然性因素。我们不妨用玄宗朝杨贵妃的例子来说明。杨玉环从小就成了孤儿，寄养在叔父家中。在受到唐玄宗的宠爱后，不止是贵妃本人得到了皇后般的待遇，就连她的三个姊妹也同时受到玄宗的"恩泽"；曾对杨贵妃有领养之恩的叔父杨玄珪被任命为从三品的光禄卿；杨贵妃的再从兄杨铦，拜从三品的鸿胪卿；另一位再从兄杨锜，官拜从六品下的侍御史之职。[③] 杨玉环在为寿王妃之时，绝不会期望得到皇后般的待遇，同为孤儿的三个姊妹当然也不会料到有朝一日能飞黄腾达，杨贵妃的从叔、再从兄等人就更不用说了。因为杨贵妃受恩宠，导致跟其有关

① 段塔丽认为，唐代婚姻习俗在奉行以男子为本位原则的基础上，也出现了男到女家成婚以及"夫从妻居"等新的婚姻生活格局。（段塔丽：《唐代婚姻习俗与妇女地位探析》，载《陕西师范大学学报（哲学社会科学版）》，2002 年第 2 期。）

② 《朱子语类》卷 136《历代类 · 三》，中华书局，1986 年。

③ 《旧唐书》卷 51《杨贵妃传》。

第1代	王						
第2代	王	公					
第3代	王	公	侯				
第4代	王	公	侯	伯			
第5代	王	公	侯	伯	子		
第6代	王	公	侯	伯	子	男	
第7代	王	公	侯	伯	子	男	平民

中国古代荫袭爵位示意图

的人的社会地位扶摇直上，这是一个封建社会家族地位分化的典型的偶然性事件，但其中也寓含着一种必然性——在“朕即国家”的时代，掌权者的重视与否，往往对一个家族的地位升降起到至关重要的作用。杨贵妃家族的际遇和百济扶余氏家族的地位升降沉浮都说明了这一点。与唐王室、平民通婚的扶余氏姐妹属于扶余氏家族的哪一支，目前无法确知，这在很大程度上有待于地下碑志资料的出土发现。

唐代中期以后，原百济王室后裔的事迹很少见于史籍记载，不过唐德宗贞元三年（787），有位名叫扶余准的唐朝将领留名青史。是年五月，吐蕃与唐朝在平凉会盟。唐朝派出了以浑瑊为首的会盟使。吐蕃会盟的目的在于借机铲除浑瑊，为其侵略唐朝疆土清除障碍，“本劫是盟，志在擒瑊”。会盟之日，吐蕃尚结赞预设伏兵劫盟，结果浑瑊逃脱了，但包括大将军扶余准在内的其他将官六十余人被吐蕃俘虏。被俘的唐朝将官被吐蕃分别囚禁，扶余准被押往鄯州，[①] 吐蕃令其“随水草牧羊马”。吐蕃这样处置被俘唐朝将领的目的在于“苦役辱之”。被俘之前，扶余准的官职为朔方河中副元帅浑瑊的押衙。唐宪宗元和十二年（817），吐蕃赞普去世，唐朝派人前去吊祭。使者乌重玘闻听三十年前被俘的李骖、扶余准等人仍然活着，就趁出使的机会要求吐蕃宰相放人。至此，陷没吐蕃、在吐蕃放牧三十年的扶余准和李骖方得以回归唐朝。[②] 扶余准归唐后，被任命为沣王府司马（从四品下文职事官），但此后的事迹史书无载。

① 《旧唐书》卷196下《吐蕃传下》。

② 《册府元龟》卷444《将帅部·陷没》。

值得注意的是，在提及扶余准的籍贯时，史官说其为东明人。① 东明人亦即百济人。显庆五年（660），唐朝命苏定方统兵讨伐百济，大破其国。以其地分置熊津、马韩、东明等五都督府，各统州县，立其酋渠为都督、刺史及县令。② 至元和年间，百济灭亡已达一个半世纪之久，以东明来代替百济称呼籍贯的方式，在一定程度上反映了史官在提及扶余准的百济籍贯时，有意为其隐讳。

历经三十年的异域漂泊生涯，扶余准始终没有屈服于吐蕃。东汉时期，苏武出使匈奴，被扣留十九年始终不降，匈奴令其在北海放牧，不给衣食。后也因使者施救放还。史家以孔子所言“志士仁人，有杀身以成仁，无求生以害仁”来称赞苏武“使于四方，不辱君命”。③ 扶余准陷没吐蕃与苏武被扣留于匈奴的经历非常类似，但其被扣留的时间比苏武更长。尽管吐蕃、匈奴对他们的招降并没有奏效，但他们这种坚定不屈的意志却深为吐蕃、匈奴人所敬佩，所以始终不曾加害他们。

扶余准作为百济民族的后裔，身在大唐为官，能保持一名唐朝官员的气节，反映了他已深深地融入了唐朝社会；同时也在一定程度上表明，原百济王室扶余氏家族在与唐人共同生活了一个半世纪之后，已经完全汉化，融于华夏民族之中。唐朝是一个包容性极强的朝代，它在政治、经济、文化、民族等诸多方面无不显示出其开放性。越是强盛的朝代，在与其他国家或者民族的交往中自信心就越足，其表现出的包容性就越明显。异族和不同国家的人在唐朝政府中担任官职，这本身就能说明唐朝具有极大的文化包容性。与之相应良性互动的是，异域民族的风格融入唐朝社会，又给唐朝社会的进一步发展注入了新的能量。

第三节　高丽权臣泉氏家族成员在唐（武周）朝的不同命运

贞观十六年（642），泉盖苏文弑高丽王高建武，立高藏为傀儡高丽王，

① 《新唐书》卷216下《吐蕃传下》。

② 《旧唐书》卷199上《百济传》。

③ 《汉书》卷55《苏武传》。

掌握了高丽实权。从他开始，直到唐、罗攻灭高丽，泉盖苏文父子相继统治高丽达二十六年。高丽末年，泉盖苏文的长子泉男生因国内动乱归附唐朝。高丽灭亡之后，泉氏大家族尽迁入唐，包括男生之弟男建、男产，男生之子献诚。男建由于曾坚持与唐为敌而被流放；男产虽开始与唐为敌，但因后来投降，得以免罪，和男生、献诚均被封官任用。男生的叔父渊（泉）净土先是投降新罗，后来趁出使唐朝的机会留唐不回，[①] 此后其事迹遂不见史载。现据已经发现出土的泉男生、泉男产、泉献诚和献诚之孙泉毖的墓志铭对泉氏家族在唐朝（含武则天朝）的事迹进行考论。在填补史书记载的阙漏、辨别某些史载错误的同时，试图以新视角对唐代社会进行观察，总结出些微的历史发展规律。

一、泉男生墓志略考

泉男生墓志铭现藏于开封市博物馆，周绍良先生收录拓文于《唐代墓志汇编》。[②] 志文称，“公姓泉讳男生，字符德，辽东郡平壤城人也”，辽东郡，最初由秦朝设立，属幽州。[③] 唐高祖在武德七年（624）册封高丽国王为辽东郡王，所以志文说的辽东郡在此代指高丽。至于说其为平壤城人，似乎有可辨析之处。《资治通鉴》、《新唐书·高丽传》认为泉男生之父泉盖苏文专权之前为高丽东部大人，《旧唐书·高丽传》记载其为高丽西部大人，不论何者记载准确，都说明泉氏家族的籍贯不应为平壤城。泉盖苏文弑主专权后，泉氏家族才定居平壤，所谓的平壤城人当从此时开始算起。[④] 墓志铭中以泉男生籍贯为平壤城的说法，掩盖了泉氏家族入居平壤城前弑君夺权的事实。

泉男生墓志铭称，其“曾祖子游，祖太祚，并任莫离支，父盖金，任太大对卢。乃祖乃父，良冶良弓，并执兵钤，咸专国柄”。这里面反映出了泉子游、泉太祚等泉氏家族的部分成员的部分事迹。盖金即泉盖苏文。[⑤] 但志文所载泉子游和泉太祚兵任莫离支是否属实，仍存在疑问。据《旧唐书》记载：“（贞观）十六年（642），西部大人盖苏文摄职有犯，诸大臣与建武

---

① 《三国史记》卷6《新罗本纪第六》。

② 调露023，第667~669页。

③ 《汉书》卷29《沟洫志第九》。

④ 史书对东部或西部大人均没有进行解释，也未见于高丽中央官制记载。笔者的推断，是以东部（西部）大人非中央官职为前提的。

⑤ 《三国史记》卷49《泉盖苏文传》。

议欲诛之。事泄，苏文乃悉召部兵，云将校阅，并盛陈酒馔于城南，诸大臣皆来临视。苏文勒兵尽杀之，死者百余人。焚仓库，因驰入王宫，杀建武，立建武弟大阳子藏为王。自立为莫离支，犹中国兵部尚书兼中书令职也，自是专国政。”[①] 从上述记载中可以看出，泉盖苏文在弑君、扶植高藏为傀儡王之后，才自立为莫离支。尽管是自立，但当时必定需要在形式上进行册封，盖苏文这个莫离支的官职当由高藏所封。

我们暂不管《旧唐书》以中国官制对莫离支进行的解释是否恰当，至少有一点可以看出，莫离支“专国政”，是一个中央官职。史载泉盖苏文之父死前乃大对卢。大对卢这一官职，史书的解释是：“比一品，总知国事，三年一代，若称职者，不拘年限。交替之日，或不相祗服，皆勒兵相攻，胜者为之。其王但闭宫自守，不能制御。”[②] 大对卢总“知国政”，而莫离支“专国政”，一字之差，却说明莫离支比大对卢的权力还要大一些。史书对盖苏文任莫离支之前的高丽官职情况进行叙述的时候，都没有提及莫离支这个官职的任何信息，故这个中央官职当从泉盖苏文开始才自己开创并担任。所以史书称莫离支“专国政”而非如其父大对卢那样的“知国政”是有道理的。

据史书所载，泉太祚曾担任过大对卢，是否是通过武力获得的并不确知。但墓志所说泉子游担任过莫离支就很不可信，甚至连其担任过大对卢的情况都不见于史载。通过上述辨析可知，泉男生墓志铭中为其父祖溢美的现象十分严重。泉男生墓志铭所说的其“曾祖子游，祖太祚，并任莫离支”的说法不仅在为其祖先溢美，同时也在掩盖泉盖苏文弑君专权、自任莫离支的事实。

志载泉男生“年始九岁，即授先人，父任为郎。……年十五，授中裹小兄，十八授中裹大兄，年廿三改任中裹位头大兄，廿四兼授将军，余官如故，廿八任莫离支兼授三军大将军，卅二加太莫离支，总录军国。阿衡元

① 《旧唐书》卷199上《高丽传》。

② 《旧唐书》卷199上《高丽传》。

首，绍先畴之业；士识归心，执危邦之权”。关于高丽的官制，诸史记载不一。[①] 泉男生所任的上述官职，除了“先人”在诸史中出现过以外，其他的可以补诸史记载之不足。另外，泉男生“廿八任莫离支兼授三军大将军，卅二加太莫离支，总录军国”，如此年轻就统摄国家军政大权，反映出此时泉盖苏文在逐步地培养泉男生，快速地提升他的政治军事地位，为继泉盖苏文之后继续专权做准备。正如史籍所记载的那样：泉盖苏文让泉男生“知国政，凡辞令皆男生主之”。[②] 同时也反映出泉氏家族在高丽飞扬跋扈，根本不把国王放在眼里。

一个国家在鼎盛时期，往往已经潜伏下政局动荡的火种。表面的稳定与繁荣之下，实际上掩盖了许多导致动乱的漏洞，靠不正常手段或者说靠专制维持的政权尤其如此。一旦专制的捆绑绳索稍有松动，长久遭受压抑而积聚的反抗能量就有可能喷薄而出，产生巨大的杀伤力，给社会带来灾难。泉盖苏文在高丽的专制，使得高丽国内从国王到百姓，通通慑服于其淫威，史称在其弑君专权之后，“号令远近，专制国事。甚有威严，身配五刀，左右莫敢仰视。每上下马，当令贵人武将伏地而履之。出行必布队伍，前导者长呼，则人皆奔迸，不避坑谷。国人甚苦之”。[③] 在泉盖苏文的极权统治下，高丽国内达到并保持了一种相对稳定的政治局面。但是，乾封元年（666），泉盖苏文的去世使得高丽国内政治风云突变，正如坚固的千里长堤出现裂缝，捆绑猛兽已久的绳索开始松动，国内开始出现混乱的迹象，所以《泉男生墓志》说其“照花照萼，内有难除之草；为干为桢，外有将颠之树”，“方欲出抚边甿，外巡荒甸”，即接替盖苏文大权的泉男生不得不巡视国内，

① 《新唐书·高丽传》对高丽官制的记载为：“官凡十二级：曰大对庐，或曰吐捽；曰郁折，主图簿者；曰太大使者；曰帛衣头大兄，所谓帛衣者，先人也，秉国政，三岁一易，善职则否，凡代日，有不服则相攻，王为闭宫守，胜者听为之；曰大使者；曰大兄；曰上位使者；曰诸兄；曰小使者；曰过节；曰先人；曰古邹大加。”《旧唐书·高丽传》也记载为十二级，但与《新唐书》记载不同：“其官大者号大对卢，比一品，总知国事，三年一代，若称职者，不拘年限。交替之日，或不相祇服，皆勒兵相攻，胜者为之。其王但闭宫自守，不能制御。次曰太大兄，比正二品。对卢以下官，总十二级。”《隋书·高丽传》如是记载：“官有太大兄，次大兄，次小兄，次对卢，次意俟奢，次乌拙，次太大使者，次大使者，次小使者，次褥奢，次翳属，次仙人，凡十二等。复有内评、外评、五部褥萨。”《北史·高丽传》分高丽官制为又不同的十二等：“官有大对卢、太大兄、大兄、小兄、竟侯奢、乌拙、太大使者、大使者、小使者、褥奢、翳属、仙人，凡十二等，分掌内外事。”《南史·高丽传》则记载：“其官有相加、对卢、沛者、古邹加、主簿、优台、使者、皂衣、先人，尊卑各有等级。”诸史记载基本上都分高丽官制为十二等，但名称不一致。这可能和每个级别下的官职有不同名称有关，也可能是像唐朝那样有官名上的改易使然。

② 《三国史记》卷49《泉盖苏文传》。

③ 《三国史记》卷49《泉盖苏文传》。

以稳定国内局势。

高丽国内动乱也在此时发生，但直接起因却是男生兄弟之间的内讧。

志载，“二弟产、建，一朝凶悖，能忍无亲，称兵内拒”。《旧唐书·高丽传》说：“盖苏文死，其子男生代为莫离支，与其弟男建、男产不睦，各树朋党，以相攻击。”《旧唐书》的记载过于简略。实际上，男生兄弟之间是被人挑拨离间才最终导致家破国亡的。《三国史记》记载，泉男生接管军政大权后，开始巡视全国，“出按诸部，而弟男建、男产知国事”。这表明，此时泉氏兄弟之间尚没有出现大的隔阂，否则泉男生断不会轻易离开都城，把国事大权让给他的弟弟们代管。然而，在男生出按诸部之时，就有人对留守的男建、男产兄弟进言说，男生认为男建、男产兄弟要夺权，所以准备发兵除掉他们。对于这种谗言，男建、男产兄弟一开始并没有放在心上，“未之信”，这旁证了此时泉氏兄弟之间的关系实际上是稳定的。但紧接着就有人对泉男生说，两兄弟要夺权，“将不纳君”。半信半疑的泉男生遂派人潜入平壤城打探消息真假，不料探子却被男建、男产捉住，这样一来，两兄弟开始怀疑男生的确有心要除掉他们，于是二人矫造国王之命召男生回京。如果男生回京，那么正好可以动手反击他；如果不回，那么他就是违抗国王的旨意，就可以发兵征讨他。泉男生果然不敢回京。男建于是清洗留在京城中的男生势力，并杀害了男生的儿子泉献忠。① 以泉男生为一方，泉男建、泉男产兄弟为另一方的高丽内战从此爆发。泉男生派使入唐求救，唐朝军队的介入，最终导致高丽灭亡。在人类历史上，权位是如此的有诱惑力，它使许多人不甘于平凡，宁愿冒极度危险，甚至不惜兄弟反目、骨肉相残，最终却往往导致家破国亡。这时候再想回到平凡的生活中已不可得，悔之晚矣。类似泉男生兄弟这样的悲剧在历史上实在不少见。

《三国史记》撰者金富轼评论说：“泉男生和其子泉献诚虽有闻于唐室，而以本国言之，未免为叛人者矣。”② 此说虽不无道理，但单纯从政治角度来评论此问题，却容易忽视其他方面，所以并不见得就公允。首先，如果要从高丽政治角度评论，泉男生家族的专权本身就是对于高丽传统政治的背叛——国王沦为傀儡，百姓生活于水深火热之中。泉氏兄弟无论哪一个专权都改变不了此性质，逃脱不了逆臣的骂名，在封建时代，这和背叛国家没有什么不同。但男建、男产因为挟持国王高藏，所以执掌名义上的正统权杖，

---

① 《三国史记》卷49《泉盖苏文传》。

② 《三国史记》卷49《泉盖苏文传·论曰》。

可以号召国内诸部对男生进行讨伐。泉男生只控制了高丽国内的六座城市，根本无法与男建对抗，已经到了生死存亡的地步。向唐求助，也是他不得已的办法。

史家评价泉男生叛国，其实并非因为他投靠了唐朝，而是泉男生在引导唐军消灭泉男建等势力的同时，把高丽国也丢掉了——高丽作为一个政治实体从历史舞台上消失。设若在唐高宗派高藏重新入高丽统辖旧地时，高藏励精图治管理国家的话，高丽也许能继续存在下去，不会从历史上消失，而此时的泉男生或许能逃脱叛臣的骂名，甚至可能转而成为挽救高丽的功臣。然而“成者王败者寇”，自古以来，人们往往不自觉地“以成败论英雄”。这种现象的出现，固然与修史者素质不齐——即认识能力有差距——脱不了干系，但更多的还是因为修史者的思想承载了过多的当权者的政治需要，导致史官有时不得不曲笔附和政治权力。在中国历史上，这种现象更是屡见不鲜。

志载泉男生在“仪凤二年（677），奉敕存抚辽东，改置州县，求瘼恤隐，襁负如归；……以仪凤四年（679）正月廿九日构疾，薨于安东府之官舍”，享年四十六岁。关于泉男生被唐朝派往高丽旧地安抚遗民之事，本书在前面讨论高丽王室的内容中已经提到，此不赘述。关于泉男生去世的地点，有记载认为：“男生仪凤初卒于长安”，[①] 这应当是不准确的。墓志铭一般是对死者生前经历进行叙述回顾，就去世时间、地点而言，它的记载相比史书所记应当更可靠，所以泉男生的死亡时间和地点应该以墓志所载为准。另外，志载唐朝政府对于泉男生的后事非常重视，除了赠官、赠东园秘器以及其他种种优待外，还“差京官四品一人摄鸿胪少卿监护，仪仗鼓吹，送至墓所往还。五品一人持节赍玺书吊祭，三日不视事”。鸿胪少卿是鸿胪卿的副职，“掌宾客及凶仪之事，领典客、司仪二署，以率其官属，供其职务”，“皇帝太子为五服之亲及大臣发哀临沛，则赞相焉。凡诏葬大臣，一品则卿护其丧事，二品则少卿，三品丞一人往。皆命司仪，以示礼制”。[②] 唐朝按照二品官员的标准处理泉男生的丧事，表明泉男生对唐朝所作的贡献得到了朝廷的肯定。另外，“灵柩到日，仍令五品以上赴宅”，这更进一步证明了泉男生是死于安东府，否则不会出现“灵柩到日”的情况。《新唐书》对此事的记载与墓志略同：“仪凤二年，诏安抚辽东，并置州县，招流

---

① 《旧唐书》卷199上《高丽传》。

② 《旧唐书》卷44《职官志三》。

冗，平敛赋，罢力役，民悦其宽。卒，年四十六，帝为举哀，赠并州大都督。丧至都，诏五品以上官哭之，谥曰襄，勒碑著功。”① 此可纠正《旧唐书》记载的错误。

二、泉男产与泉献诚在唐事迹比较考略

泉男产在唐朝征高丽的战争中被俘，迁入唐朝后受到特赦，并被封为司宰少卿（从四品上职事官）。唐高宗龙朔二年（662）改百司及官名，司宰由光禄改来。光禄卿“掌邦国酒醴、膳羞之事，总太官、珍羞、良酝、掌醢之属，修其储备，谨其出纳”。光禄少卿是光禄卿的副手，共有两人。“国有大祭祀，则省牲获，视濯涤。若三公摄祭，则为之终献。朝会宴享，则节其等差，量其丰约以供焉。”② 由此可见，泉男产的官职在唐朝尽管不低，但与其兄男生正三品的武卫大将军之职相比，从四品上的官职也不是很显赫，这当然跟他们留给唐朝的印象不同有很大关系。

泉男产入唐封官之后的情况史书缺载。据《大周故金紫光禄大夫行营缮大匠上护军辽阳郡开国公泉君（男产）墓志铭并序》③（以下简称《泉男产墓志》）记载，男产于圣历二年（698）授上护军（正三品勋官）；万岁天授④三年封辽阳郡开国公（正二品爵），又迁营缮大匠（从三品职事官）员外置同正员；大足元年（701）三月病逝于私第，四月二十三日葬于“洛阳县平阴乡”。以上内容可补史缺。

值得注意的是，在《泉男产墓志》铭文的最后有这样一行字：“通直郎襄城县开国子（正五品上爵）泉光富，年十八，长安二年（702）四月廿三日葬于洛阳县界。”按：唐人墓志铭往往以“某某撰”的格式在铭文前或铭文末注明撰者，⑤ 在“铭曰”（或“其词曰”）等挽语之前写明死者葬于何处。照一般墓志铭的撰写惯例来看，似乎应该是泉光富为泉男产撰写墓志铭，但该铭文末出现的“泉光富”后面又缀上“长安二年（注意，此年是公元702年）四月廿三日葬于洛阳县界”的文字，且铭文正文里面已经有

① 《新唐书》卷110《泉男生传》。

② 《旧唐书》卷44《职官志三》。

③ 《唐代墓志汇编》，长安008，第995～996页。

④ 武周无此年号，“万岁登封”、“万岁通天”均无三年，疑为撰志者笔误，从前后文记载时间推算，当为“圣历三年（700）”。

⑤ 如泉献诚之子泉玄隐为儿子泉毖撰写墓志铭的时候，就在铭文前写有“父光禄大夫卫尉卿上柱国卞国公隐撰文”。

男产“其年（指大足元年，即公元701年）四月廿三日葬于洛阳县平阴乡某所”之语——两个时间刚好相差一年——这当不是墓志铭撰写者粗心导致的记载重叠或错误。又，“泉光富”三字后面还有“年十八”之语，这当是泉光富当时的年龄。如果泉光富是撰志者，那么他是没有必要写自己的年龄的。泉光富十八岁，男产死时年六十三，“泉”又是唐朝稀姓，据以推断，泉男产和泉光富有可能是同一家族的两代人。

综上所述，联系铭文中男产于大足元年（701）三月去世，四月下葬，铭文后面又有长安二年（702）四月下葬之语，笔者试作如下推测：第一，泉男产和泉光富是父子关系；第二，泉男产死后一周年之际，有人为他实行了改葬，并重新撰写了墓志铭，但改葬者绝非其子泉光富；第三，在改葬泉男产之前，男产之子泉光富已经去世，故有人给泉男产改葬的同时，把泉光富与泉男产合葬在一处，泉光富的有关信息同时附于泉男产墓志铭之后；第四，泉男产与泉光富同葬于一个墓穴的原因是：泉男产非常疼爱这个儿子——泉男产63岁去世，其子18岁去世——泉男产在45岁才得到这个儿子，当然十分珍爱，两人在一年之内相继去世，其家族的人遂安排两人合葬在一处，使其在九泉之下也能相伴。笔者的上述推断，期待方家能给予批评指正，并找到更合理的解释。同时，还有待于其他志石资料的出土来对此情况进行说明。

透过《泉男产墓志》对男产仕途的描述，还可发现里面反映出的一个问题：男产在唐高宗时期一直默默无闻，但是在武则天时代却步步高升，地位远比唐高宗在位时荣光得多，并且他在武周酷吏政治环境下竟然没有受到酷吏的迫害。比起许多其他入唐蕃将在武则天时代的不幸遭遇，泉男产的顺利仕途经历让人不禁感到意外。泉男产的侄子，和男产同仕武周朝的泉献诚，在武则天朝代却被诬陷致死。学界对武则天朝代的酷吏问题多有研究，但对泉氏家族内所出现的这两种截然不同的仕途遭遇，笔者尚未见到深入探讨。

与泉男产相比，同属一族的泉献诚，在武周朝的经历就复杂很多。有关泉献诚的事迹，史书记载仅有其在高丽内乱时入唐求救、在武则天时参与文武官员比射和受酷吏迫害致死等。《泉男生墓志》、《泉献诚墓志》[①] 所载内容则较详细地向人们展示了其生平经历（以下如未注明，均出自二人墓志铭）。

① 《唐代墓志汇编》，大足001，第984～985页。

仪凤四年（679），男生去世。正在泉献诚为父服丧之时，朝廷夺礼任命他为定襄军讨叛大使，抗击突厥。这反映出献诚已是武周朝守卫边疆的重要将领。史载，是年十月、十一月，朝廷曾遣萧嗣业、裴行俭等讨突厥。① 献诚可能即与之共同征讨，且以军功"加上柱国"（正二品勋官）。公元682年，承袭其父的卞国公（从一品爵）爵位，接着丁祖母忧，以嫡去职。武则天临朝称制后，献诚被授云麾将军（从三品武散官）守右卫大将军（正三品职事官）员外置同正员、右羽林卫上下，其志称此为"心膂大臣，爪牙深寄"。据史载，高宗去世后，武则天企图篡权，又担心元嘉等有声望的诸王变乱，所以给他们进加虚位，以安其心。② 查对史籍以及《泉献诚墓志》内容，也没有解释因何功给献诚提升官衔。献诚的加官原因可能与此类似，也是武则天实施的笼络政策。女皇一面给这些所谓的心膂大臣们加官，一面一个个诛杀，这些事件联系起来，都能让人体味出武则天处理政治事件的谋略和权术。

垂拱二年（686）二月，献诚奉敕充任神武军大总管，"部领诸色军西入寇境"。志载泉献诚"妙闲风角，深达鸟情，山川起伏之形，原野孤虚之势，莫不暗符钦决，洞合胸襟"。泉献诚在军事行动中所表现出的优秀的军事才能，可能与他早年跟随泉男生经历了高丽内战以及唐朝征高丽的战争而积累的丰富的作战经验有很大关系。"西入寇境"，说明这次作战是针对吐蕃的。据志所载，神武军当在唐朝西境附近。史籍中有关神武军的最早记载出现于唐玄宗天宝八载（749），"陇右节度使哥舒翰攻吐蕃石堡城，拔之"，遂"改石堡城为神武军"。③ 此前，在开元年间，唐玄宗曾把在唐、吐蕃之间反复争夺的石堡城改名为振武军。④ 可见，玄宗时代由石堡城改名而来的神武军与泉献诚所任大总管的神武军所指不同。由于后者不见于史载，所以谭其骧先生主编的《中国历史地图集》所载的唐代陇右道东部地图上，对武则天时代的神武军的位置也没有标明。⑤ 泉献诚墓志所载的神武军的设置，可补史载之不足。

垂拱四年（688）九月，泉献诚奉敕充龙水道大总管讨豫州（今河南汝南）越王李贞反叛。天授元年（690）九月，制授献诚左卫大将军（正三品

① 《册府元龟》卷986《外臣部·征讨五》。
② 《旧唐书》卷6《则天皇后本纪》。
③ 《旧唐书》卷9《玄宗本纪下》。
④ 《旧唐书》卷76《吴王恪传》附恪孙《信安王祎传》。
⑤ 谭其骧主编：《中国历史地图集》第五册，地图出版社，1982年，第61～62页。

职事官）员外置同正员。以上记载均可补史阙。公元 690 年，武则天为登皇位而进行的消除异党活动达到了白热化程度，李唐宗室被剪除殆尽。[①] 是年九月，武则天在皇帝、百官、帝室宗戚、远近百姓、四夷酋长、沙门、道士等六万余人的集体上表要求下，终于“顺应民意”，如愿以偿地坐上皇帝宝座。随后对辅佐其登基有功和受信任的大臣大加封赏。献诚此时的封官当与此有关。这反映了此时武则天对泉献诚还是比较信任和赏识的。但是长寿元年（692），时任天枢子来使的泉献诚就遭酷吏迫害而死。

同样是泉氏家族成员，为什么泉献诚地位声望高却受陷害，泉男产地位声望低反而平安一生呢？这需要考虑两方面因素。

首先，从唐高宗时代到武则天时代，朝廷的政治环境已发生翻天覆地的变化，这种变化以武则天称制为分水岭。当时，像李敬业这样以拥护李唐的名义来反对武则天的人令女皇非常恼怒和担忧，所以在平定李敬业叛乱之后，那些潜在的可能的反对力量，即那些念念不忘李唐旧恩的臣子，就成为武则天重点防范和打击的对象。泉献诚与其父男生归附后大受李唐重视，而且他们除了安身于唐朝之外无处可去，对李唐当然是忠心感恩，武则天对这类人不能不特别加以提防与打击。但突厥经常南下骚扰劫掠，致使边疆形势屡屡告急，国家又急需泉献诚这样的优秀军事将领率军征讨，迫使武则天在疑人与用人间权衡轻重。所以，武则天一面给泉献诚加官，派遣征讨，一面又借酷吏之手除掉他，这些看似矛盾的事情正反映出了武则天在巩固权位时的矛盾心理。

对于泉男产，武则天就没有太多的顾虑。男产被俘入唐后虽得到赦免，被任命为掌管膳食的司宰少卿，但他的地位远没有其兄男生那样体面和受恩宠。而且，据《泉男产墓志》所载来看，终唐高宗朝，泉男产再没有被重用提升。所以，武则天改朝换代的时候，像男产这样的在李唐统治下郁郁不得志的人物就较容易地成为拉拢争取的对象。也因为如此，泉男产在武周朝就更有升迁的机会。

其次，在朝廷政治生活中的表现是泉男产与泉献诚结局不同的又一个重要原因。泉男产入仕唐朝后，“辰趋北阙，闲簪笔于夔龙；夕宿南邻，杂笙歌于近韵。象胥之籍，时莫先之”。公事之余，沉迷于歌舞的生活态度，既

① 《资治通鉴》卷 204，则天天授元年八月甲寅，杀太子少保、纳言裴居道；癸亥，杀尚书左丞张行廉；辛未，杀南安王颍等宗室十二人；又鞭杀故太子贤二子。唐之宗室于是殆尽矣，其幼弱存者亦流岭南，又诛其亲党数百家。

可使他免于回想不堪回首的痛苦往事，又可避免涉入唐（武周）朝的政治旋涡。墓志没有对泉男产的政绩进行赞誉，说明其政事平平，无可称道。在这种低调的处世态度和平庸的政绩情况下，泉男产在唐高宗朝当然无法获得机会升迁，但武则天的改朝换代却使他遇到了难得的发展机遇：为了扶植党羽、树立威信，武则天对当时属国或者周边民族在华首领进行笼络，借以证明自己德化四海。建造万国颂德天枢就是一个比较典型的例子。天枢建成之后，上面镌刻百官及四夷酋长的名字，武则天亲自题字“大周万国颂德天枢”。① 墓志所载男产的仕途发展都是在武则天掌权时代，其上护军、开国公、营缮大匠等职极有可能据此而来。从这个意义上说，武则天利用的只是泉男产的原高丽贵酋地位的象征意义，并不在乎其在唐朝的政绩如何。甚至可以说，恰是泉男产碌碌无为的政治表现，反倒使武则天减轻了戒心，故而泉男产能够随着武则天的政治脚步而步步高升并安享晚年。

泉献诚在武周时期也保持了低调的处世态度，史载：

> 天授中，则天尝内出金银宝物，令宰相及南北衙文武官内择善射者五人共赌之。内史张光辅先让献诚为第一，献诚复让右玉钤卫大将军薛吐摩支，摩支又让献诚，既而献诚奏曰：“陛下令简能射者五人，所得者多非汉官。臣恐自此已后，无汉官工射之名，伏望停寝此射。”则天嘉而从之。②

上述资料表明，献诚不仅射技堪称天下第一，而且胸襟宽广，不以能射而自夸炫耀；同时更反映出其虽居高职，却谨慎行事，避免与“汉官”争上下的心态。推辞掉令人羡慕又易遭人忌妒的荣誉，既是出于对武周的忠诚，也是出于对高处不胜寒的担心。不可否认的是，泉献诚高超的军事才能是武则天所器重的，所以才有被遣镇压李贞反叛和屡次讨伐突厥等活动。另外，和看待泉男产一样，武则天看重其原高丽权臣之后的身份——天授二年（691）二月，泉献诚有“奉敕充检校天枢子来使，兼于玄武北门押运大仪铜等事”。然而，当被歌功颂德的需求、对献诚军事才能的赏识遭遇到巩固权位的需要时，武则天马上就回到冷酷的政治现实中来。到天授元年，李唐宗室和拥护唐王室的臣僚基本上被斩杀殆尽，武则天虽已比较放心地登上帝座，但酷吏诛杀异己的余烈仍然在延续，并有肆虐的趋势，即使武则天最信

① 《资治通鉴》卷205，天册万岁元年四月条。
② 《旧唐书》卷199上《高丽传》。

任的大臣如狄仁杰之类也随时有被诬致死的担忧。[1] 泉献诚深受李唐恩泽，虽具有杰出的军事领导才能，此时也被酷吏纳入视线之内。

《泉献诚墓志》载，就在献诚任天枢子来使押运大仪铜之际，"会逆贼来俊臣秉弄刑狱，恃摇威恃，乃密于公处求金帛宝物，公恶以贿交，杜而不许"。泉献诚遂被来俊臣诬以谋反罪而处死，年仅四十二岁。泉献诚的屈死成为武周朝的众多冤案之一。武则天放手让酷吏大展淫威，助长了酷吏的嚣张气焰。在确保武周政权稳固这一根本信条的指引下，武周统治的主要威胁或可能威胁力量基本上都消除了，但在朝廷官员"道路以目"的环境中，武周也丧失了众多官员的衷心拥护。酷吏政治是武则天成功的主要法宝之一，也是使其众叛亲离的原因之一。

在借酷吏之手将可能危及权位的力量扫除殆尽后，武则天开始逐步消除酷吏政治带来的恶劣影响，以挽回人心。久视元年（700）十一月，下制给泉献诚平反昭雪，将死后草草埋葬的泉献诚改卜厚葬，且赠右羽林卫大将军（正三品职事官）之职。次年（701）二月葬于洛阳北邙旧茔。献诚的长子玄隐在献诚被平反时，官爵为武骑尉柳城县男（从五品爵），武则天任命其为游击将军（从五品上武散官）行左玉钦卫右司阶（正六品上职事官）员外置同正员，勋封并如故。

据唐朝刑律，"凡反逆相坐没其家为官奴婢，一免为蕃户，再免为杂户，三免为良民。皆因赦宥所及则免之"，[2] 但从上述泉玄隐的情况可以看出，武则天对于泉献诚"谋反"的处置结果只是把献诚一人处死，并没有株连其家人。这从侧面反映出武则天实际上并不相信献诚"谋反"，但为了维护权位，她对酷吏采取了放任的态度，结果是处死献诚，保留其后代。法律成为帝王意志的附属物，权力争夺导致冤假错案的涌现，这在中国古代社会具有普遍性。另外，以谋反罪处死献诚却保留其后代的做法，也在一定程度上反映出武则天的矛盾心理，这也许是女皇炽烈的权力欲和未泯的良知争斗的结果吧。

献诚另外的两子玄逸、玄静只有名字留载，其他情况未被提及。

泉氏家族在唐（武周）受到尊崇，固然是朝廷因其高丽权臣后裔身份而有意扶植栽培，更有其适应、融入社会环境的原因——与当时的名门联姻

---

① 《旧唐书》卷89《狄仁杰传》。

② 《旧唐书》卷43《职官志二》。

就是其中之一。据《唐故宣德郎骁骑尉淄川县开国子泉君（毖）志铭》[①]（以下简称《泉毖墓志》），泉毖"即开府仪同三司、朝鲜王高藏之外孙，太子詹事太原公王晔之子婿"。意即泉献诚与前高丽国王高藏为儿女亲家，泉玄隐与太原名门王晔为儿女亲家。据《泉献诚墓志》，献诚入唐时年龄不到二十岁，所以他和高藏的亲家关系当是在入唐之后才结成的。

笔者认为，泉献诚与高藏结为儿女亲家的原因不排除是唐（武周）朝统治者为了调解泉、高两大家族的矛盾而从中撮合的可能，否则，篡权的泉氏家族和被篡权的高丽王室迁入唐朝后，彼此复杂的心态很难使他们主动结为百年之好。而唐（武周）朝统治者这样撮合的目的，当然不是仅为消除两家的夙怨，更有为便于管理原高丽旧地的想法在内：上述仪凤中（676—679）和武则天朝，高藏、泉男生以及高藏的子孙先后分别被派遣管理高丽旧地，都是利用他们以往在高丽的影响，力使原分属两派的部众归心于唐（武周）朝的管理模式中。至于泉家与名门望族太原王氏的联姻，则使得泉氏家族在当时的社会地位得到尊重与认同。[②] 能与望族联姻，对于从高丽迁入的泉氏家族来说，应是难得的荣耀，同时也反映出泉氏家族在唐（武周）朝不但没有受到汉人的歧视，而且还融入了唐（武周）朝的社会环境，受到世家大族的尊重。

三、对武则天评价问题的管见

总结上述对原百济王室、原高丽王室和权臣泉氏家族在唐（武周）朝的事迹考论，可以得出以下看法：

原百济王室、原高丽王室及其后裔在唐（武周）朝均得到重视，这种重视和东北边疆形势和相应政策联系紧密，符合唐（武周）朝的根本利益。在对待契丹、突厥的反叛或入侵方面，武则天派遣原高丽王室入旧地，使其号召民众支持、配合朝廷军队作战，以对契丹或突厥形成夹攻之势。尽管由于种种原因，这种派遣不一定收到预期效果，但至少武则天处理对高丽旧地的政策是值得肯定的。

武则天处理高丽旧地的政策与唐太宗、唐高宗时对待周边民族的举措基本一致，都能根据边族与中央王朝之间局势的变化给予相应的重视，特别是

---

① 《唐代墓志汇编》，开元378，第1417～1418页。

② 《唐会要》卷36《氏族》载：唐太宗和武则天分别对氏族姓氏进行了重新排名，以抬高自己的族望。

遇到有部族反叛的时候，都会调动其他边族力量协助朝廷平叛，而周边民族基本上也很配合朝廷的军事部署。同时，武则天和唐太宗、高宗对周边民族政权首领的处置又都含有兴亡继绝之意，如唐太宗时，李靖平吐谷浑，获其王慕容伏允，封其子慕容顺光为西平郡王，复其本国；① 百济灭亡后，唐高宗立前百济太子司稼正卿扶余隆为熊津都督，守其祭祀；② 武则天除了以高丽王室后裔、百济王室后裔（没有实权）安辑旧地外，还对西突厥可汗后裔有委派任命：西突厥兴昔亡、继往绝可汗死后，其“部落多散亡”，武则天于是擢兴昔亡之子左豹韬卫翊府中郎将元庆为左玉钤卫将军，兼昆陵都护，袭兴昔亡可汗押出咄陆部落，等等。③ 唐、武周统治者的这些做法一定程度上具有人性化的一面，即所谓“怀柔伐叛，前王之令典；兴亡继绝，往哲之通规”。④ 从这个意义上看，武则天对待原属国首领后裔的政策还是符合当时中央、地方以及广大百姓的利益的，是值得肯定的。

武则天掌权后，政治形势与此前发生了明显变化，但泉氏家族在武周朝前期仍受到了较高的礼遇，这同武则天称帝的需要和当时边疆的形势紧密相关，而泉氏家族的成员也为武则天的称帝需要以及保卫武周边疆作出了重大贡献。由于武则天为巩固权位而采取了酷吏政治这一恐怖手段，导致功勋卓著的泉献诚遭遇冤案。这反映了武则天维护帝王宝座的需要高于一切的极权思想。

针对上述看法，顺便提及对武则天评价的问题。对于历代对武则天评价中出现的各种功过论，⑤ 笔者认为：功就是功，过就是过，功和过造成的结果都是客观的、不可更改的——既然功和过造成的结果都是客观的，不可更改的，就决定了功、过无法相互抵消。所以，说武则天的功大于过或是过大于功都不是很合适。对武则天保持基本肯定或者基本否定的观点实际上也是功大于过和过大于功的另一种表现。以几分功、几分过来评价一个历史人物的做法，实际上更反映了评价者的和稀泥心理——试想，当武则天改唐为周的时候，天下苍生，包括皇帝、百官、帝室宗戚、远近百姓、四夷酋长、沙门及道士等在内的六万余人集体上表，强烈要求武则天改国号为周，连皇帝都“恳求”被赐姓武——在这种情况下，如果还要说武则天功大于过，过

---

① 《旧唐书》卷3《太宗本纪下》。

② 《旧唐书》卷199上《高丽传》。

③ 《资治通鉴》卷203，高宗垂拱元年十一月癸卯条。

④ 《旧唐书》卷199上《高丽传》。

⑤ 参见王双怀：《历代对武则天的评价》，载《人文杂志》，1996年第3期。

大于功，几分功几分过的话，那么，那些被冤杀的李唐王室成员和众多的大臣们在九泉之下会如何反应，并作何感想呢？评价者本人所处的社会环境，所接触的研究成果，另外还有研究者本人的一些主观看法、研究态度和对史料的运用情况，等等，都不可避免地会影响到对历史人物的定位。对于武则天这样一个争议很大的人物来说更是如此。笔者认为，要给武则天作一个总的定论，很难。给历史人物下一个定论，很难。这不是在推脱一个史学研究者的责任，因为时代在变化，评价者的认识程度也随之发展，一些新的角度、新的资料也在随时纳入人们的视野。人们生活在永不停息的历史长河之中，有的时候会出现这样的现象：上个朝代的人下的所谓定论，到了下个朝代恐怕就成了谬论；今天的人下的所谓定论，到了明天，也许会被另一个人的所谓定论所取代。历史在一次次地用事实嘲笑那些所谓的定论。中国历史中的某些“定论”性评价已经多次被修改、再修改，不是吗？是应该静心反思一下了。

结合具体时期的历史背景来对历史人物的活动进行研究和多角度分析，并从更恒久的人类共性方面着眼，慎下“定论”，对于历史研究者来说，似乎更可取一些。

第四章　两《唐书》列传记载的三韩籍蕃将事迹丛考

《旧唐书》的列传部分也有毛病。不论是国史原有的，还是赵莹等人新撰写的，往往对大官们说的好话过多。这主要是由于这些传记归根到底都是以行状、家传之类的资料为蓝本，行状、家传当然不会说死者的坏话。幸好史官们还要去采访，这才使有些传的后面还能有所指责，如某人生活如何不检点、贪财、无家教，等等。

再有个毛病就是列传所记载的事实，尤其是年月，有时会和本纪相矛盾，如果认真查对核实，常常是列传错了而本纪正确。这也和列传多根据行状、家传撰写有关系。……不过，国史和《旧唐书》的纂修者基本都能继承传统的修史方法，把来源不同的史料尽量如实地保存下来，有矛盾让读者去判断。这就比强求统一要好一些，因为万一统错了，把错的写下来，对的去掉，那将会贻误后世，欺骗读者的。

——黄永年①

蕃将指的是古代接受中国管辖的周边民族或国家（古代被称为蕃族、蕃国）的首领或将领。蕃将又可分为入朝蕃将和在蕃蕃将。关于划分蕃将的更具体的分类，马驰师在其著作《唐代蕃将》中有详述。本书基本上采用此种蕃将分类法。

按照此分类，入唐任职的高丽、百济、新罗君臣将领都属于蕃将范围。根据史书的有关记载，高丽、百济迁入唐朝内地者有数十万人之多，然而，其中名字、事迹见于史书记载的人数却与之非常不成比例。那些青史留名的人多是为官之士，即蕃将。总的来说，高丽、百济蕃将在唐朝虽有任文官的，但以任武职为主。新罗人在唐为武职的虽然也有，但相对就少很多，见于史载的就更少。两《唐书》有专门给仕唐蕃将所立的传记，里面包括部

① 黄永年：《〈旧唐书〉与〈新唐书〉》，人民出版社，1985年，第36页。

分三韩人。其中的高丽人有泉男生、高仙芝、王思礼、王毛仲、李正己祖孙三代；百济人有黑齿常之；新罗人有张保皋、郑年。正如本章开始所引黄永年先生所说，本传的记载也有不足之处。所以，对于史书中的列传记载，仍有深入研究的必要。

广义上说，包括高丽、百济王室在内的入唐蕃国将酋，除了极个别人——比如泉男建，因曾坚持与唐为敌而被流放——之外，唐政府都为其安排了相应官职，他们或在中央政府为官，或在地方担任官职，为唐朝的政治稳定、社会发展作出了贡献。在军事方面，高丽、百济裔蕃将在唐朝边疆的捍卫、巩固方面的业绩非常值得称道，对唐朝国内政局的治理、稳定方面所作的贡献不容忽视。甚至是涉及皇位争夺的宫廷政变中，都有他们的参与（关于三韩人参与宫廷政变的论述，后面将专文述论）。

两《唐书》列传记载的高丽人中，有关泉男生、泉献诚父子的情况，在前文中已经结合其墓志进行了论述，在此不赘述。王毛仲跟随唐玄宗发动政变，其事迹颇有传奇色彩，对其传记的补充、讨论也将在后文论述有关唐代的宫廷政变部分内容中进行。本节对高仙芝、王思礼本传、李正己子孙三代的传记进行补充论述。在百济裔蕃将里面将对黑齿常之家族进行考论。因张保皋在新罗和唐朝之间一度经营海上贸易，具有一定的影响，所以对《新唐书·新罗传》附传记载的张保皋、郑年事迹的论述，笔者将其纳入后文商业领域内的三韩人部分中进行探讨。

第一节　两《唐书》立传记载的高丽人仕唐事迹评述

一、高仙芝事迹考略

高仙芝曾官至唐朝副元帅。《旧唐书》认为，“元帅”这一官职开始设立于安史之乱期间，“肃宗讨贼，以广平王为天下兵马元帅，又以大臣郭子仪、李光弼随其方面副之，号为副元帅”。[①] 似乎元帅、副元帅之名始于广平王和郭子仪、李光弼。其实不然。

---

① 《旧唐书》卷44《职官志三》。

早在唐玄宗天宝十四载（755）十一月，安禄山据范阳反叛的时候，唐玄宗就以京兆牧、荣王琬为元帅，以高仙芝为副元帅，率兵征讨安禄山。[①]不仅高仙芝为副元帅早于郭、李二人，而且高仙芝之前也早有元帅的称呼，[②] 此可以纠正《旧唐书》记载的错误。通过上面对“元帅”情况的分析，已经可以知晓高仙芝在唐朝的地位之高，故两《唐书》都为其立传。现在主要从其他角度对高仙芝的事迹进行探讨论述。

（一）高仙芝的身世及从军情况探讨

史载，高仙芝从小随父投身行伍，逐渐崭露头角。其父高舍鸡，“初从河西军，累劳至四镇十将，诸卫将军”。[③] 两《唐书》及《通鉴》中都没有载述河西军的具体位置，却有“河西军镇”的说法。如《旧唐书》载：“上元元年，河西军镇多为吐蕃所陷。”[④] 谭其骧先生主编的《中国历史地图集》第五册中的唐代“陇右道东部”地图上面也未见河西军标注。据此，所谓的河西军，在唐代可能是泛指河西地区的军镇而言。河西地区是唐朝防备吐蕃入侵的军事要地，大约在今天黄河以西的青海省和甘肃省地区。高舍鸡所担任的十将军，为散号将军，“以加武士之无职事者”。诸卫将军，是从三品武职事官。[⑤] 作为一名高丽人，从投募从军直至升任为将军，足见高舍鸡不是平庸之辈。

当时包括高丽在内的诸蕃族人投募唐军的情况很普遍。《唐六典·户部尚书》载：“秦、成、岷、渭、河、兰六州有高丽、羌兵。”上述六州位于陇右道东部，也就是位于今天的甘肃省东南部及附近一些地区，是唐朝与吐蕃的接界地带。高宗时，高藏在辽东谋叛唐朝而被召还流徙，那些随从的高

---

① 《旧唐书》卷104《高仙芝传》。

② 王继洪、陈鸣、任丽青编著：《现代实用汉语词典》解释如下：元帅，有两种含义：一是军衔，获得此军衔的军官，二是“古代统率全军的主帅”。（上海远东出版社，2001年，第1012页。）东汉时期已经有了元帅的叫法，如《后汉书》卷34《梁统传》附《梁商传》记载：汉顺帝永和四年（139），大臣梁商上奏说：“《春秋》之义，功在元帅，罪止首恶，故赏不僭溢，刑不淫滥，五帝、三王所以同致康乂也。”同书卷65《皇甫规传》有“伏见中郎将张奂，才略兼优，宜正元帅，以从众望”之语。同书卷71《皇甫嵩传》记载：东汉灵帝中平六年（189），有人在劝左将军皇甫嵩消灭拒不交兵权的并州牧董卓时说：“大人今为元帅，杖国威以讨之，上显忠义，下除凶害，此桓、文之事也。”以上元帅均为主帅之意，非官衔。《周书》卷7《宣帝本纪》载：北周武帝宣政元年（578），诏上柱国、越王盛为行军元帅，征讨汾州稽胡的反叛。此元帅为官衔。史籍所载为官衔的元帅，似以此为最早。

③ 《旧唐书》卷104《高仙芝传》。

④ 《旧唐书》卷40《地理志三》。

⑤ 《旧唐书》卷41《职官志一》。

丽遗民也被散徙“于河南、陇右诸州”。① 又，开元三年（715），王晙上书曰：“……若以北狄降者不可南中安置，则高丽俘虏置之沙漠之曲，西域编氓散在青徐之右，惟利是视，务安疆场，何独降胡不可移徙！”据此可以推知，当时有不少高丽人居于唐朝西北部地区。② 唐朝将许多高丽籍的兵士安排镇守西方边境，这和唐太宗、唐高宗征高丽、百济时大量任用来自西北民族的将领兵士的安排具有相似性。以西兵征东疆、以东兵守西陲的方式可以杜绝将士因为地缘关系而影响征战戍守。这种用兵方法对于今天的军队征兵驻守仍然有一定影响。

据《唐六典·户部尚书》载：“高丽、百济应差征镇者，并令免课役。”这表明高丽、百济人应募入伍的人似不在少数，高舍鸡当是应募者之一。由于对外作战频繁、府兵制崩溃造成兵源紧张，“不限蕃汉”成为开天年间的征兵原则。③

兵募为什么要应募参军？在唐贞观、永徽年间，凡是参加征讨作战的人，“身死王事者，并蒙敕使吊祭，追赠官职，亦有回亡者官爵与其子弟”，所以应募入伍的人很多。甚至有人志愿自备武器装备入伍。但从显庆五年以后，兵士征役身死，朝廷便不再抚恤。且“往前渡辽海者，即得一转勋官；从显庆五年以后，频经渡海，不被记录”，导致“州县发遣兵募，人身少壮、家有钱财、参逐官府者，东西藏避，并即得脱；无钱参逐者，虽是老弱，推背即来”。所以，早在唐朝征百济的时候，就出现了兵募“手脚沉重者多，勇健奋发者少，兼有老弱，衣服单寒，唯望西归，无心展效”的状况。④

由上可见，在唐朝前期就出现了有钱人买通官府逃避兵役，穷人则被强行征兵的现象，而先前之所以有很多人愿意参军甚至自备行装上战场，无非是为了立功而改变目前的生活状况或者为子孙求福。当然，人们之所以自愿参战，跟当时相对安定的政治社会环境以及开明的奖励机制是分不开的。唐玄宗开元十四年（726）六月下诏曰：

> 朕为人父母，抚有海内。以百姓为心，恐一夫失所。至于兵募，尤令存恤。去给行赐，还给程粮。以此优矜，不合辛苦。如闻比来兵募年

---

① 《资治通鉴》卷202，高宗仪凤二年二月丁巳条。

② 吕思勉：《隋唐五代史》上册，中华书局，1980年，第190页。

③ 李锦绣：《唐代制度史略论稿》，中国政法大学出版社，1998年，第283页。

④ 《旧唐书》卷84《刘仁轨传》。

满者，皆食不充腹，衣不蔽形，驮募什物，散落略尽。既不能致，便流浪不归。丁壮减耗，实繇于此。自今已后，诸镇兵募每准额至交替时，所司预检勘，两月前奏闻。①

兵募即募兵，是由朝廷招募的兵士。从诏书的内容中可见，直至玄宗朝，兵募的境遇仍然很凄惨。高舍鸡的参军入伍，虽不能确定其家境是否贫寒，但他能从恶劣的行伍环境中逐渐崭露头角，升至将军实属不易。

关于高舍鸡的身世，有学者认为其很可能来自原高丽王族。由从军逐渐累官至诸卫将军的轨迹来看，高舍鸡显然具备较出色的军事素质和才能，没有一定的家学积淀而骤然升迁的机遇不大，由此可推断高舍鸡至少出身于高丽将门贵族。前面已经提到唐太宗曾给三千五百名高丽将领授予官职并迁入内地。在灭高丽之后，也把俘虏的九十八名高丽将酋迁至唐朝。而高舍鸡的先人入唐的时间，应当是在此时段内。

关于高舍鸡在唐的事迹，主要在两《唐书·高仙芝传》中略有提及，说高仙芝"少随父至安西，以父有功授游击将军。年二十余即拜将军，与父同班秩"。

因高舍鸡有功而被授予高仙芝游击将军，是唐朝的回授制度使然。凡是功劳较高的人，有时可使其亲友得到封爵，也可以申请把功劳转给他人，这种授官方式称为"回授"。唐代回授的事例很多，如开元年间，御史中丞宇文融推荐韦恒，认为他"有经济之才"，申请把自己的官职回授李恒，朝廷"乃擢拜殿中侍御史"。② 唐宪宗时，为奖励左武卫大将军张克勤，曾下敕封张的一个儿子为五品官。克勤因儿子年幼，向宪宗申请"准近例"回授给了他的外甥，③ 即张克勤的功劳回授了两次。另外，"准近例"说明类似的回授情况在宪宗时还比较普遍。高舍鸡回授高仙芝的游击将军官衔，为从五品上武散官。武散官也叫"散位"，是荣誉性加官，没有具体的职能掌管，唐太宗之后的入仕者都带散位，称为"本品"。④

唐朝的这种回授奖励机制，可以使文臣、武将更加恪尽职守、奋力征战，获得更多的荣誉回授家人，甚至荫庇他们为官，这是中国古代的一种较典型的"人治"现象。在当时，这种回授奖励机制使得身、家、国三者在

---

① 《册府元龟》卷135《帝王部·愍征役》。

② 《旧唐书》卷88《韦嗣立传》。

③ 《旧唐书》卷141《张孝忠传》附《张克勤传》。

④ 《旧唐书》卷42《职官制一》。

各自的现实利益面前达到了和谐与一致。

（二）高仙芝事迹简论

关于高仙芝的仕唐事迹，两《唐书》和《资治通鉴》记载得比较详细。这位著名高丽籍将领的主要事迹有：①年少时随父到安西，因回授和立功，在二十几岁时即升至将军。在唐玄宗开元末年，升至安西副都护（从三品职事官）、四镇都知兵马使。②天宝六年（747），率领一万兵马长途奔袭一百多天，平灭与吐蕃亲善、与唐为敌的小勃律国，俘虏国王，因功被授予四镇节度使之职。③天宝八年（749），入朝，加特进（正二品文散官），兼左金吾卫大将军同正员（正三品职事官），回授一子五品官（其子事迹不见史载）。④天宝九年（750），率兵征讨石国，俘虏石国国王归朝。拜开府仪同三司（从一品文散官）、右羽林大将军（正三品武职事官）。⑤天宝十四载（755），封密云郡公（正二品爵）。同年十一月，“安史之乱”爆发，唐玄宗诏遣率各地赴京兵马征讨叛乱，屡战屡败。高因与常常干预指挥作战的监军边令诚不和，边因而向皇帝指陈高仙芝“逗挠奔败”，贻误军机，遂激怒玄宗，颁敕将高仙芝处决。

高仙芝的一生富有传奇色彩。在他小的时候，父亲还担心他性格懦弱、脾气温和，将来难以生存，孰料他后来竟屡立战功，拜帅封公，成为朝廷一品大臣。这固然与高仙芝的过硬军事素养分不开，但让他在行伍环境中脱颖而出的，委实与他遇到了慧眼识才的伯乐的幸运因素分不开。虽然高仙芝二十岁就成为将军，但之后在两任节度使田仁琬、盖嘉运的手下都“未甚任用”，直到第三任节度使夫蒙灵詧上任的时候才发现了高仙芝的才能，遂“累拔擢之”。这里面反映出的不仅仅是高仙芝能把握住机会屡立战功的问题，还有节度使夫蒙灵詧为国家利益考虑放手让高仙芝崭露才能的因素。所以，不出数年，高仙芝竟然取代了夫蒙灵詧的位置并超过了他。虽然后来夫蒙灵詧产生了妒忌之心，但这正是常人难免的心理反应，不能过于苛责。而他的大胆起用人才以及高仙芝在军事上不断上进的经历，却能够反映出唐朝繁荣时期的一种进取精神、一种开拓风貌，在某种程度上说，这也是一个国家兴旺程度的指针。大唐帝国开元盛世的景象，实是由无数的夫蒙灵詧和高仙芝们共同促成的。

高仙芝征灭小勃律国和石国的两次军事行动，奠定了他在唐朝军事领域中的重要地位，所以，当“安史之乱”爆发后，高仙芝成为副元帅的最佳人选。从唐玄宗时开始，唐朝军事行动总由亲王作为名义上的元帅或者总管，故担任副元帅或副总管的大将实际上是真正的军事指挥者。高仙芝当上了副元帅，达到了他仕途的顶点，但也迅速地走到了生命的尽头。史载，在抗击安禄山叛乱军队的时候，“监军边令诚每事干之。仙芝多不从。令诚入奏事，具言仙芝、常清逗挠奔败之状。玄宗怒，遣令诚赍敕至军并诛之”。[①]

作为实际军事统帅的高仙芝，不是死在杀敌的疆场之上，而是死于宦官监军边令诚的谗言之下。看来，高仙芝在处理人际关系方面的能力远逊于他的军事指挥才能，这两件看似不搭界的事情在特定场合相遇，竟产生了如此巨大的后果，也是值得思考的地方。

（三）论高仙芝之死

高仙芝之死反映出以下两个方面的问题：

第一，监军掣肘军事指挥。监军，也称监军使者，至少在西汉时就已经出现，是受皇帝派遣的使职，一般由御史担任，也有少数其他官员担任此职的情况。[②] 监军的职能本来是用来“立刚毅之心，勇猛之节”、“帅先士大夫”的，即协助军事指挥在军队中做思想工作，激励将士的意志，并作为表率。[③] 但由于使者是受皇帝钦派，军队、地方长官不得不对其另眼相看，有人甚至阿谀奉承以求换得在皇帝面前的美言，冀望仕途飞黄腾达。由于李隆基在登上宝位的过程中曾得到宦官的鼎力支持，所以在他称帝后，宦官开始越来越被宠重，“中官稍称旨，即授三品将军”，以至于监军这样重要的职位也由宦官把持、垄断，领军将帅的地位则相应下降，出现宦官“监军则权过节度，出使则列郡辟易”的怪现象。[④]

边令诚和高仙芝在“安史之乱”前已共事多年。天宝六年（747），高仙芝讨伐小勃律的时候，监军就是边令诚。那次征讨不仅路途遥远、地势险恶，而且唐军对小勃律和吐蕃方面的情况并不是十分了解，形势对唐军并不有利。边令诚胆小害怕，以至于高仙芝不得不把他留在中途，自己率军继续进讨，在得胜班师途中再与其会合。而实际上，也正是因为没有边令诚跟在身边干扰，才让高仙芝得以放手指挥唐军，取得大捷。时过八年，当“安史之乱”爆发时，边令诚已经成为了中官将军，得宠于天子，习惯了飞扬跋扈。更主要的是，高仙芝所率的部队就在京城附近，天子脚下，使得边令诚有恃无恐，不仅不再像当年出征小勃律时那样惊惧，反而对高仙芝的军事

---

① 《旧唐书》卷104《高仙芝传》。

② 《后汉书》卷41《刘均传》载，刘均以谒者身份监军；同书卷75《刘焉传》载，刘焉以南阳太守出“为监军使者，领益州牧”。

③ 《汉书》卷67《杨王孙传》。

④ 《旧唐书》卷84《高力士传》。

作战计划横加干涉，“每事干之”。作为一名军事指挥者，高仙芝对此当然不能容忍，边令诚由此生怨，进构谗言，使高仙芝死于非命。这里面反映出的问题，不仅仅在于边令诚的个人品质和素质低下，[①] 也在于监军不应当干涉军事指挥。因此委派监军的唐玄宗的责任是必须探讨的。

第二，唐玄宗宠信宦官，忠奸不辨，在他统治中国的后期发生全国动乱是偶然中的必然。早年，通过两次宫廷政变，李隆基顺利登上帝王宝座。登基后的唐玄宗没有忘记曾经辅佐过他的人，因此即使是他的家奴也青云直上。如果不犯大错，他们都能够得到长久的优待（后文对参与唐玄宗宫廷政变的高丽人事迹中有论述）。在宫廷内部，大凡在权力交接环节，特别是在非正常状况权力交接时，总会出现宦官参与的身影。宦官陪侍皇帝起居，对皇帝的一举一动了如指掌，觊觎宝座者通过宦官透露皇帝的言行信息，就可以制订相应的计划和对策。在最高统治者上层权力控制不稳时，帝座主人往往更容易信任无家族利益牵挂的宦官。从唐太宗到唐高宗末年，中央权力一直控制在皇帝手中，“权未假于内官，（宦官）但在阁门守御，黄衣廪食而已”。但从武则天称制开始，宦官人数、职位都有所升高，中宗对于宦官则更加“务崇恩贷”，玄宗时，“中官稍称旨者，即授三品、左右监门将军，得门施棨戟”。通过高宗之后诸朝宦官的待遇，不难看出宦官在奉新君上台方面起了很大作用。唐玄宗朝宦官地位陡增，原因在于以高力士为首的宦官曾经为玄宗称帝提供过大力支持。[②] 而以后宦官势力的膨胀也滥觞于此。

通过上述对于宦官地位变化的分析，就可以得出，高仙芝被宦官监军谗构，是因为唐玄宗过分宠信宦官。唐玄宗之所以过分信任宦官，源于他当初得益于宦官帮助而登上帝王宝座，故此后他对权力的分配，不轻易假于“外人”，而宁愿给这些私人。高仙芝即使成了讨伐安史叛军的副元帅，不但仍有监军在掣肘他，而且还被其谗构而置于死地。这些都是唐玄宗在政治权力角逐过程中逐渐积累下的恶果。再加上唐玄宗老迈后，政治进取心下

---

① 《旧唐书》卷10《唐肃宗本纪》载：“安史之乱”的次年，边令诚背叛宠信他的唐玄宗，投靠了安禄山。唐肃宗称帝后，边令诚又想回来投靠，被斩首。

② 据《旧唐书》卷184《高力士传》载，高力士小时候就成为武则天的内侍，因为聪明伶俐而且身材修长、长相俊秀，“性谨密，能传诏敕”，受到武则天的赏识。又载，“景龙中，玄宗在籓，力士倾心奉之，接以恩顾。及唐隆平内难，升储位，奏力士属内坊，日侍左右，擢授朝散大夫、内给事。先天中，预诛萧、岑等功，超拜银青光禄大夫，行内侍同正员。开元初，加右监门卫将军，知内侍省事。”从上述记载中可以看出，当唐玄宗尚在藩邸的时候，就已经和高力士有了密切联系，而在以后的诸次宫廷政变中，高力士都能一直加官，说明他给了李隆基相当大的支持。这一切都为日后玄宗宠信宦官、宦官滥用职权奠定了基础。

降，察人失当，昏聩偏信，导致其政局渐离正轨，唐朝各个领域出现大大小小的漏洞，给史思明、安禄山等提供了可乘之机。最后安史叛军攻进都城，驱逐天子至蜀，这在一定程度上不能不说是唐玄宗自酿苦果，实际上他才应当为抗击安史叛军失败负主要责任。而数度立大功的高仙芝轻易就被玄宗杀害，从侧面反映出他并没有得到玄宗皇帝的真正信任。或许还可以换句话来推测事情的背景：高仙芝常年在边疆征战，没有参与过唐玄宗所发动的任何一次政变，所以唐玄宗对其难以产生很高的信任度。

高仙芝的辉煌仕途基本上是靠自己的努力奋斗得来的，其最终的惨死也是由玄宗皇帝的昏聩所导致的。如果再进一步深究的话，那么高仙芝之死也不能仅怨唐玄宗的昏聩，唐玄宗之所以会这样做，也是他在残酷的政治权力争夺中养成的自我保护性的反映。和前述武则天利用酷吏来对待泉献诚一样，这是古代专制社会权力争夺必然导致且无法消除的恶果。

（四）对高仙芝的评价

关于高仙芝的事迹，史书着重记载其仕途经历，而对于高仙芝的为人处世、性格特点等记述颇为简略，这是正史记载的不足之处。古代的修史者必须站在封建统治者的立场上，他们无法发表自己的全部见解，这在某种程度上也可以理解，但这个不足理应由后人补上。笔者试对此说一下自己的管见。

为人慷慨大方，这是高仙芝性格的一个特点，也是其与下属保持良好沟通的一个重要因素。召募来的兵士“素爱仙芝”，在战斗中能经常取胜。高仙芝征战频胜，所得俘获和赏赐极为丰厚，“家财巨万”，但他“颇能散施，人有所求，言无不应”。这也是高仙芝频频取胜的重要因素之一。在高仙芝含冤临刑之前，手下的兵士都为他喊冤。尽管无力回天，但广大官兵的哀诉也反映出了高仙芝的人格魅力。

另外，高仙芝生前既为唐朝的重要军事将领，又是大地主，这是史书没有明确提及的事情。早在高仙芝代夫蒙灵詧为安西四镇节度使之前，因才能出众、战功显赫，就已引起包括安西副都护程千里、大将军毕思琛、行官王滔、康怀顺、陈奉忠等人的嫉妒，这些人都在夫蒙灵詧面前构谮排挤他。在势单力薄的不利环境下，高仙芝只有委曲求全。为此，他把自己的“一千石种子庄”送给大将军毕思琛。① 笔者认为，仙芝恐怕不止此一处庄田，说

① 《旧唐书》卷104《高仙芝传》。

他是大地主的推断应该可以成立。

据开元二十五年（737）诏："镇戍地可耕者，人给十亩以供粮。"[①]"唐代官定口粮标准是男丁月食粟一石，年十二石。规定人给十亩，当能保证其口粮，亩产应合一石以上。这是镇戍地的可耕地或中下田，而非上腴好田熟地的产量。"[②] 高仙芝在委曲求全的情况下送与毕思琛的"千石种子庄"，当是上腴好田，据上述折算标准，面积当有七八百亩。根据唐代官员土地受田制度，"诸州都督、都护、亲王府官二品十二顷，三品十顷，四品八顷，五品七顷，六品五顷，七品四顷，八品三顷，九品二顷五十亩"，[③]等等，高仙芝受排挤之时，官职不会超过四品，他当时所能分到的土地也最多八顷，即八百亩。高仙芝能把所有的职分田都送人吗？如果全部送人，不仅他在安西都护府颜面扫地，就连用来养家糊口的依靠也没有了。所以说"千石种子庄"绝不会是高仙芝唯一的田产，说高仙芝为大地主并不为过。据此推知，其他唐朝高级将领也都拥有大量田产。这些捍边大将可称为"边将大地主"。至于其土地是通过何种方式获得、这些土地的经营情况以及边将调动离职时其地产的归属问题等，还有待于进一步研究。

高仙芝战功赫赫，青史留名，但也因累累战功而被人视为"性贪"之人。率兵破石国时，高仙芝缴获大块瑟瑟十余石、真金五六骆驼以及数量众多的名马宝玉，这些都被他据为己有，"性贪"之名由此而来。但笔者认为，结合具体社会背景来分析，还可以了解到唐代其他一些有价值的信息。

实际上，对当时征战沙场的兵将来说，"贪"似乎是普遍现象。唐太宗朝的中书侍郎岑文本即认为："将帅之臣，廉慎者寡，贪求者众。"[④] 名将李勣也曾就此问题在唐太宗面前直言不讳："战士奋厉争先，不顾矢石者，贪虏获耳。"甚至激烈反对唐太宗改变"以城中人物分赐战士"的计划。[⑤] 按：

---

① 《新唐书》卷53《食货志三》。

② 胡戟：《唐代粮食产量》，载《西北大学学报》，1980年第3期。

③ 《新唐书》卷55《食货志五》。仁井田升认为：若按《唐六典》所载的"四品八顷，五品至八品以一顷为差"的规定，则六品当受田六顷，七品五顷，八品四顷。而《通典》与《山堂考索》所引开元二十五年令是"六品五顷，七品四顷，八品三顷"。这是否为开元七年令与二十五年令的差异，留待后考。其次，《唐六典》所载的"二品一十二顷，三品、四品以二顷为差"虽与《通典》及《山堂考索》中的"二品一十二顷，三品一十顷，四品八顷"是一致的，但又与《职官表》中《田令》的"二品十五顷，三品十二顷，四品九顷"相矛盾。就这一点，和《职官表》中的《禄令》同样，都有待今后研究（关于《职官表》的详细情况，参见《序论》第二"唐令拾遗选用的资料"）。（［日］仁井田升著，栗劲编译：《唐令拾遗》，长春出版社，1989年，第581页。）

④ 《旧唐书》卷69《侯君集传》。

⑤ 《旧唐书》卷199上《高丽传》。

李勣在唐朝德高望重，是一个非常注意皇上感受的人，[①] 他敢在皇帝面前把战士奋勇杀敌的原因说成是"贪虏获"，而不是冠冕堂皇的"忠君爱国"，足可表明在当时的环境中战胜之后纵兵掳掠并非见不得人之举。而唐太宗也认为"将军言是也"，即承认李勣说得有道理。在战争中，与屠城、坑杀战俘或者把所有的俘虏都变成奴婢等做法相比较，掳掠财物的残酷性明显轻很多。倘因掳掠所得宝物多则为贪，得宝物少则不为贪，这样的评价标准未免有失客观。何况史书同时也说，高仙芝"家赀累巨万。然亦不甚爱惜，人有求辄与，不问几何"，[②] 能慷慨施赠与人的举动，恐怕也不是一个"贪"字可以说明的。

正如上文所说，高仙芝对朝廷忠心耿耿，为拓保大唐江山积下累累战功，最后却因监军宦官的几句谗言而被轻易赐死。尽管史家为其立传，但是，就连高仙芝死时的年龄也没有记载清楚，其家人、后代的事迹也没有介绍（仅在本传里提及回授其一子五品官）。这样的结局实在令人慨叹。

二、王思礼仕唐事迹评述

王虔威、王思礼二人为父子，也是仕唐的高丽籍将领。两人事迹见于两《唐书·王思礼传》，今据其他史籍史料从新角度对二人事迹补充论述。

（一）王思礼的出身情况探析

史载王思礼是营州城傍高丽人，王虔威任职朔方军将，"以习战闻"，[③] 则王虔威在成为朔方军将之前似当在营州城傍供职。据考证，朔方军帅之职是由临时任命向常设转化，直至形成节度使体制的。[④] 其首次出现于长寿二年（693）以薛怀义为朔方道行军大总管讨击突厥之时。[⑤] 因此，王虔威之任朔方军将当不早于此。他在朔方军时已隶职军将，很可能也是在太宗朝末或高宗朝初入唐的，而其身份应当为一名高丽酋领。入朔方军之前，王虔威开始在营州城傍任职。

城傍是一种军事组织，也可以说是一种军事制度。目前已经有日野开三

---

① 如在唐高宗欲册封武则天为皇后时，褚遂良等大臣的激烈反对让唐高宗非常恼火，而李勣察觉到皇帝的意图，回复说："此乃陛下家事，不合问外人。"从而避免了被迁怒。

② 《新唐书》卷135《高仙芝传》。

③ 《旧唐书》卷110《王思礼传》。

④ 李鸿宾：《唐朝朔方军研究——兼论唐廷与西北诸族的关系及其演变》，吉林人民出版社，2000年，第50页。

⑤ 《旧唐书》卷183《薛怀义传》。

郎、方积六、张泽咸、李锦绣、王义康等诸位学者对其进行了一系列的考证,[①] 综合诸位学者的看法，城傍的具体特征大体如下：它是受诸道军城管辖的少数民族兵士组织，但带有地方民兵性质，而蕃族首领往往是城傍的首领，他们受唐朝政府的管辖[②]；城傍兵士按照规定“常令教习”，定期屯集，故兼有正规军色彩。

有学者还认为，从城傍与军镇的关系来看，城傍是随着唐代军镇制度的确立而产生的。[③] 实际上这种说法并不确切。

东汉时期就已经有了城傍的称呼。[④] 城傍本身并没有军事意义，和少数民族更无必然联系，它最初只是作为与城市相对的地理位置而言的。而南朝谢灵运曾作《山居赋》并自注，其中对城傍有解释：

> 古巢居穴处曰岩栖，栋宇居山曰山居，在林野曰丘园，在郊郭曰城傍，四者不同，可以理推。[⑤]

这也是从城傍的本意来说的。但至少到南朝齐的时候，城傍被附加上了与军事机构有关的含义。[⑥]

---

① 日野开三郎认为，“城傍子弟就是这些蕃兵，其名称是从他们原先居住在安东城傍等引申而来的”。（载《东洋史学论集》第1卷《唐代藩镇的统治体系》，三一书房，1980年，第220～225，238～241页。）方积六认为，“城傍子弟就是这些蕃兵，其名称是从他们原先居住在安东城傍等引申而来的”。（《关于唐代团结兵的探讨》，载《文史》第25辑，中华书局，1985年，第100页。）张泽咸认为，城傍兵“指军城镇戍之所附近召集而来的士兵”。（《唐五代赋役史》第五章《兵役》，中华书局，1986年，第432页。）李锦绣认为：“城傍是一种兵牧合一的制度，唐对内徙蕃族置于军镇城旁，保持其部落组织，轻税之，战时发其自备鞍马从征。”（《大唐帝国与城傍》，《唐代的历史与社会》，武汉大学出版社，1997年，第198～235页。）王义康认为，城傍是唐朝的数种蕃兵之一，它属于唐代的团结兵范畴，是来自少数民族的团结兵。（《唐代城傍辨析》，载《中国边疆史地研究》，2002年第1期。）

② 王思礼本是营州城傍，表明高丽人是营州城傍的一个组成部分；另外，营州城傍还有其他族人，如《旧唐书》卷199下《契丹传》载：武德四年，契丹别部酋帅孙敖曹，与靺鞨酋长突地稽俱遣使内附，诏令于营州城傍安置，授云麾将军，行辽州总管。这说明营州城傍还有契丹和靺鞨人。

③ 王义康：《唐代城傍辨析》，载《中国边疆史地研究》，2002年第1期。

④ 《后汉书》卷7《孝桓帝本纪》载：延熹九年（166）“冬十二月，洛城傍竹柏枯伤”，同书卷19《耿弇传》附《耿恭传》载：“恭以疏勒城傍有涧水可固，五月，乃引兵据之。”又，同书卷30下《襄楷传》载：“其冬（164）大寒，杀鸟兽，害鱼鳖，城傍竹柏之叶有伤枯者。”又同书卷81《独行列传》记载，光武帝曾经用城傍作为赏赐人的坟地，同卷又有记载说“永初二年（108）夏，旱，久祷无应，畅因收葬洛城傍客死骸骨，凡万余人”。以上有关城傍的说法都没有涉及军事，其作为指示地理位置的方位名词倒是很合适。

⑤ 《宋书》卷67《谢灵运传》。

⑥ 《南齐书》卷7《东昏侯本纪》载，东昏侯“募兵出战，出城门数十步，皆坐甲而归。虑城外有伏兵，乃烧城傍诸府署，六门之内皆荡尽”。“城傍诸府署”已经带有与军事有关的官府机构意味。

唐代初年，城傍已经带有非常明显的军事性质。唐朝建立后，致力于平定其他地方的武装势力，刘黑闼是要被平定的对象之一，唐高祖武德六年(623)，刘黑闼的手下饶州刺史葛德威背叛刘黑闼，就是在饶阳城傍反戈的，刘黑闼被抓住后，又被葛德威献给了李建成，山东地区从此平定。①

王虔威在正规军性质的朔方军供职，很可能是由于他军事能力突出，所以被军镇选拔，由带有半民间组织性质的城傍转入朔方军，而其在朔方军位列将军可以间接表明他有过硬的军事作战才能或指挥能力。王思礼在开始的时候也是在营州城傍，后来成为大唐名将。从城傍中选拔军事人才补充正规军的做法，表明唐朝有一套行之有效的军队人才选拔、补充体系。蕃族兵将源源不断的补充，是唐朝军队保持旺盛战斗力的一个重要原因。

（二）王思礼仕唐事迹简论

有关王虔威的仕唐信息，除了在两《唐书·王思礼传》及《通鉴》中所载的内容外，笔者未见其他新资料可以补充，故不赘言。

王思礼在唐朝的地位，也许是所有仕唐高丽人中地位最显赫的。他的主要仕唐事迹大略有：年轻时离开营州城傍，在河西节度使王忠嗣手下担任押衙，后来因为战功除右金吾卫将军（从三品武职事官），充关西兵马使，兼河源军使。天宝十一载（752），加云麾将军（从三品武散官）。十四载（755）六月，加金城太守（正四品下文职事官）。安禄山叛乱后，唐任命哥舒翰为元帅，哥舒翰上奏加思礼开府仪同三司（从一品武散官），兼太常卿同正员（正三品文职事官），充元帅府马军都将，“每事独与思礼决之”。十五载（756）六月，潼关失守，王思礼西兵败，赶赴行在，唐肃宗赦免其败军之罪。至德二年（757）九月，王思礼从元帅广平王收复西京，随后又从郭子仪收复东京，迁户部尚书（正三品文职事官，掌天下田户、均输、钱谷之政令），成为唐朝宰相，并被封为霍国公（从一品爵），食实封三百户。乾元二年（759），制以思礼为太原尹（从三品职事官）、北京留守、河东节度使，兼御史大夫，寻加守司空（正一品职事官）。上元二年（761）四月，王思礼因病去世。肃宗皇帝辍朝一日以示哀悼，并赠太尉（正一品职事官），谥曰武烈，命鸿胪卿监护丧事。

从王思礼的仕途来看，他在“安史之乱”前一直在唐朝西部边疆任职，与吐蕃抗衡。“安史之乱”爆发后，王思礼内调平叛，官职随着平叛战事的

① 《旧唐书》卷55《刘黑闼传》。

胜负而几度升降，官职的变迁历程基本可以看作王思礼平叛战役中胜负的战况表。

作为高丽籍武将，王思礼成名时间晚于高仙芝。高仙芝任副元帅时，王思礼还是一名在西部边疆征战的武将；高仙芝的去世使得唐朝平叛战争失去了一位重要军事人才。正所谓“乱世出英雄”，动荡不安的唐朝社会，客观上为像王思礼这样的边将崭露头角提供了机会。王思礼率军平息叛乱，最后竟获得了比高仙芝高得多的荣誉和地位。正如前文所述，少数民族和周边属国人在唐朝凭个人能力受到重用，这是唐代整个社会风气开放的表现之一。

王思礼不仅位列宰相，还任司空之职，是从唐朝肇基以来唯一一位身居三公而位列宰相的人。去世后“武烈”的谥号也颇为讲究。因为对死者意见不同，在为其拟定谥号时古人常常发生争执，大费周折。宋人苏洵总结历代谥号情况，撰有《谥法》，其中对“武”和“烈”的谥号分别作了解释，具有下列情况之一的可以被谥为武：克定祸乱，保大定功（既以武克敌，又能保有其大，安定其功，此武之大成也），威强睿德，刚强以顺，辟土斥境，折冲御侮；[①] 具有下列情况之一的可以谥为烈：安民有功，秉德遵业。[②] 由此可以看出，王思礼的“武烈”谥号是对他护国之功的充分肯定，非常难得。

同是高丽人，高仙芝在与安禄山的军队作战中遭遇失败，王思礼也曾被安禄山的军队打得溃散，然而两人的结果却迥然不同：高仙芝被斩首，王思礼则获赦免，后来竟位列三公。天时、地利、人和三元素与人的行动不同程度的结合，演绎出迥然不同的事件结局，也因此构成了人类社会的漫长画卷。唐玄宗身居高位，在统治后期渐趋昏聩，居安而不思危，听信谗言而以为得人，斩戮大臣尚自视维护法律制度——振荡整个中国社会的安禄山叛乱就是在此情况下发生的。经历了八年的漫长战争之后，唐朝元气大伤，再也无法恢复昔日的辉煌盛世局面。历史的车轮载着大唐帝国缓缓地走向下坡路。人是社会进步的推动者，也是社会灾难的制造者。千百年来，人类一直在用血与火的实践来控制那摇摆于个人贪欲和国家利益之间的社会发展方向。

“安史之乱”爆发后，时任马军都将的王思礼帮哥舒翰设计除掉了政敌安思顺，随后建议哥舒翰“清君侧”，抗表诛杀翰之另一政敌杨国忠，又请

① （宋）苏洵：《谥法》卷1，文渊阁四库全书本。

② （宋）苏洵：《谥法》卷2。

求亲帅三十骑劫杨国忠至潼关杀之。哥舒翰否决了这两个建议，结果却反被杨国忠所图，终致潼关惨败，“哥舒受擒，败国丧师”。①

应该看到的是，内讧削弱了统治集团的整体势力，致使其在面对重大事务时不能协调一致，因内耗而浪费先机。哥舒翰与杨国忠之斗即为此例。另外要着重指出的是，某些超出常人想象的计谋很可能会影响历史的发展进程。王思礼“抗表”诛杨的建议在安禄山的军队迅速推进的情况下当然不会得到朝廷支持，特别是杨国忠和唐玄宗的特殊关系，决定了诛杨计划不会成功；秘诛杨国忠的建议在当时尽管比较可行，但内部残杀更容易导致已经岌岌可危的唐朝政权大厦加速倒塌。所以哥舒翰对此反应十分坚决：“此乃翰反，何预禄山事。”② 很明显，哥舒翰不采纳王思礼的建议，并不能说明他清正耿直，否则他不会跟王思礼设计除去政敌安思顺。倘使翰采纳王思礼之计除掉杨，也许哥舒翰会牢守潼关天险，拒叛军于关外；趁与叛军形成僵持状态之际，唐便可乘机调遣兵马增援潼关，则玄宗无仓皇奔逃之虞，“安史之乱”也绝不会持续八年之久，河北的藩镇割据也就无缘形成，恢复开元盛世也不会是空穴来风的幻想。然而，假如真的诛杨成功，唐玄宗会赦免哥舒翰之罪吗？既已发生的历史又怎么能假设呢！

从某种意义上说，历史的权威之处就在于它是由各种机遇和遗憾组成的偶然性事件集合体，后人能够做的，只是从那些事件中总结经验和教训，来指导自己的行动，避免重蹈覆辙。王思礼之计，虽主观上是为主帅着想，但很大程度上也有为自己利益考虑的成分。③ 一旦将个人利益置于国家利益之上，在此观念指导下的行为所产生的后果和影响，不管是对个人还是对社会，都有可能是灾难性的、是无法估量的。显然，王思礼当时并不具备这种全局观念。

（三）两《唐书·王思礼》传补阙

尽管不具备较高的文化素质，王思礼却能知恩图报，重用文士。天宝末，在哥舒翰潼关败退时，王思礼的战马中流矢而亡。紧急关头，骑卒张光晟主动让坐骑给王思礼，不留姓名而去，思礼得以逃生。事后王思礼曾四处

① 《旧唐书》卷106《杨国忠传》。

② 《旧唐书》卷110《王思礼传》。

③ 《新唐书》卷135《哥舒翰传》载：哥舒翰“以军政委良丘，使王思礼主骑，李承光主步。三人争长，政令无所统一，众携弛，无斗意”。在争权夺利的情况下，王思礼为哥舒翰所策划出的两个极具轰动性的建议，并没有从国家平叛角度去考虑，也没有真正为哥舒翰设身处地着想，因此不能不让人怀疑其动机。

寻访这个舍马相助的骑兵，却始终没有消息。张光晟后来在王思礼的一名偏将辛云京手下任职，因为辛云京屡次受到其他将校的谮毁，为保护主将辛云京，张光晟专门拜访王思礼，诉说往日实情。思礼执手感泣曰："吾有今日，子之力也。求子颇久，竟此相遇，何慰如之!"不仅赦免了辛云京的过错，且与张光晟结成兄弟，给予提拔重用。"累奏特进（正二品文散官），试太常少卿（正四品职事官），委以心腹"，[①] 后官至代州刺史。[②] 按：在潼关兵败、人人争相逃生之际，张光晟能让坐骑于并不认识自己的大将而置个人安危于不顾，表明其能以大局为重；也表明王思礼作为主将是受到士卒爱戴的。经过王思礼的推荐举奏，身为普通骑兵的张光晟竟然官运亨通，品级扶摇直上，这也是人治社会的普遍现象。

出身行伍之中，王思礼却能重视文人雅士。张延赏博涉经史，达于政事，王思礼请其掌通判府事。[③] 由关内节度使转领河东时，又奏请张延赏为太原少尹、北都副留守兼自己的行军司马。张延赏后官至宰相。[④] 贾耽天宝中举明经，举临清尉，其上书论事颇露才气，王思礼署他为自己的度支判官。后来贾耽也官至宰相，并检校司空。[⑤] 从王思礼所重用的人的经历可以看出，王思礼本人发现人才的眼光也是比较高的。

自肃宗缔构灵武之后，王思礼率领的部队在讨叛过程中发挥了巨大作用，两《唐书》本传对其事迹记载甚详，在此不赘述。当乾元元年（758）王思礼以关内节度使身份入朝时，肃宗命"朝官四品以上出城迎谒"，[⑥] 这是非常隆重的仪式。德宗朝史馆收录唐武德以来功勋特高的宰相及实封功臣，并赐予他们的子孙一人正员官，王思礼即名列其中。[⑦] 建中元年（780），史馆奏至德以来将相功效明著的十六人中也有王思礼的名字。[⑧] 以上情况反映了王思礼在唐朝受到的恩宠非常之高，因而福泽其后人。

王思礼于肃宗上元二年（761）四月病逝，两《唐书》评价其善于守计而短于用兵，这样的评价似乎有失偏颇。在平叛战争中，王思礼不仅单独统

---

① 《旧唐书》卷127《张光晟传》。

② 《新唐书》卷6《代宗本纪》。

③ 从事，官职名，源于唐初的从事中郎。武德四年，太宗平洛阳之后，又置天策上将府官员。天策上将一人，掌国之征讨，总判府事。长史、司马各一人，从事中郎二人，并掌通判府事。

④ 《旧唐书》卷129《张延赏传》。

⑤ 《新唐书》卷166《贾耽传》。

⑥ 《旧唐书》卷110《李光弼传》。

⑦ 《新唐书》卷191《忠义传》。

⑧ 《唐会要》卷45《唐文拾遗》卷52《武德以来功臣约为三等奏》。

军，而且军纪严整，即使在遇到失败的困境中，依然能“全军以归”，[①] 这需要统帅具备怎样的综合军事素质！单单能够防守的将领显然无法适应如此变幻莫测的战场局势，更不会得到朝廷的隆恩，所以史官对王思礼的评价有些以偏概全了。

三、割据的李正己家族

“安史之乱”后，唐境内先后出现了一些割据的藩镇集团，打破了唐朝原有的政治格局。国内出现了一种从未有过的乱局：“方镇相望于内地，大者连州十余，小者犹兼三四。故兵骄则逐帅，帅强则叛上。或父死子握其兵而不肯代；或取舍由于士卒，往往自择将吏，号为‘留后’，以邀命于朝。天子顾力不能制，则忍耻含垢，因而抚之，谓之姑息之政。”[②] 其中高丽人后裔李正己家族即割据今山东地区长达六十余年，以致有人夸张地称之为“事实上维持小王国体制”[③] ——针对这个说法，后面将专门进行论述。

有关李氏族人的事迹，两《唐书》及《资治通鉴》虽有记载，但该高丽家族在唐朝具有非常特别的地位，因此有必要对其进行研究。

（一）李正己（怀玉）的出身探析

据史书记载，高丽人李正己本名怀玉，生于平卢，长大后在平卢节度使王玄志军中当兵。唐肃宗乾元元年（758），王玄志卒，朝廷派使者吊唁，“怀玉恐玄志子为节度，遂杀之，与军人共推立侯希逸为军帅”。[④] 侯希逸是李怀玉的姑表兄弟。由此可知，侯希逸之母也是高丽人，嫁给了平卢人为妻。

到8世纪中叶，高丽已经灭亡了大约一个世纪之久。所以，史书说李怀玉是高丽人，当指其为高丽人后裔。至于在平卢的高丽人，史书中可以找到些微线索。前文提到，唐太宗征高丽时俘获了许多高丽人入唐，其中有“抗拒王师，应没为奴婢者一万四千人，并遣先集幽州，将分赏将士。太宗愍其父母妻子一朝分散，令有司准其直，以布帛赎之，赦为百姓。其众欢呼之声，三日不息”。[⑤] 另外，许多高丽人迁入者经历过很多次迁徙。唐朝把

---

① 《资治通鉴》卷221，唐肃宗乾元二年三月壬申条。

② 《新唐书》卷50《兵志》。

③ ［韩］曹永禄：《在东亚史上中国国际秩序的推移和韩日的策应》，载曹永禄等著《中国与东亚细亚世界》，［韩］国学资料院1997年，第165页。

④ 《旧唐书》卷124《李正己传》。

⑤ 《旧唐书》卷199上《高丽传》。

他们迁入内地后，曾一度又命令他们随从被俘的高藏王回旧地，后因高藏企图谋反，又把大部分高丽人迁回唐朝内地。迁入内地的这些高丽人，可能也有部分后来定居平卢的。

又据史载：唐玄宗开元二十一年，分天下为十五道，又于边境置节度、经略使，以遏制周边民族地区。“平卢军节度使治，在营州，……平卢军，在营州城内……”而到了唐肃宗至德（756—758）之后，中原用兵，刺史皆治军戎，“平卢军节度使，治青州，管淄、青、登、莱四州”。[①] 说明平卢军治经过了迁移。李怀玉具体生于哪一个平卢呢？据李正己以49岁卒于建中二年（781）可知，其生年恰好为开元二十一年（733）。根据上述情况可以断定，李怀玉出生于卢龙治营州（今辽宁朝阳市）。李正己很可能是高丽灭亡后被迁入唐土的高丽人后裔。

笔者在读李锦绣先生的《唐代制度史略论稿》时，受她关于城傍的有关论述启发，认为李正己很可能来自营州城傍，其原因如下：

唐初将内附蕃族置于城傍。“城傍”之城为军事机构（见前述），夷落隶属于军城。唐朝将内附蕃族置于旁侧附近，是为了便于控制。城傍部落组织的骑射能力非常强，是唐兵中最为善战者，所以城傍子弟乃唐前期战场上依赖的冲锋陷阵力量。城傍相对定额边兵是补充，但在征战时，他们并不只是为辅助，而是主力军。所以，在唐朝前期，城傍虽是大唐帝国军事的主要仰赖者，但并不在定额边军之中。中宗时简城傍子弟入军镇兵，才反映出城傍向定额兵转变的过程。玄宗继位后，城傍向额内兵转化的同时，城傍制度也就开始解体了。[②]

从以上论述来看，李正己有可能出身城傍，后来因城傍组织逐渐解体而转为额内兵，并随平卢军迁移到淄青。这可以补充史书对李正己仕途历程记载的不足。

当然，李正己家族也有可能是唐太宗或唐高宗时候征高丽所迁移的高丽民户。唐太宗亲征高丽时曾将所虏的一万高丽人口于幽州赎为平民，[③] 相当一部分高丽人定居于幽州或邻近地区，或往别处迁徙；唐高宗灭掉高丽后，也曾经两次把高丽遗民往内地迁移，两次迁移户口之间有一次回迁。李正己的先人有可能在上述的某一次迁徙中入唐。

---

① 《旧唐书》卷38《地理志一》。

② 李锦绣：《唐代制度史略论稿》，中国政法大学出版社，1998年，第273～282页。

③ 《资治通鉴》卷198，太宗贞观十九年十月、十一月条。

李正己家族还有可能为安东都护府所辖的随迁高丽遗民。安东府自高丽灭亡后设置，其后由平壤城—辽东郡故城（今辽宁省辽阳市）—辽东郡新城（今辽宁沈阳市东北）几次迁移后，于开元二年（714）移置于平州（今河北省卢龙市）。[①] 由于平卢军节度使从开元年间到至德年间经过了迁移，所以李怀玉有可能跟随其迁移，而迁移的原因，不排除是因为跟随其为平卢军将的父祖。可惜史书对其父祖的情况未加记载。

（二）李正己家族的割据及其政策评析

在唐代藩镇割据的历史上，骄兵逐帅的动乱史不绝书，所谓“杀帅长，大钞掠，狃于利而然也”，[②] 乾元元年（758），李正己二十五岁时，已经隶职于平卢军，是一名“骁健有勇力”的悍将。是年，为了不让已故节度使王玄志之子为帅，李正己将其杀死，并推举其表兄侯希逸为帅，朝廷对此予以承认。[③] 张国刚先生认为，这种骄兵逐帅的情况实质上已经成为军士控制本镇的赋税支配和攫取额外赏赐的手段，军士瓜分王赋却不上供成为藩镇割据的最根本特征。[④] 杨志玖先生则认为，那些投身军戎成为职业雇佣兵的破产农民和无业游民才是藩镇割据的社会基础。[⑤] 可能正是由于李正己彪悍勇猛，有能力维护军士的利益，[⑥] 加上其“沉毅得众心”，才受到军士拥戴，故先杀节度使之子立自己表兄侯希逸，遂又逐侯希逸取而代之。李正己家族的割据历史从此开始。

关于李正己割据淄青时的政策，司马光说他“用法严峻，所在不敢偶语，然法令齐一，赋均而轻，拥兵十万，雄据东方，邻藩皆畏之”。显然，对于史料采用严格的司马光能把“法令齐一，赋均而轻”的褒赞送给骄藩应该是有根据的。关于淄青镇的情况，张国刚先生认为，李正己时所统有的淄、青、齐、海、登、莱、沂、密、德、棣、曹、濮、徐、兖、郓十五州，皆富庶地带，因而有可能做到“赋均而轻”，而其他地狭兵众的藩镇并不具

① 《旧唐书》卷39《地理志二》。

② 《新唐书》卷214《刘玄佐传》。

③ 《旧唐书》卷124《李正己传》。

④ 张国刚：《唐代藩镇研究》，湖南教育出版社，1987年，第70~73页。

⑤ 杨志玖：《试论唐代藩镇割据的社会基础》，载《历史教学》，1980年第6期。

⑥ 《旧唐书》卷124《李正己传》载：“宝应中，众军讨史朝义，至郑州。回纥方强暴恣横，诸节度皆下之，正己时为军侯，独欲以气吞之。因与其角逐，众军聚观，约曰：‘后者批之。’既逐而先，正己擒其领而批其背，回纥尿液俱下，众军呼笑，虏惭，由是不敢为暴。”由此可知，李正己的彪悍得到了众军士的认同。

备这样的地利，所以难以实行轻赋。[①]

李氏家族之所以能够长期割据，是由多方面因素造成的。首先，从唐朝统治者方面来说，平息“安史之乱”后，唐代宗的姑息是造成包括李正己家族在内的藩镇割据的发端。在唐政府的纵容下，李氏藩镇与其他藩镇串通勾结，对朝廷阳奉阴违，“官爵、甲兵、租赋、刑杀皆自专之”；[②] 又相互通婚、互为表里，欲将割据局面永远保持下去；[③] 朝廷即欲讨其中之一，则牵一发而动全身，徒劳无功，只有眼看着割据藩镇坐大，德宗、顺宗也对此无可奈何。其次，李正己家族雄厚的经济实力是其割据的坚实基础。通过政治手段当上平卢淄青节度使后，李正己采取了一系列措施站稳脚跟并占据十五州之地。[④] 不仅在其辖境内“法令齐一，赋税均轻”，[⑤] 且他和其子孙表面上仍“泛禀朝旨”[⑥]，利用朝廷所授的“海运押新罗渤海两蕃使”身份，积极进行“岸口贸易、海道运输”，[⑦] “货市渤海名马，岁岁不绝”；[⑧] 到其子李师古时，大力发展商业贸易，史载师古“贪诸土货，下令恤商。郓与淮海竞，出入天下珍宝，日月不绝”；[⑨] 李师古又发展盐场，用海盐与淮西的吴少诚大作牛皮鞋材生意，[⑩] 淄青、兖州、郓州三道粜盐每年所得竟高达七十万贯，仅此项收入即使“军资给费，优赡有余”。[⑪] 通过贸易，李家积聚了巨额财富，雄厚的经济实力又让李正己在与朝廷的交往中比其他藩镇更具有积极主动性。如代宗时，李正己曾上表献钱三十万缗，[⑫] 以讨好、麻痹朝廷；德宗过生日，李正己又曾献缣三万匹。[⑬] 所以说，李氏家族通过贸易积聚起的巨额财富，为其长期割据夯实了基础。

张国刚先生给唐朝的藩镇割据进行了分类，认为淄青属于河朔型藩镇，河朔割据首先取决于各种经济、军事和政治条件。比如，河朔的兵强，跟兵

---

① 张国刚:《唐代藩镇研究》，第126页。
② 《资治通鉴》卷225，代宗大历十二年十二月条。
③ 《旧唐书》卷142《李宝臣传》。
④ 《旧唐书》卷124《李正己传》。
⑤ 《旧唐书》卷124《李正己传》。
⑥ 《旧唐书》卷144《阳惠元传》。
⑦ 孙祚民:《山东通史》上卷，山东人民出版社，1992年。
⑧ 《旧唐书》卷124《李正己传》。
⑨ 《全唐文》卷780李商隐《齐鲁二生》。
⑩ 《资治通鉴》卷236，顺宗永贞元年二月壬子条。
⑪ 《旧唐书》卷48《食货志》。
⑫ 《资治通鉴》卷225，代宗大历十四年六月条。
⑬ 《资治通鉴》卷226，德宗建中元年四月癸丑条。

员众多、河北产马，骑兵构成高以及河朔有悠久的尚武传统及广阔的兵力资源等有很大关系。除了内部的军事统治网外，牢固的外部政治军事联盟，也是河朔割据长期存在的重要原因，藩镇之间由于政治和地理条件而结成“辅牙相依”、“急热为表里”，相为一体。河朔割据之所以能够长期存在，还与河朔诸镇不否定唐王朝的政治态度，或者说游离性与依附性并存的特点密切相关。这一政治态度与特点，使河朔诸镇避免了与唐廷处于势不两立的地位。①

正是在这个意义上，前面提到的韩国学者曹永禄先生所认为的李正己家族统治下的淄青在“事实上维持小王国体制”的说法是不太严谨的。这种观点反映出曹先生似乎把自己置身于当今国际政治分歧或者争论中去了——对历史上的事情不加仔细分析就往当今的国家之间的问题上去套，有削足适履之嫌，是不可取的。历史研究的目的是客观分析历史现象及过程，从中总结出有益于社会发展的经验，吸取历史教训，使后世社会向更美好、更健全的方向发展。出于一己之利或本民族之利考虑问题，不顾历史事实，片面地夸大对其有利的成分，甚至有意曲解史实，都不是真正的史学工作者所应做之事。

另外，在唐朝统治阶层的圈子里面，外族人担任唐朝官职的大有人在，除了高丽人之外，还有百济人、新罗人、突厥人、回纥人、日本人、波斯人和大食人，等等。这些外国人担任唐朝的官职，绝大多数都能和唐人一样，以接受唐朝任命为极高的荣誉，并能致力于唐朝的社会发展，反映出唐朝社会自信而信人的博大、开放的政治胸怀。我们绝不能因为外国人在唐朝担任官职就认定其治理地区属于其原民族或原国家。根据主观臆想下的结论只会偏离科学研究的轨道，远离客观事实，对处理现实社会中的国际关系实在有百害而无一利。

（三）李氏家族败灭的原因

唐宪宗元和十四年（819），李师道集团内部发生叛离。都知兵马使刘悟因为受到李师道猜忌，举兵杀死李师道后归唐。从此，割据将近六十年的淄青回到中央政府的直接管辖之下。李氏家族败灭，刘悟事件只是直接原因，背后还有深层次的因素，具体表现在以下两个方面。

其一，割据和战乱不得人心，人民厌战。代宗即位后，颁行了一些措施

① 张国刚：《唐代藩镇研究》，第 122 ~ 125 页。

以缓和尖锐的社会矛盾，“于是中外皆悦，淄青军士，至投兵相顾曰：‘明主出矣，吾属犹反乎’”！[①] 厌战情绪表露无遗。当有机会归依朝廷而可免罪时，这部分军卒必然积极响应。

其二，割据势力和中央政权之间力量的此消彼长是李氏割据失败的客观原因。李正已虽“为政严酷”，却“沉毅得众心”，又“法令齐一”、“赋税均宽”，因此“最称强大”。[②] 而此时的唐代宗专事姑息，“羁縻而已”。[③] 所以李正已之所以能傲视朝廷，是由于唐政府处于守势。李正已之后的李家掌门人则一代不如一代。至其子李纳接管统治时，李正已的兄弟李洧叛离而投靠朝廷，其他官员更是纷纷倒戈。[④] 到了李师古、李师道统治时，只剩下刻薄寡恩，凡是在外为官者皆需留下妻子儿女作为人质，以防其叛归朝廷。如有人叛离，则“诛其家”。[⑤] 史书记载李师道甚至“政事决于群婢”而不采纳其下属的意见，其治理能力较其祖李正已差之千里，因此其败亡也就不难理解了。再从唐中央来看，代宗之后的德宗、顺宗与割据藩镇基本上处于平衡状态，德宗平藩无功而发布“罪己诏”即为标志，但宪宗上台后，实行强硬政策，致力于“革河北诸镇世袭之弊”，“欲自朝廷除人，不从则讨之”，[⑥] 又采纳李绛等谋臣的建议，平蜀、克魏博、破淮西，从而威镇四方。唐宪宗与李师道两人的政治姿态形成鲜明的对比，说明此时唐中央在与淄青的关系中掌握了主动权。所以，藩镇与中央实力对比的转化、消长，以及决策者政治素质的对比变化，将李氏割据藩镇最终推向灭亡之路。

（四）有关李氏家族的婚姻状况及其他

自李氏家族入居唐土，就意味着该家族的生活方式开始发生变化。李正已之姑即嫁给平卢人为妻。[⑦] 李正已家族又与其他割据势力结为政治婚姻集团，相互支持，所以史载李正已家族“据齐、鲁之地，既而递相胶固，联结姻好，职贡不入，法令不加，率以为常”。[⑧] 其族人姓名也体现出汉化迹象：李正已之子李纳、李经，孙师古、师道、师贤、师智的行辈与称谓，均

---

① 《资治通鉴》卷225，代宗大历十四年五月条。
② 《旧唐书》卷124《李正已传》。
③ 《资治通鉴》卷223，代宗永泰元年七月壬辰条。
④ 《旧唐书》卷12《德宗本纪上》。
⑤ 《旧唐书》卷124《李正已传》附《李师道传》、《李师古传》。
⑥ 《资治通鉴》卷237，宪宗元和四年四月条。
⑦ 《旧唐书》卷124《李正已传》。
⑧ 《旧唐书》卷124《李正已传》附《李师道传》。

符合汉族起名习俗。[①] 又，李正己家族统治割据如此之久，鲜见史书中有指责其非中华而为夷者，人们并不在意其为何族出身。换言之，时人早已习惯了多民族人精彩纷呈的局面，故不以其族出为意。这种不分中华与"夷狄"的局面在唐代产生并存在，意味着唐的高度开放与自信，它既是唐朝国势强盛的表现，同时也是促进唐朝强盛的一个因素。正是由于唐朝诸如此类的冲破传统、吸收异域文化的做法，使得唐朝成为当时世界文明的中心之一。

李正己家族还有其他从族。

李洧是李正已从兄，李正已曾授其徐州刺史之职。正已死后，李洧以徐州归附朝廷，标志着淄青藩镇发生了严重分裂。唐朝皇帝给予李洧特别高的嘉奖，"加御史大夫（从三品职事官，掌邦国刑宪，肃正朝廷），封潮阳郡王（从一品爵），食实封二百户，充招谕使"，"旋加洧检校户部尚书（正三品职事官，掌天下田户、均输、钱谷之政令）"。李洧脱离其大家族归附朝廷，对致力于削平淄青割据的唐朝来说是非常意外的佳讯，唐中央极为振奋，所以对李洧大加表扬。[②] 李洧去世之后，唐朝还对此事念念不忘，对其后代屡加奖赏。[③]

实际上，李洧能够叛李正已家族归唐，与唐代大诗人白居易之父白季庚有很大关系。据《白氏长庆集》记载：白季庚当时为彭城（今江苏省徐州市）县令，与"刺史李洧潜谋，以徐州及埇口城归国……公收合吏民得千余人，与李洧坚守城池，亲当矢石，昼夜攻拒。凡四十二日而诸道救兵方至……实李洧与公之力也"。[④]

李洧之子李晏，曾仕唐任朝议大夫，使持节海州诸军事，守海州刺史、上柱国，为政清廉，"颇闻于众"。据记载，白居易曾极力褒荐李晏。[⑤] 李晏曾因按本道节度使之令强行加税以增加军费而被人弹劾贬官。白居易保荐李晏，就是为了让其脱离因贬官而导致的贫困状态，"自经停罢，已涉三年。退居洛阳，穷饿至甚，身典三郡，家无一金。据此清廉，别堪优奖"。白居易之父与李晏之父曾共患难，两家可能因此结为世交。根据白居易所举荐李晏的上奏内容来看，当初晏父归附唐朝的时候，其家口中有许多人被李纳杀

---

① 当然，本来高丽就早已受中国儒家文化的熏染，这从前述泉氏家族中泉男生、泉男建、泉男产的姓名也可反映出来。

② 《旧唐书》卷124《李正已传》附《李洧传》。

③ 《唐大诏令集》卷65《录李洧等子孙诏》、《录功臣子康志宁等各除官职敕》。

④ 《白氏长庆集》卷46《襄州别驾府君事状》。

⑤ 《全唐文》卷669《荐李晏、韦楚状》。

害，即“当叛乱之时，洧以一郡七城归国效顺，弃一家百口，任贼诛夷”。[①]这也可以补两《唐书》、《通鉴》记载的不足。

同为高丽人，李正己的子孙被朝廷视为叛臣，李洧及其后代则受到褒扬，这同样反映出唐朝对蕃族身份官员的一种态度，即根据其政治表现来评定功过、奖惩。与当时存在的诛连政策规定相比，统治者上层能做到这种明智、大度的举动在一定程度反映了唐朝政治决策的理性与成熟。

唐代还有一名重要的仕唐高丽人王毛仲，在唐玄宗朝职位曾达到大将军、开府仪同三司、开国公。有关王毛仲的事迹，本书在“参与宫廷政变的三韩人”部分中有详述。

第二节　史书中列传记载的百济人事迹述略

在百济仕唐蕃将中，黑齿常之在《新唐书》里有传。随着黑齿常之的墓志铭的出土并逐渐被人注意，目前国内外已经有不少学者撰文论说，[②]在有关唐代军事、民族等领域的各种专著中也多有涉及。所以本书除了对有代表性的关于黑齿常之的研究成果进行介绍之外，还着力对其家族其他成员在唐的事迹进行考论。

一、两《唐书·黑齿常之传》及学界有代表性的研究成果概述

关于百济人黑齿常之，两《唐书》均为其立传，大意如下：

来自百济西部地区的黑齿常之本为百济“达率兼郡将，犹中国之刺史也”，勇谋兼备。显庆五年（660），唐军将领苏定方讨平百济，常之率所部投降唐军。由于苏定方纵兵劫掠，“丁壮者多被戮”，常之恐惧，遂与左右十余人与唐军对抗，并壮大力量，收复二百余座城池。苏定方屡次讨伐，均

---

① 《全唐文》卷669《荐李晏、韦楚状》。

② 束有春：《黑齿常之字号及生卒年新考》，载《江海学刊》，1996年第6期；李之龙：《唐代黑齿常之墓志文考释》，载《东南文化》，1996年第3期；束有春、焦正安：《唐代百济黑齿常之、黑齿俊父子墓志文解读》，载《东南文化》，1996年第4期；陈智：《黑齿常之评述》，载《中央民族大学学报（人文社会科学版）》，2001年第3期；马驰：《〈旧唐书·黑齿常之传〉补阙及考辨》，载《百济研究论丛》第5辑，［韩］忠南大学校百济研究所，1997年。

未成功。龙朔三年（663），在唐高宗遣使诏谕下，常之再次率部降唐。其后“累转左领军员外将军”。仪凤年间（676—679），黑齿常之在抗御吐蕃的战斗中立功，被封为左武卫将军，兼检校左羽林军，仍充河源军副使。其后同样因与吐蕃作战立功被任命为河源军大使。嗣圣元年（684）迁左武卫大将军，仍检校左羽林军。垂拱二年（686），在讨伐突厥入侵的战斗中，因战功显赫被封为燕国公。垂拱三年（687）进征突厥入侵，在黄花堆战役中，因官员爨宝璧贪功独行，导致黑齿常之所率部队全军覆没。其后不久，黑齿常之被酷吏周兴诬陷谋反下狱，在狱中自缢而死。

两《唐书·黑齿常之传》对于黑齿常之事迹的记载非常简略。所以，当黑齿常之和其子黑齿俊的墓志铭①被发现后，有不少学者根据它们对黑齿常之传进行了补充、考证。其中，马驰师《〈旧唐书·黑齿常之传〉补阙及考辨》的考证较为深入、周详。考虑到黑齿常之在唐朝历史中的重要地位以及本书论述的完整性，笔者在此将马驰师的考证简述如下：

①黑齿常之降唐前的官职既不是两《唐书》所谓“犹中国之刺史”，也不是墓志所称“犹今兵部尚书”，而是一名四品德率；②在百济余部起兵反唐的整个过程中，黑齿常之只是作为响应者而不是作为主要领导人的身份参与的；③《新唐书·黑齿常之传》中常之累迁之“洋州刺使”应为“沙泮州刺史”之误；④常之的内调及备御吐蕃极有可能与刘仁轨有关；⑤对常之入朝供职及南北征讨进行考述；⑥对常之之死及平反昭雪进行分析。马驰师之文分析得深刻全面，代表了目前对黑齿常之研究的前沿水平。故笔者仅对黑齿俊及其家族情况以及武则天给黑齿常之平反所反映出的问题表达一下看法。

二、黑齿俊事迹略考

黑齿俊为黑齿常之之子，唐史书中无传，也没有片言透露其生平事迹。《黑齿俊墓志铭》被发现之后，黑齿俊才为后人所知。

《黑齿俊墓志》载：

> 公禀训将门，夙怀武略……弱冠以别奏从梁王孽西道，行以军功授游击将军（从五品上武散官），任右豹韬卫翊府左郎将（正五品上职事官），俄迁右金吾卫翊府中郎将（正四品下职事官）、上柱国（正二品

① 李希泌：《曲石精庐藏唐墓志》，齐鲁书社，1986 年。

勋官）。

黑齿俊病逝于神龙二年（706），时年三十一岁。据此推算，上文所载其“弱冠”从梁王孽西道之时应为公元696年。武则天朝的“梁王”为武三思，在武则天“革唐命，改国号为周”的天授元年（690），封“天官尚书三思为梁王”。[①] 查证史籍，武则天万岁通天元年（696）“七月，辛亥，以春官尚书梁王武三思为榆关道安抚大使，姚瓙副之，以备契丹”。[②] 榆关在营州城西四百八十里，隶属平卢军节度使管辖。[③] 故“孽西道”意即备御契丹而言。是年五月，营州契丹松漠都督李尽忠、归诚州刺史孙万荣举兵反抗朝廷，攻陷营州，杀都督赵文翙。该事件起因于契丹发生饥荒，而都督赵文翙刚愎自用，不仅不赈给灾民，并且“视契丹酋长如奴仆”，导致契丹首领李尽忠、孙万荣“二人怨而反”。[④] 为平息叛乱，武则天遣左鹰扬卫将军曹仁师、右金吾卫大将军张玄遇、左威卫大将军李多祚、司农少卿麻仁节等二十八将讨之。到了七月，遂发生了对武三思的派遣。黑齿俊随从梁王武三思出征，史书并没有记录此事，此志载可补史阙。

黑齿常之被诬谋反而遇害，但黑齿俊似并未受到株连。谋反在唐朝属于大逆，在十恶不赦之列，而且还要族诛连坐。唐朝名臣宋璟曾对谋反罪有议论：大足元年（701），受武则天宠爱的张易之“纵恣益横，常私相引进李弘泰占吉凶，言涉不顺”，御史中丞宋璟请穷究其状。则天曰：“易之等已自上闻。”璟曰：“谋反大逆，无容首免。易之等分外承恩，臣知言出祸从，义激于心，虽死不恨。”[⑤] 对于谋反者的家眷，唐朝也规定，“凡反逆相坐，没其家为官奴婢”。[⑥] 而据志，黑齿常之死后武则天似乎根本没将黑齿俊投入牢狱，相反，黑齿俊在其父含冤去世之后仍然投身卫边战场。志载常之遇害时（689），黑齿俊年仅十五岁，“幼丁家难，志雪遗愤，誓命摅庭，投躯汉节，频展诚效，屡振功名”，累功官至游击将军（从五品上武散官）、行兰州广武（今甘肃省永登县）镇将（从五品下职事官）、上柱国（正二品勋官）。兰州广武地理位置接近吐蕃，从这个官职来看，黑齿俊似当又出现在抗击吐蕃的战场上，而其父黑齿常之就曾经在此疆场上频立战功，令吐蕃深

① 《旧唐书》卷6《武则天本纪》。
② 《资治通鉴》卷205，则天后万岁通天元年七月辛亥条。
③ 《旧唐书》卷38《地理志一》。
④ 《资治通鉴》卷205，则天后万岁通天元年五月壬子条。
⑤ 《唐会要》卷61《弹劾》。
⑥ 《旧唐书》卷43《职官志二》。

为忌惮，“常之在军七年，吐蕃深畏之，不敢犯边”。①

武则天放任酷吏以莫须有罪名诬害黑齿常之，却没有连坐黑齿俊，一方面反映了她任用酷吏来清扫可能的政治障碍，另一方面也说明黑齿常之的所谓“谋反”纯属捏造，根本不能深究，也在一定程度上表明武则天清除异己的举措只是针对性地行事。圣历元年（698），黑齿常之冤狱昭雪，朝廷特褒禄黑齿俊为黑齿常之曾经所任的右豹韬卫翊府左郎将（正五品上职事官），勋如故。

三、对黑齿常之冤狱昭雪之事的分析

是什么原因导致武则天此时给黑齿常之平反呢？须知给谋反者平反不仅仅是为一个“罪人”雪冤，它更代表着一种政治构架的平衡状态被打破。这种构架就是武则天所施行的酷吏政策。

运用酷吏来诛除异己或潜在的异已力量，是武则天巩固其统治地位的重要手段。冤杀黑齿常之的周兴就是武则天倚重的酷吏之一。周兴“与索元礼、来俊臣竞为暴刻，兴、元礼所杀各数千人，俊臣所破千余家”。酷吏政治运动在给武则天除去政敌的同时也削弱了她的统治基础。毫无根据的诬陷也使得酷吏们自己卷入其中。周兴在天授二年（691）被诬告曾与已被诛杀的左金吾大将军丘神绩同谋，自作自受地被“请君入瓮”。虽然武则天宽恕了他的死罪，改为流放，但他仍然在流放的路上被仇家杀死。同时，鉴于另一个酷吏索元礼“残酷尤甚，太后亦杀之以慰人望”。②

黑齿常之尽管是被酷吏陷害而死，但周兴以及索元礼被武则天抛弃并被处死并不意味着黑齿常之就可以昭雪。周兴、索元礼只是武则天酷吏政治中的两枚棋子，武则天除去这两个臭名昭著的工具，只是借以缓解一下世人对酷吏政治的愤恨情绪。实际上，她仍然在继续任用其他酷吏诸如来俊臣、武懿宗等清洗朝臣，这些酷吏的手段比起周兴、索元礼来同样令人惊悚。上文已述被来俊臣所破的有千余家，而武“懿宗自天授以来，太后数使之鞫狱，喜诬陷人，时人以为周（兴）、来（俊臣）之亚”。③

神功元年六月，来俊臣“欲罗告武氏诸王及太平公主，又欲诬皇嗣及庐陵王与南北牙同反，冀因此盗国权”，这标志着武则天的酷吏政治运动发

---

① 《资治通鉴》卷202，唐高宗开耀元年五月己丑条。

② 《资治通鉴》卷204，武则天天授二年二月条。

③ 《资治通鉴》卷206，武则天神功元年正月条。

展到了顶峰。“诸武及太平公主恐惧，共发其（指来俊臣）罪，系狱，有司处以极刑”。在这种情况下，武则天仍试图赦免来俊臣：“俊臣有功于国，朕方思之。”① 来俊臣已经迫害了千余家，武则天对他的办案以“有功”来首肯，暴露了她任用酷吏清除任何可能的反对力量的真实意图。

然而，在按照武则天旨意行事的同时，酷吏们又夹杂进私利，假公济私。武则天要利用酷吏，就无法杜绝酷吏谋求私利。前述左卫大将军泉献诚，就是因来俊臣索金不得而被诬以谋反罪，下狱缢杀的。② 史载来俊臣倚势贪淫，“士民妻妾有美者，百方取之；或使人罗告其罪，矫称敕以取其妻，前后罗织诛人，不可胜计”。③ 武则天延载元年（694），来俊臣曾因“坐赃贬同州参军”，神功元年（697）因告密、罗织复受重用。由于此次来俊臣所诬陷的是武氏诸王和武氏的儿子，如按既有方式审理，武则天的这些亲族力量将遭到灭顶之灾，从而破坏她的统治根基，这是武则天最不能接受的。

尽管一贯纵容酷吏罗织罪名，但来俊臣肆虐罗织武氏和李氏宗族的举动超出了武则天的预料，被诬陷的太平公主、武氏宗族等人深受武则天信任，他们也绝不像其他被诬陷者那样毫无还手之力，特别是当血腥的酷吏迫害降临到自己头上时，他们立刻联手反击来俊臣。曾被来俊臣罗织的朝廷官员吉顼趁机向武则天进言，希望武则天能丢弃这一棋子：“……俊臣聚结不逞，诬构良善，赃贿如山，冤魂塞路，国之贼也，何足惜哉！”武则天权衡得失后，下令将来俊臣处以极刑。于是“仇家争啖俊臣之肉，斯须而尽，抉眼剥面，披腹出心，腾蹋成泥”。来俊臣被诛，是继索元礼、周兴死后武则天酷吏队伍的又一重大损失，标志着武则天长期推行的诛杀宗室大臣的运动暂时告一段落。

武则天见天下臣民对来俊臣如此仇恨，遂下制数其罪恶，且曰：“宜加赤族之诛，以雪苍生之愤，可准法籍没其家。”得知此消息，老百姓相贺于路曰：“自今眠者背始帖席矣！”④ 来俊臣引起“苍生之愤”，难道仅仅是由于其本人诛杀无辜、罪大恶极吗？当然不是。酷吏之所以嚣张妄为，是因为武则天的授意和纵容庇护。即使在来俊臣遭到太平公主等人的猛烈攻击的局面下，武则天竟还认为“俊臣有功于国”，欲加赦免，说明武则天不仅知道

① 《资治通鉴》卷206，武则天神功元年六月条。
② 《资治通鉴》卷205，武则天长寿元年一月条。
③ 《资治通鉴》卷206，武则天神功元年六月条。
④ 《资治通鉴》卷206，武则天神功元年六月条。

来俊臣滥杀无辜，甚至认为这种滥杀行为与其心中的计划一致，所以才想保留这个得力工具。这体现出中国古代帝位争夺的政治残酷性。

由于女皇专注于消除任何可能的阻碍力量，所以朝廷官员、百姓遭受酷吏蹂躏迫害的状况也许反倒令她感到某种程度的轻松。但是酷吏政治引起的天下愤怒如此浩大，完全超出了她的想象。另外，来俊臣对武氏诸王和李氏宗族同时陷害，表明酷吏政治运动方向已经失控，国家面临大动荡，帝王宝座面临倾覆的危险。在这种情况下，武则天不得不终结酷吏政治，转而依靠群臣扶正她已严重倾斜的统治重心。来俊臣被诛，意味着那些被来俊臣杀害的朝廷大臣有了洗刷罪名的机会，黑齿常之的冤狱昭雪应当就是在此种情况下发生的。除了黑齿常之外，许多其他被冤杀的朝廷官员也应当会逐步得到昭雪，如泉献诚在久视元年（700）八月被下制平反改葬，[①] 即是此种情况使政局得以扭转的结果。

为了巩固武氏政权，武则天发动了酷吏政治运动；出于同样目的，她又不得不终结酷吏政治。不能否认的是，在武则天执政期间采取的措施中，有很多具有开创性，有利于社会进步，如广纳贤才、知人善用就极值得称道，[②] 但其为巩固权位而发动的种种运动如建明堂、天枢，以及实行酷吏政治运动所造成的物力、财力尤其是人力资源的损耗无法计算，对国家和社会的发展影响巨大。当权者的一个念头，有时候可以推动国家进入一个发展的小高潮，同样也可能使一个国家数年、十数年在动荡中徘徊不前，甚至倒退。在“朕即国家”的专制社会中，法律附属于帝王，也就等于皇帝无法被制约。因此，在没有以法律制度为准绳的时代，最高统治者的个人综合素质便成为影响国家和社会发展的关键因素之一了。

酷吏政治渐近尾声，被冤屈的朝廷大臣陆续得到平反。朝廷给黑齿常之的平反制文曰：

> 故左武威卫大将军、检校左羽林卫、上柱国、燕国公黑齿常之，早袭衣冠，备经驱策，亟总师律，载宣绩效，往构飞言，爰从讯狱，幽愤殒命，疑罪不分，比加检索，曾无反状。言念非辜，良深嗟悯，宜从雪免，庶慰茔魂，增以宠章，式光泉壤。可赠左玉钤卫大将军，勋封

---

① 《泉献诚墓志》。

② 据《资治通鉴》卷204载：天授“元年二月，辛酉，太后策贡士于洛城殿”。武则天首创殿试，亲自主持文官招考工作；并试“武举”制度，考试录用武官。《资治通鉴》卷205武则天长寿元年一月丁卯条载：“太后虽滥以禄位收天下人心，然不称职者，寻亦黜之，或加刑诛。挟刑赏之柄以驾御天下，政由己出，明察善断，故当时英贤亦竞为之用。”

如故。

朝廷批准黑齿俊改葬其父的请求，并派专人为常之举行了隆重的改葬仪式：

粤以圣历二年壹月廿二日敕曰：燕国公男俊所请改葬父者，赠物一百段，其葬事幔幕手力一事，以上官供，仍令京官六品一人检校。①

黑齿常之终于享受到了功臣的待遇。唐朝对于大臣死后的优恤政策始于唐太宗时：贞观十一年（637）二月，诏曰：

又佐命功臣，或义深舟楫，或谋定帷幄，或身摧行阵，同济艰危，克成鸿业，追念在昔，何日忘之！使逝者无知，咸归寂寞；若营魂有识，还如畴曩，居止相望，不亦善乎！汉氏使将相陪陵，又给以东园秘器，笃终之义，恩意深厚，古人岂异我哉！自今以后，功臣密戚及德业佐时者，如有薨亡，宜赐茔地一所，及以秘器，使窀穸之时，丧事无缺。②

据上可知，西汉时期中央已经有了专门的抚恤仪式。对功臣亡故后的褒扬符合儒家君君臣臣的规范，一定程度上具有人性化的特点，也为武则天朝所继承。在某种意义上，我们也许可以这样认为，武则天作为一名政治家的成功之处就在于——传统的礼法制度、选官制度、用人制度在她的眼里统统成为工具和手段，她可以随意更改甚至取消，另造新工具、另建新制度。正是这种不囿于传统且意志坚决的为政风格，才造就了前不见古人、后不见来者、叱咤风云的一代女皇。

据黑齿俊墓志所载，神龙二年（706）五月，黑齿俊病逝于洛阳从善里，是年八月十三日葬于洛阳北邙山，当是与其父葬在一起。

四、黑齿家族其他成员事迹考述

两《唐书》虽为黑齿常之简单立传，但没有对其家族其他人员作介绍。而黑齿家族的在唐事迹，除了上述黑齿俊外，还有另外成员的有关线索。有资料表明，黑齿常之有个女儿嫁给一仕唐之三韩人。据《大唐□部将军功德记》载：

① 《黑齿常之墓志》。
② 《旧唐书》卷3《太宗本纪下》。

……大唐天兵中军副使、右金吾卫将军、上柱国遵化郡开国公□（按：此缺字，以“□”标示）部珣，本枝东海……于神龙二年（706）三月，与内子乐浪郡夫人黑齿氏，即大将军燕公之中女也……敬造三世佛像并诸贤圣刻雕。①

功德记中的黑齿氏乃大将军燕国公之女，而唐（武周）朝姓黑齿并曾任大将军燕国公的只有黑齿常之，故此黑齿氏应为黑齿常之之女。□部珣“本枝东海”，其中的“东海”有时候也称为“海东”，作为一个地理位置而言，泛指三韩。《朝鲜史略》说：“朝鲜遗民居东海滨，分为六村，或曰六部。”② 也是作为一个泛指的称呼。如果说“□部珣”来自三韩的话，那么根据原百济与高丽、新罗世仇的情况分析，他们三国之间相互通婚的可能性应当比较小，且东亚国家受中国儒家文化影响，血缘、地缘观念较浓，人们更愿意接受在本族范围内的联姻，所以他极有可能与其妻族黑齿氏一样来自百济。右金吾卫将军为从三品武职事官，“掌宫中及京城昼夜巡警之法，以执御非违。凡翊府及同轨等五十府皆属之。凡车驾出入，则率其属以清游队，建白泽朱雀等旗队先驱，如卤簿之法。从巡狩畋猎，则执其左、右营卫之禁”。③ 简言之，即负责京城治安以及在皇帝出巡时的警戒保卫工作。

由于文字缺失，究竟“□部珣”的全名是什么就成了疑问，章群先生在其专著中认为“□”本是“兵”字，即黑齿氏的丈夫名为兵部珣。该兵部珣的名字从何而来呢？笔者核对古籍，推测其可能是根据以下史料得出的：唐朝宰相苏颋曾作诗《昆明池晏坐答王兵部珣三韵见示》，诗曰：

画舸疾如飞，遥遥泛夕晖。石鲸吹浪隐，玉女步尘归。独有衔恩处，明珠在钓矶。④

这首诗被广泛记载流传。⑤ 实际上，苏颋是为王珣作诗。王珣时任兵部尚书，故时人以“王兵部”相称，去世后谥“文孝”，赠礼部尚书。⑥ 若对该诗断句稍有疏忽，就会导致“兵部珣”现象的发生。以官职称呼人乃敬称，这种在职务头衔之前冠以姓氏来称呼人的现象直到今天仍然被广泛采

① 《金石萃编》卷68；《全唐文》卷28。
② 《朝鲜史略》卷1《三国》。
③ 《旧唐书》卷44《职官志二》。
④ 《文苑英华》卷164《地部六》。
⑤ 见《御定渊鉴类函》卷39《地部17》；高棅编《唐诗品汇》卷2；《全唐诗》卷73，等等。
⑥ 《唐会要》卷80《朝臣复谥》。

用。据上可知，“□部珣”非“兵部珣”。

早在笔者做硕士学位论文阶段，导师马驰先生就告诉笔者“□部珣”实乃“勿部珣”。先生为人耿直仗义，治学风格恰如其为人：最讨厌做学问过程中的不劳而获行为，所以告诉笔者这个信息之后，让笔者自己读书查找。笔者后来在《唐大诏令集》、《文苑英华》以及《全唐文》中找到了有关记载，[①] 开元二年（714）二月，为征讨后突厥默啜可汗，唐玄宗颁布了《命姚崇等北伐制》，制曰：

> 左骁卫将军论弓仁，右金吾卫大将军勿部珣……并可前锋总管。

根据二者（指□部珣和勿部珣）官职的相关程度来看，神龙二年（706）□部珣为从三品的右金吾卫将军，八年之后，其升至正三品的右金吾卫大将军基本上符合一个武官的仕途发展轨迹。综合上述情况，该□部珣为勿部珣当无疑义。

据前文所述，黑齿俊于神龙二年（706）五月病逝，故是年三月的造像，很可能是常之的女儿、女婿为他们患重病的兄弟黑齿俊敬佛祈福所举行的活动。

造功德为所亲敬之人祈福在唐代也是一种风尚，如曾任彭州长史、任城男的刘易从永昌中，“坐为徐敬贞所诬构遇害”。刘易从为官仁恕，临刑之前，老百姓及下级官员“远近奔走，竞解衣相率造功德，以为长史祈福，州人从之者十余万”。[②] 在唐代，造功德有时指造道教真人塑像，如唐睿宗因其女金仙、玉真二公主入道，特为公主造观，将树功德以祈福佑。“但两观之地，皆百姓之宅，卒然迫逼，令其转移，扶老携幼，投窜无所，发剔椽瓦，呼嗟道路。乖人事，违天时，起无用之作，崇不急之务，群心摇摇，众口籍籍”，因此受到了朝臣的指责。[③] 唐代的造像以祈福禳灾曾受到上层统

---

① 《唐大诏令集》卷130《蕃夷·讨伐·命姚崇等北伐制》；《文苑英华》卷459《诏敕一·命将·命姚崇等北伐制》；《全唐文》卷253《命姚崇等北伐制》。

② 《旧唐书》卷77《刘审礼传》附《刘易从传》。

③ 《旧唐书》卷98《魏知古传》。

治者的质疑,[①] 但作为一种表达愿望的方式，它却被保留下来并得以流传，所以我国至今仍有一些地方建造或翻新寺庙、道观以求神佛保佑赐福的情况。或许可以这样认为：造像祈福不一定非常灵验，其更多的是一种处于精神困境或肉体痛苦中的人们借以排解忧愁、表达祝愿的手段，是一种自我精神安慰，是对美好生活的渴望。

综上所述，黑齿常之父子、女婿效力边疆，黑齿家族可谓尽忠于大唐的功臣世家。但史书对常之之事略载，对黑齿俊和勿部珣之事竟然忽略的原因，一方面在于唐朝的外族蕃将很多，著名人物数不胜数，另一方面，也是更为主要的方面，或许在于黑齿常之为人所构陷，不得善终于朝廷，故受政治影响的史官不得不低调或者隐讳处理其子婿的事迹，抑或是某些出于私心的修史者故意隐讳也不无可能，如贞观十七年，许敬宗修纂《武德》、《贞观实录》时，随意以自己的爱憎曲事删改，结果引起舆论的强烈谴责[②]就是一个典型例子。

史书立传记载的新罗人，只有《新唐书·新罗传》附传 326 字记载的张保皋、郑年。关于二人的情况，将在下文“唐代商业领域内的三韩人”部分中论述，在此不赘述。

上述见于史传记载的仕唐三韩人有一个共同特点：在唐朝获得了较高政治地位，人生经历极具个性化特征。他们青史留名的重要原因在于其适应了唐朝社会的发展需要，尤其是他们在唐朝政治、军事领域内的表现成为他们获得功名的主要导因。高丽人在军事领域能有所成，跟本民族一贯的传统有关，在高丽，凡“子弟未婚者曹处，诵经习射”。[③] 百济“俗与高丽同”,[④] 练武、读书是百济青少年的习惯。在这样的环境熏陶下，许多三韩人具备优

---

① 《旧唐书》卷 148《李藩传》载：元和四年（809），唐宪宗问李藩：“禳灾祈福之说，其事信否?”藩对曰：“臣窃观自古圣达，皆不祷祠。故楚昭王有疾，卜者谓河为祟，昭王以河不在楚，非所获罪，孔子以为知天道。仲尼病，子路请祷，仲尼以为神道助顺，系于所行，己既全德，无愧屋漏。故答子路云：‘丘之祷久矣。’《书》云：‘惠迪吉，从逆凶。’言顺道则吉，从逆则凶。《诗》云：‘自求多福。’则祸福之来，咸应行事，若苟为非道，则何福可求？是以汉文帝每有祭祀，使有司敬而不祈，其见超然，可谓盛德。若使神明无知，则安能降福；必其有知，则私己求媚之事，君子尚不可悦也，况于明神乎！由此言之，则履信思顺，自天祐之，苟异于此，实难致福。故尧、舜之德，惟在修己以安百姓。管仲云：‘义于人者和于神。’盖以人为神主，故但务安人而已。虢公求神，以致危亡，王莽妄祈，以速汉兵，古今明诫，书传所纪。伏望陛下每以汉文、孔子之意为准，则百福具臻。”帝深嘉之。

② 《旧唐书》卷 82《许敬宗传》。

③ 《新唐书》卷 220《高丽传》。

④ 《新唐书》卷 220《百济传》。

良的军事素质的基础。所以一旦形势发展需要，他们往往能够脱颖而出，创造出辉煌的事业。从这些入唐三韩人后裔的事迹来看，有相当一部分人还没有抛弃他们旧有的生活习俗，特别是练武仍然是保留习俗，所以，他们才有可能在唐朝的军事舞台上崭露头角并稳健上升。

第五章　未被史书列传记载的三韩籍蕃将事迹丛考

国家武德、贞观已来，蕃将如阿史那杜尔、契苾何力，忠孝有才略，亦不专委大将之任，多以重臣领使以制之。开元中，张嘉贞、王晙、张说、萧嵩、杜暹皆以节度使入知政事，林甫固位，志欲杜出将入相之源，尝奏曰："文士为将，怯当矢石，不如用寒族、蕃人，蕃人善战有勇，寒族即无党援。"帝以为然，乃用思顺代林甫领使。自是高仙芝、哥舒翰皆专任大将，林甫利其不识文字，无入相由，然而禄山竟为乱阶，由专得大将之任故也。

——《旧唐书》卷106《李林甫传》

中国古代史书多记载皇帝和王侯将相的事迹，被史书记载的中下层官员和普通百姓实在是少数，能被史书列传记载的更为有限。除了前文所述的高丽、百济王室及高丽泉氏家族外，史书专门给予列传记载的三韩人，也只有上一章所说的几位。他们被列传于青史，固然因为唐代的社会环境给了他们施展雄才大略的机会，然而推动社会发展的远不止史书记载的那寥寥可数的精英人物，众多没有被史书列传甚至不见于史载的人物才是唐朝各方面具体事务运作的基础依靠力量。本书曾多次提及唐太宗征高丽时，一次就把高丽酋长三千五百人，"授以戎秩，迁之内地"，① 即授予他们武职官衔，让他们在唐朝内地任职。这只是见诸史载的有关高丽人仕唐人数较多的一次。在与高丽的其他战役中俘获的酋帅，以及俘获的百济将领，唐朝可能也采取同样的措施，将其迁入内地任用。有些三韩将领在唐朝得以青史留名，为后人所广知；有的却不见于史书记载。所幸的是，碑志资料的出土和发现，极大地补充了史书记载的不足。对这些没有被史书列传甚至不见于史载的三韩人的研究，可以极大地加深、补充我们对三韩民族以及唐代社会的认识。

① 《资治通鉴》卷198，太宗贞观十九年六月己未条。

第一节 散见于史籍记载的仕唐三韩人

一、有关高延寿、高惠真的几个问题

（一）高延寿、高惠真降唐

高延寿、高惠真是两位高丽降将，降唐前的身份分别为高丽北部、南部耨萨。耨萨为高丽官职，史载“高丽外置州县六十余城，大城置耨萨一，比都督。诸城置道使，比刺史”，① 但史籍对高丽耨萨和唐朝都督二者的共性介绍不多。② 贞观十九年（645）六月，在迎战唐朝军队的战役中，高延寿、高惠真率高丽、靺鞨兵十五万前往解救安市城，遇唐太宗伏击而大败，“延寿、惠真率十五万六千八百人请降”。③ 前述三千五百人被授以军职，迁往内地的事件就是在这一时期发生的。当年七月，唐朝授予延寿、惠真官爵，《全唐文》记录了对他们的任命诏书：

> ……高丽位头大兄理大夫后部军主高延寿、大兄前部军主高惠真等，并为马韩酋长……临危转祸，率众来降……延寿可鸿胪卿，惠真可司农卿。④

鸿胪卿掌宾客及凶仪之事，司农卿掌邦国仓储委积之事，两个官职都是从三品的职事官。唐朝给此二人从三品的高官，当是考虑了他们在高丽的地位的。前述扶余隆以百济太子身份降唐后，也是被封从三品上的官职（司稼正卿），据此来推测，说高延寿、高惠真的耨萨（据上述《全唐文》诏书记载为大兄）是地位很高的官职似不为过。

投降唐军后，高延寿、高惠真奉唐皇帝之命去招降安市城，但没有取得

---

① 《旧唐书》卷199上《高丽传》。

② 据《旧唐书》卷199上《高丽传》载，高丽在国都“外置州县六十余城。大城置耨萨一，比都督。诸城置道使，比刺史”。据《旧唐书》卷44《职官志三》载，唐朝的都督分大都督、中都督、下都督三个等级类，并为文职事官，大都督为从二品，中都督为正三品，下都督为从三品。而且，唐朝刺史和都督的职责都是掌清肃邦畿、考核官吏、宣布德化、抚和齐人、劝课农桑、敦敷五教，等等。

③ 《旧唐书》卷199上《高丽传》；《册府元府》卷12《帝王部·告功》。

④ 《全唐文》卷7《太宗皇帝》。

任何成效，安市城人的反应反而让唐太宗更加恼怒。① 在唐军猛攻安市城遇到挫折时，高延寿、高惠真积极向唐太宗献计献策，却未被采纳。②

据高丽法："有谋反叛者，则集众持火炬竞烧灼之，焦烂备体，然后斩首，家悉籍没；守城降敌，临阵败北，杀人行劫者斩。"③ 而此时延寿、惠真的妻小又质押在泉盖苏文手中。惠真、延寿没有退路，处于两面为难的境地。高延寿不久就忧郁而死，或与此有关。高惠真后随太宗班师入唐，但其入唐之后的事迹不见史载。

（二）高延寿、高惠真降唐的原因

关于高延寿、高惠真降唐问题，学界目前有几种看法。黄约瑟先生认为："带领这支高句丽军队的高延寿和高惠真本身是高句丽五部中北部的酋帅，但却来自平壤，而家人亦在平壤。这反映了高句丽国中某种中央集权式的措施未定。而高氏的降唐，可能与他们不太满意渊（泉）盖苏文政府这种政策有关。故此史载他们兵援安市时，虽然本身领兵，但每逢战事，带头的都是靺鞨。后来高氏二人不但降唐，而且对唐兵攻平壤提出本身意见，目的在于希望唐军夺得平壤，可以与妻子相见，并不完全是史官夸大的记录。……我们亦怀疑这一支高句丽与靺鞨联军在这一战役中，尤其在是否应降唐问题上，曾出现分裂。因为只有这样，才能比较合理的解释为什么战后高氏二人能得到鸿胪卿的高职，下面的酋长等亦得到官职，而一般靺鞨，却遭唐太宗活埋。"④

按：黄约瑟先生认为高氏二人降唐可能与其不满意泉盖苏文政府有关的观点确有见地，拥有十五万之众的部队，⑤ 兵粮均备无虞，如非二人对泉盖苏文政府不满，他们岂会甘心舍弃家小，将如此大规模的部队降唐！但如其所言，以二高来自平壤、其家人也在平壤来推断高丽的某种中央集权措施未定似乎有点笼统。

---

① 据《旧唐书》卷199上《高丽传》载，公元649年8月，唐军"移营安市城东，李勣遂攻安市，拥延寿等降众营其城下以招之。城中人坚守不动，每见太宗旄麾，必乘城鼓噪以拒焉。帝甚怒"。

② 据《旧唐书》卷199上《高丽传》载，在唐军攻安市城受挫时，延寿、惠真谋曰："乌骨城耨萨已耄，朝攻而夕可下。乌骨拔，则平壤举矣。"此计策受到唐朝许多将领的认同，但被长孙无忌否决，实际上，长孙无忌不可能单独作出决定，最终决定不用此计策的当是最高统帅唐太宗。

③ 《旧唐书》卷199上《高丽传》。

④ 黄约瑟：《薛仁贵》，西北大学出版社，1995年，第62~63页。

⑤ 《新唐书》卷111《薛仁贵传》记载人数为二十万；《太平御览》卷109《皇王部三十四·唐太宗文皇帝》记载人数为五十万。

高丽分为五部，而五部在形式上都受高丽王管辖。泉盖苏文在篡权前为东部大人，根据史书对其弑君事件的描述，当时的泉盖苏文可能就居住在平壤城或平壤城附近。[①] 据《三国史记》载："……而（盖苏文）凶残不道，诸大人与王密议欲诛，事泄。苏文悉集部兵，若将校阅者，并盛陈酒馔于城南，召诸大臣共临视。宾至，尽杀之，凡百余人。驰入宫，弑王……"[②] 与高丽王密谋的诸大人，未知是否包括其他四部的首领，但当时泉盖苏文是在平壤城南检阅他的部兵却是事实。如果盖苏文从高丽东部调发军队开进京城让高丽王检阅的话，有可能引起高丽王和其他诸部大人的警惕和戒备，而盖苏文之所以政变成功，就是因为他是在高丽王和其他大臣毫无提防的情况下突然袭击而得手的，这从侧面表明盖苏文的部兵当时就在平壤附近驻扎（具体原因史书没有提及），则盖苏文当时住在平壤的可能性也就很大了。既然如此，那么高丽北部、南部的首领是否也在京城安家也值得怀疑。退一步讲，即使高延寿、高惠真不是住在京城，而是因为盖苏文在战争期间强迫他们的家眷集中在平壤居住，那么，根据盖苏文平时上下马都要命令"贵人武将伏地而履之"来推断，他在战争期间把贵臣的家眷安置在京城，作为防备他们降唐的人质，也并不奇怪。黄约瑟先生所说的高丽"某种中央集权措施未定"令人费解。

其实，高延寿、高惠真投降的原因并不复杂，就是因为战败。根据《三国史记》的记载，二高在战争开始时拥有十五万之众，但是和唐军接战之后，一次就战死三万余人，高丽军队溃散。经过收拢残部，十五万的军队只剩下三万六千八百人。高丽军队的数量优势尽失，因而不得不"依山自固"。唐军又拆掉了通山的所有桥梁，把守所有出山道路。[③] 前文提到高丽法峻严，对于叛者或降敌者都要处死，籍没其家属，对于作战失败的将领也同样要斩首，惩罚极其残酷。所以二高即使不降唐，且不论他们是否可能突围而出，即使回到平壤，他们也难免被斩首。如果从人的心理角度来分析的话，二高在这样的情况下才不得不投降应该可以解释得通。

---

① 据《三国史记》卷49《泉盖苏文传》载："泉盖苏文凶残不道，诸大人与王密议欲诛，事泄。苏文悉集部兵，若将校阅者，并盛陈酒馔于城南，召诸大臣共临视。宾至，尽杀之，凡百余人。驰入宫，弑王……"可见，当时泉盖苏文是在平壤城南发动的政变，所以杀死大臣后，能够随即入宫弑王。

② 《三国史记》卷49《泉盖苏文传》。

③ 《三国史记》卷21《高句丽本纪第九》。

（三）唐太宗坑杀靺鞨人的原因

黄约瑟先生认为高丽某种中央集权措施未定，所以战斗时常以靺鞨兵居前，又推断："高氏二人（按：指高延寿、高惠真）战后获升迁，而靺鞨三千多人却遭活埋，可能是因为高句丽与靺鞨联军在这一役中，在是否应降唐的问题上，曾出现过分裂。"这些推论非常新颖，反映了黄先生思维的敏捷和思路的开阔，但很遗憾没有足够的论据支撑。

另有一种观点认为："以唐太宗在战争中优待俘虏之惯例，很难解释此一反常态之举（指坑杀事件）。只因黑水靺鞨（其北部）原已归附于唐，却又叛逃高句丽，太宗才会'悉坑杀之'，以为后来者戒。"[①] 黑水靺鞨早在贞观二年（628）就臣附了唐朝，但在唐太宗征高丽的时候，黑水靺鞨北部地区脱离黑水靺鞨，投靠了高丽，与唐为敌，这不能不让唐太宗恼怒。[②] 尽管不能确定被坑杀的三千多靺鞨人是否为叛逃高丽的全部，但这个观点比较令人信服。

需要补充的是，靺鞨兵在作战中给唐军造成了较大的损失，触怒了唐太宗，应当是其遭坑杀的一个重要原因。在唐军刚渡辽水时，李勣曾俘虏了泉盖苏文派遣戍守盖牟城的七百人，被俘的人"并请随军自效"，即为唐军效力。但太宗谓曰："谁不欲尔之力，尔家悉在加尸，尔为吾战，彼将为戮矣！破一家之妻子，求一人之力用，吾不忍也！"于是把他们全部放还。[③] 这说明唐太宗并非滥杀之人。而史称靺鞨"性凶悍，无忧戚"，"尤称劲健，每恃其勇，恒为临境之患"，[④] 所以高丽在战斗时常以靺鞨兵作为先头部队。[⑤] 当高延寿、高惠真率众增援安市城时，唐太宗甚至认为，如果高丽按兵不动，而派靺鞨兵掳掠唐军牛马，是高丽军的上策。[⑥] 这从侧面反映出靺鞨兵骁悍、善掳掠的特点，也在一定程度上透露出唐太宗对靺鞨兵的头疼和厌恶。所以，笔者认为，叛唐附高丽，与唐为敌，给唐军以挫创乃是靺鞨兵遭唐太宗坑杀的直接原因。

---

① 蒋非非、王小甫等：《中韩关系史（古代卷）》，第94页。

② 《新唐书》卷219《黑水靺鞨传》。

③ 《旧唐书》卷199上《高丽传》。

④ 《旧唐书》卷199下《靺鞨传》。

⑤ 《旧唐书》卷199上《高丽传》。

⑥ 《资治通鉴》卷198，太宗贞观十九年六月丁巳条。

二、高文简、高拱毅降唐及降唐原因

在第二章中，笔者在对是否另有高丽国进行论述的时候，提到过开元三年（715）从突厥来降唐的高丽莫离支高文简、大酋高拱毅等人。即，是年突厥“十姓部落左厢五咄六啜、右厢五弩失毕五俟斤及子婿高丽莫离支高文简……等各率其众，相继来降，前后总万余帐。制令居河南之旧地。授高文简左卫员外大将军（正三品武职事官），封辽西郡王（从一品爵）”，[①]“拱毅为左领军卫将军（从三品武职事官）兼刺史、平城郡公（正二品爵）”。[②]

高文简等降唐之时，高丽国作为一个政治实体已消亡近五十年。但许多年后，却出现高文简任莫离支（莫离支为高丽独有之官称）这一事实，并且高文简为突厥默啜可汗之婿，与其一起在突厥的还有“高丽大酋”，说明他们同当时“控弦四十万”的后突厥保持着密切的联系。前文已对高丽国现象进行了探讨，不再赘述。后突厥默啜可汗统领的这些部众一时间纷纷降唐，原因何在？

胡三省认为：“时默啜既破突骑施，不能抚安，西突厥十姓故来投。”[③]默啜破突骑施的时间发生在唐中宗景龙三年（709），由于突骑施首领娑葛之弟遮弩“根所分部落少于其兄，遂叛入突厥，请为乡导，以讨娑葛”。默啜遣兵两万人讨娑葛，“擒之而还”。随后默啜杀遮弩与娑葛。[④]胡三省所说的“默啜破突骑施”当指此。然而，胡氏说其“不能抚安”，则似指默啜兼并了突骑施的部众，却没有安抚好这些人，所以这些本属于突骑施的西突厥十姓叛离默啜归唐。

按：胡氏的说法似没有点中要害。

据《旧唐书·突厥传下》记载，默啜杀遮弩与娑葛后，娑葛手下部将苏禄纠集余众，自立为可汗。而苏禄“颇善绥抚，十姓部落渐归附之，众二十万，遂雄西域之地”。这一记载反映出如下信息，即默啜打败娑葛后，并没有兼并娑葛所辖的西突厥十姓。因为一方面史书对默啜兼并突骑施之事没有片言记载；另一方面，如果有兼并之事，史书在记载此后“十姓部落

① 《旧唐书》卷194上《突厥传上》。
② 《新唐书》卷215上《突厥传上》。
③ 《资治通鉴》卷211，玄宗开元三年二月条胡注。
④ 《旧唐书》卷194下《突厥传下》。

渐归附之（指苏禄）”这样非常重大的事件的同时应当记载西突厥十姓是叛默啜而归附苏禄的，因为这无论是对突厥默啜还是对突骑施苏禄来说都是很重要的事情。所以，胡三省的观点似难成立。开元三年（715），唐玄宗还制授苏禄为左羽林军大将军、金方道经略大使，进为特勒，并遣侍御史解忠顺赍玺书册立为忠顺可汗。苏禄与唐的关系如此融洽，其控制下的西突厥十姓在此情况下也不会叛入唐朝。所以，叛默啜而入唐朝的不是突骑施所辖的西突厥十姓，而是默啜统领的西突厥部众。

笔者认为，默啜辖下的西突厥十姓降唐原因有二：

其一，默啜自视其国“自颉利之后最为强盛”，“其地东西万余里，控弦四十万”，因而“自恃兵威，虐用其众”，随意征役归附于他的契丹、奚、葛逻禄等族，致使其辖下的外族酋帅苦不堪言，臣属部下甚至包括其子婿都离心离德。加上“默啜既老”，精力不济，无法如以往那样严密统驭诸部，故“诸部落渐逃散”。①

其二，唐朝的诱降政策成功瓦解了后突厥的内部力量。开元二年（714），默啜遣其子移涅可汗及同俄特勒、妹婿火拔颉利发石阿失毕率精骑围逼北庭。因同往的默啜之子同俄特勒被唐军捕斩，默啜的妹婿火拔颉利发害怕无法向默啜交代，竟不敢面见默啜，反而归降了唐朝，这从侧面反映出默啜之暴戾与部众的离心离德。而唐朝不但赦免了火拔颉利发的侵犯之罪，且以颇隆重的礼节接待他；不仅封其为左卫大将军燕北郡王，还封其妻为金山公主。② 这正是唐向默啜的其他部众抛出的招降诱饵。一边是唐朝的高官厚禄，一边是默啜的虐用其众。于是，在火拔颉利发降唐的当年九月，葛逻禄等部落诣凉州降。③ 十月，突厥十姓胡禄屋等诸部诣北庭请降，唐派专使负责妥善安置。④ 次年（715）二月，作为默啜女婿的高文简等也离之而去。⑤“突厥十姓降者前后万余帐。”⑥

唐对突厥十姓的成功诱降，是唐玄宗经营边陲事务极富色彩的手笔。虽然史书记载高文简、高拱毅等降唐时，一同归附的人“前后万余帐”，但其中是否有高丽人、有多少高丽人却没有说明。如果有的话，那么这些高丽人

---

① 《旧唐书》卷194上《突厥传上》。
② 《旧唐书》卷194上《突厥传上》。
③ 《资治通鉴》卷211，玄宗开元二年九月条。
④ 《资治通鉴》卷211，玄宗开元二年十月条。
⑤ 《资治通鉴》卷211，玄宗开元三年二月条。
⑥ 《资治通鉴》卷211，玄宗开元三年正月条。

从此也成为唐朝的编户了。

三、沙吒忠义的族出及事迹考——兼及沙吒相如的仕唐事迹

仕唐蕃将沙吒忠义，屡见于两《唐书》、《资治通鉴》等史书记载，早在十几年前，章群先生、马驰师就分别在各自的专著中对沙咤忠义的“族出百济”和部分事迹有所涉及，[①] 在1996年韩国忠南大学校召开的百济史国际学术讨论会上，马驰师再次提到了沙咤忠义的问题，引起与会学者的关注。韩国的卞麟锡教授与马驰师屡有交往，他在其专著中对沙咤忠义也作了简介。[②] 鉴于沙咤忠义在武则天、唐中宗时代的军事、政治舞台上曾扮演过重要角色，有必要对沙咤忠义的仕唐事迹进行概述，以期抛砖引玉。（笔者在西安攻读硕士学位的时候，曾与马驰师合作，对沙咤忠义的族出与事迹进行过初步探讨。[③]）

（一）关于沙咤忠义的族出

古今学者在沙咤氏和沙咤忠义的族属问题上颇多枝节，至少有五种说法：“北蕃舍利部大人”说、“代北复姓”说、“沙陀”说、“契丹猛将”说和“百济”说。

“北蕃舍利部大人”说见于唐人林宝的《元和姓纂》。该书称：沙咤（吒）氏出自“北蕃酋帅舍利部大人，因氏焉。龙朔中，右威卫大将军沙咤阿博曾孙葛丹兼御史大夫赐姓李史名奉国，从兄弟澄，武卫大将军”。[④] 但南宋史学家郑樵发现《姓纂》记载有严重错误，他认为所谓“沙咤阿博”乃“舍利阿博”之讹。[⑤] 前贤岑仲勉先生亦通过考证认为：“验诸《通志》，乃知此（按：指沙咤）乃‘舍利’之文，否则不得云‘因氏’也。”[⑥] 其实，正史中也有不少资料可辨《姓纂》之误。如两《唐书·李光进传》及附传均称葛旃（即“丹”）姓舍利，为中晚唐时代的名将铁勒阿跌部出身的

---

① 章群：《唐代蕃将研究》，台北联经出版事业公司，1985年；马驰：《唐代蕃将》，三秦出版社，1990年。

② ［韩］卞麟锡：《唐长安의新罗史迹》，［韩］亚细亚文化社，2000年。

③ 马驰、姜清波：《沙咤忠义的族出与事迹考》，载《春史卞麟锡教授停年纪念论丛》，［韩］大山印书社，2000年。

④ 林宝：《元和姓纂》卷5《沙咤氏条》。

⑤ 《通志》卷29《氏族五》。

⑥ 岑仲勉：《元和姓纂四校记》，商务印书馆，1948年，第411页。

李光进、李光颜兄弟的姐夫，并云舍利葛旃“善骑射”，“光进兄弟少依葛旃，因家于太原”。[①]“北蕃”通常为分布于大唐北边的东突厥（或后突厥）、铁勒等北方民族的代称，唐太宗平定东突厥后，曾以舍利部置舍利州，隶于云中都督府（治今内蒙古和林格尔县西北土城子）。[②]可知舍利阿博、舍利葛旃（即李奉国）、舍利澄族出突厥舍利部贵姓，与沙咤氏无涉，只是由于《姓纂》资料错置，才将二姓混为一谈。

附带指出两点：一是章群先生在断沙咤氏族出百济（按：这无疑是正确的）的同时，却又认为阿博一系为百济人，于理未安。二是突厥舍利氏虽同三韩人无瓜葛，却是唐渤海国王室的本源。据《新唐书·渤海靺鞨传》记载：渤海郡国的缔造者大祚荣之父的姓名为舍利乞乞仲象。乞乞仲象应来自突厥舍利部落，原为颉利可汗的右部之一。因此，渤海王室大氏，既非靺鞨，更不是“高丽别种”。[③]

“代北复姓”说出自《通志》。该书将长孙氏等144个复姓统归入“代北复姓”条下，且认为其中的契苾、阿跌、仆固、高车、哥舒、执失、舍利、沙叱、沙陀、苏农、似和、跌跌、大拔、啜剌等共十四姓，“并唐朝归化”。[④]这里需要说明的是，魏晋以降的“代北复姓”，主要是指“五胡”种的匈奴、鲜卑等民族；而唐代新归化的“代北复姓”，则专指突厥、铁勒等汉化倾向浓重者。显而易见，《通志》将沙咤氏归入其中，依然未跳出《姓纂》所误置的“北蕃”怪圈。

在《姓纂》把不相干的“沙咤”、“舍利”二氏合而为一的同时，在“沙陀氏”条下，系入“神龙骁卫大将军郕国公沙陀忠义”的内容。（按：武则天、唐中宗时期的郕国公为沙咤忠义，忠义为沙陀氏说，错误显然。）

而有学者称沙咤忠义为“契丹猛将”，[⑤]此说实际上没有史载依据。

其实，沙咤氏和沙咤忠义不论氏族出东、西突厥说，还是“契丹猛将”说，统统是错误的。马驰师早在20世纪80年代初在为写《唐代蕃将》积累资料时，就发现多条有关沙咤氏族源的文献。如于武则天晚年曾数度拜相的李峤，就至少撰有两道与沙咤忠义有关的制诰传世，并透露了忠义的族

---

① 《旧唐书》卷161、《新唐书》卷171《李光进传》及附《李光颜传》。

② 《新唐书》卷43下《羁縻州》。

③ 马驰：《李光弼》，陕西师范大学出版社，1996年，第13页。

④ 《通志》卷25《氏族一》。

⑤ 李鸿宾：《唐朝朔方军研究——兼论唐廷与西北诸族的关系及其演变》，吉林人民出版社，2000年，第72页。

出。其《封右武威卫将军沙吒忠义郕国公制》称：

> 清边中道前军总管、冠军大将军、行右武威卫将军、上柱国、眉山郡开国公沙吒忠义，三韩旧族，九种名家，夙奉戎麾，遂参文卫。蕃夷豕荐，虏骑蜂屯。频出奇谟，屡摧凶党。昔临雁塞，能羁缚马之妖；今拒狼河，更剪奔鲸之孽。勤功允著，诚效克宣。宜酬矢石之劳，用广山河之赋。可封郕国公，食邑三千户。①

上引明确指出沙吒忠义来自“三韩旧族，九种名家”。所谓“三韩”，乃借指高丽、百济、新罗三国；所谓“九种”，是指今朝鲜半岛、日本列岛和中国东北的延边地带，在古代曾居住分布众多的“东夷”；所谓“旧族”、“名家”，则谓沙吒忠义来自三韩的贵族、贵姓之家。又，李峤《授沙吒忠义等官爵制》称忠义“辽东壮杰，名盖于狼河”。辽东泛指“三韩”，狼河谓辽水或高丽旧郡所置狼川郡。

总之，沙吒忠义原为“三韩”人，已确定无疑。那么，又如何能断定其为三韩之一的百济人？理由有二：一是根据两《唐书·刘仁轨传》等载：在唐朝占领军镇压百济余部反抗时，与黑齿常之一道降于刘仁轨的还有“百济首领沙吒相如”。② 可见，沙吒氏为百济豪族土著。二是根据《隋书·百济传》等载：百济“国中大姓有八族”，而沙氏则列为“八族”之首。百济王室“扶余氏”屡被正史简称为“余”，③ 由此推断，沙吒氏为百济八大贵姓之首的沙氏是有可能的。

（二）试说沙吒忠义家世的间接信息

由于沙吒忠义正史无传，有关他的家世，只能从一些间接资料中捕捉到某些信息。

沙吒忠义首次见于正史记载的时间为武则天长寿三年（694）。是年三月，女皇命内宠薛怀义为朔方道行军大总管，率领十八将军去遏止突厥可汗阿史那默啜对灵州（治今宁夏灵武县西南）的侵犯。④ 在这之前有关沙吒忠义的直接信息，史书中竟无只字报道，而涉及百济沙吒氏的，也仍只有上述的龙朔三年（663）降唐的“百济首领”沙吒相如。现全录《实录》中的一段有关相如的史料，或者可以从中推测到沙吒忠义家世的某些消息：

---

① 《文苑英华》卷416《中书制诰》。

② 《旧唐书》卷84《刘仁轨传》。

③ 《魏书》卷100；《周书》卷49；《北史》卷94《百济传》。

④ 《资治通鉴》卷205，武则天延载元年三月甲申条。

> 刘仁轨为带方州刺史，与熊津道行军总管孙仁师、都督刘仁愿大破百济，惟贼帅迟受信据任存城不降。先是百济首领沙咤相如、黑齿常之自苏定方军回后，鸠集亡散，各据险以应福信。至是率其众降。仁轨谕以恩信，令自领子弟以取任存城。又欲分兵助之。仁师曰："相如等兽心难信，若授以甲仗，是资寇兵也。"仁轨曰："吾观相如、常之，皆忠勇有谋感激之士，从我则成，背我则灭，因机立效，在于此日，不须疑也。"于是给其粮仗，分兵随之。遂拔任存城，迟受信弃其子，走投高丽。于是，百济之余烬悉平，仁轨［愿］与仁愿［轨］振旅而还，诏仁轨代仁愿率兵镇守。①

这条资料向我们透露了以下信息：①沙咤相如排在以后成为入唐名将的黑齿常之之前，可见相如在故土的社会地位高于常之。而常之原为百济的"达率兼郡将"，② 相如原官职当不低于常之。②沙咤相如与黑齿常之反戈一击，最终结束了长达三年的百济余部的反叛，因之同立不世之大功。由是，常之累迁沙泮州刺史、左领军将军兼熊津都督府司马，爵封浮阳郡开国公。③ 既然在论功时相如在常之前面，相如在唐于百济故地所置的羁縻府州中的官封，亦不可能低于常之。③沙咤相如与黑齿常之同为刘仁轨最为信任的百济"忠勇有谋感激之士"。有迹象表明，常之的入唐和发展，得益于已为宰相的刘仁轨的推荐。④ 既然相如亦为仁轨的爱将，因仁轨招引而入仕唐朝本土，将不无可能。④黑齿常之入唐后，"隶为万年县人"。万年为唐都长安城两县之一，如果沙咤相如入唐为官，其新籍贯亦当隶属于京师的两县之一（长安县或万年县）。联想到相如曾"领子弟以取任存城"，假若真有他入籍长安此事，其子弟亦当然会随至京城，籍贯于长安县或万年县。有记载的京师中姓沙咤（吒）的人极为罕见，除平时在京、战时被遣出征的沙咤忠义外，还有肃宗时讨"安史之乱"新立功、"恩宠殊等"的"蕃将沙咤利"（有关沙咤利的事迹，下文将有介绍），其宅第则在万年县的道政坊附近。⑤ 由于沙咤为京城中的稀姓，沙咤忠义、沙咤利为沙咤相如子孙后裔，亦极有可能。⑤黑齿常之约在上元三年（676）入唐，以60岁暴终于永昌

---

① 《册府元龟》卷405《将帅部·识略四》。

② 《旧唐书》卷109《黑齿常之传》。

③ 李希泌：《曲石精庐藏唐墓志》25《燕国公黑齿常之志》。

④ 马驰：《〈旧唐书·黑齿常之传〉补阙及考辨》。

⑤ 《太平广记》卷485《柳氏传》。

元年（689），而其子黑齿俊则以31岁病卒于神龙二年（706），[①] 也就是说，常之约在47岁左右即在其入唐前后时才得子。沙吒相如与黑齿常之为同辈人，估计年龄不会相差太大。如果两人同时入唐，且假定忠义即相如之子，鉴于长寿三年（694）即在黑齿俊年纪18岁时，忠义就已官至将军，可推知忠义应出生于百济本土，其年龄要比黑齿俊大得多。

在唐代，一个武官要熬到将军的位置，实在难乎其难。除了要靠战功迁升，其门资背景更不可忽视。黑齿俊的生父黑齿常之有那么大的声望，其子临终前也不过混到中郎将的官位。而沙吒忠义早在黑齿俊官擢中郎将的十三年前，就已是青史留名的“十八将军”之一了。这一方面表明其在早期的军事活动中曾屡立战功；另一方面更透露出他出身于一个显赫的蕃将世家，而此家族在唐的鼻祖舍沙吒相如又能其谁呢！

（三）沙吒忠义的军事活动

自武则天长寿三年（694）迄唐中宗神龙二年（706），沙吒忠义曾率军参加过四次对后突厥和契丹的军事行动。据正史记载，似乎战绩都不佳，但我们不能仅仅根据战斗结果来评价一名将领，而应当把其放在当时的客观环境中进行观察。试说如下：

1. 参与遏止公元694年后突厥对灵州的入侵

后突厥阿史那默啜一即位即谋南下。长寿三年（694）初，“始攻灵州，多杀略士民”。由于朝廷认真备战，以女皇挚爱亲信为行军统帅，以宰相为行军司马，以蕃汉著名将领如李多祚（靺鞨人）、契苾明（铁勒人）、沙吒忠义等将军分统十八路大军征讨，先声夺人，所以入寇者闻风遁逃，虽然“不见虏，还”，[②] 但却起到了兵不血刃而边患解除的上好效果。

2. 以清边中道前军总管的身份参加对契丹反叛势力的镇压

万岁通天元年（696），营州契丹松漠都督李尽忠和内兄归诚州刺史孙万荣举兵造反。叛军攻陷营州（治今辽宁朝阳市），杀都督赵文翙，攻城略地，所向皆下。乃至进围檀州（治今北京密云县），攻破冀州（治今河北冀县），并在黄麞谷（在今河北卢龙县西）战役中全歼迎战的官军。复于东峡石谷（在今河北卢龙县东）战役致官军主帅王孝杰战殁。

为刹住叛军不可一世的气焰，武则天于万岁通天二年（697）四五月间，在既遣河内王武懿宗为神兵道行军大总管后，又以御史大夫娄师德为清

① 《曲石精庐藏唐墓志》30《黑齿俊墓志》。
② 《新唐书》卷215上《突厥传上》。

边道副大总管，右武威卫将军沙咤忠义为清边中道前军总管，率兵二十万讨契丹。[①] 与此同时，突厥默啜可汗也以援兵为官军助战，竟剿了契丹在营州西北400里修筑的新城据点。被契丹叛酋挟持造反的奚族兵众更反戈一击，为朝廷效力。就这样，仅用了两个月的时间，就平定了长达三年的契丹反叛势力。虽然正史中对沙咤忠义的战绩语焉不详，但战后论功行赏时，朝廷盛赞他“频出奇谟，屡摧凶党”，还追述其过去在代北地区备御后突厥的功劳“昔临雁塞，能羁缚马之妖”，并进一步表彰他能再立新功“今拒狼河，更剪奔鲸之孽”。由于“勤功允著，诚效克宣”，所以爵封由眉山郡开国公（正二品爵）升为郕国公（从一品爵）。[②] 唐朝前期爵封制度不封异姓王，非宗室出身的“国公皆特封”，[③] 所以沙咤忠义当是因为战功卓著而受加封。地位能升至国公，可以说是封爵达到了光辉的顶点。

3. 兼两道行军总管，追蹑北遁蕃寇

圣历元年（698）八月，后突厥默啜率众袭靖难（在今陕西彬县）、平狄（在今山西代县）、清夷（在今河北怀来县）等军，靖难军使慕容玄崱竟率该军5000兵众投降后突厥。“贼军由是大振”，“进寇妫（治今河北涿鹿县西南）、檀（治今北京密云县）等州”。为抗御内寇北蕃，武则天命司属卿、高平王武重归为天兵中道大总管，右武威卫将军沙咤忠义为天兵西道前军总管，幽州都督张仁亶为天兵东道总管，“率兵三十万，以讨默啜”。[④] 诸路大军尚未来得及开赴前线，默啜就已攻破蔚州飞狐（今河北涞源），并进攻定州（今河北定县），杀刺史孙彦高，复攻围赵州（今河北赵县），入城杀刺史高睿，兵锋直达相州（治今河南安阳市）。由于河北危急，“诏沙咤忠义为河北道前军总管，李多祚为后军总管，将军嵎夷公福富顺为奇兵总管，击虏”。又拜新立皇子为行军大元帅、宰相狄仁杰为副元帅，率将军扶余文宣（百济人）等六子总管，浩浩荡荡进军河北。“默啜闻之，取赵、定所略男女八九万悉坑之，出五回道（在今河北易县西南）去。”[⑤] 及至朝廷大军赶至，默啜早已遁走。史称“沙咤忠义等但引兵蹑之，不敢逼”。连副元帅狄仁杰“将兵十万追之”也“无所及”。[⑥] 时默啜兵锋正锐，且突厥铁

---

① 《册府元龟》卷986《外臣部·征讨五》。

② 《文苑英华》卷416《封右武威卫将军沙咤忠义郕国公制》。

③ 《旧唐书》卷43《职官志二》。

④ 《册府元龟》卷986《外臣部·征讨五》。

⑤ 《新唐书》卷215上《突厥传上》。

⑥ 《资治通鉴》卷206，武则天圣历元年九月癸未条。

骑来去如风，所向无敌，故“河朔诸州怖其兵威，不敢追蹑”①。在一派恐敌氛围中，仅有沙咤忠义和宰相狄仁杰敢于引兵追蹑敌后，这在当时的形势下，亦算难得。

4. “鸣沙之役”惨败，沙咤忠义坐此免官

公元698年之后，沙咤忠义的军事活动史书缺载。但宰相李峤所撰《授沙咤忠义等官爵制》透露：这时的忠义，主要在“右奉宸卫内供奉”，即宿卫宫禁。奉宸卫又称为千牛卫，有大将军一员，正三品；将军各二员，从三品；中郎将各二人，正四品下。千牛将军之职，掌宫殿侍卫及供御之仪仗，而统其曹务。② 除了宿卫宫禁外，沙咤忠义还曾“轻赍绝险，以应青丘之别军”。青丘，地名。据《山海经·大荒东经》载，在中国的东方有一个“青丘之国”。综合考古资料推断，原始时代的青丘国，当即今山东广饶城南附近的傅家遗址。③ 唐太宗贞观二十二年，就命令薛万彻为“青丘道行军大总管”，率甲士三万自今莱州（今山东莱州）泛海伐高丽。沙咤忠义之“应青丘之别军”，大概是清剿契丹叛党余部。由于“屈指告捷，未待于经年”，所以受到朝廷褒奖并迁官转职。④ 到唐中宗复位后，沙咤忠义官职的迁升，更达到了其一生职履的顶峰；在“鸣沙之役”之前，官至骁卫大将军（正三品武职事官，统领宫廷警卫）、灵武军大总管。然而，由于神龙二年（706）的“鸣沙之役”惨败，自是沙咤忠义地位一落千丈。

据《通鉴》等载，神龙二年十二月己卯，“突厥默啜寇鸣沙，灵武军大总管沙咤忠义与战，军败，死者六千余人。丁巳［辛巳］，突厥进寇原、会等州，掠陇右牧马万匹而去。免忠义官”。⑤（按：灵武军大总管应为朔方节度使的前身，灵武军大本营当在今宁夏灵武县西南。其大总管所统诸军应主要为备御突厥而设；从西、北两个方向构成保护京师不受突厥骚扰的重要军事屏障。该军具有举足轻重的战略地位。鸣沙，即鸣沙县，在今宁夏青铜峡西南黄河东岸丰安县故城；原州，治所在今宁夏固原县；会州，治所在今甘肃靖远县。）

关于唐军“鸣沙之役”惨败的原因，在次年正月右补阙卢俌的上疏中，曾作过一些分析。他认为：“蕃将沙咤忠义等身虽骁悍，志无远图。此乃骑

---

① 《资治通鉴》卷206，则天圣历元年九月癸未条胡注引《统纪》。
② 《旧唐书》卷44《职官志三》。
③ 景以恩、颜华：《齐地青丘之国与广饶傅家遗址》，载《管子学刊》，1996年第4期。
④ 《文苑英华》卷416《封右武威卫将军沙咤忠义郕国公制》。
⑤ 《资治通鉴》卷208，中宗神龙二年十二月条。

将之材，本不可当大任。”这是从忠义的个人修养、自身条件的局限找战役失败的原因，也间接批评了朝廷的选帅不当。卢俌进而指出沙吒忠义的直接责任：“鸣沙之役，主将先逃。……中军既败，阵乱矢穷。义勇之士，犹能死战。”可见，鸣沙之役中，沙吒忠义作为主将，竟临阵率先逃脱，以致造成麾下将士的重大牺牲和原、会等州的劫难。

尽管沙吒忠义对鸣沙之败难辞其咎，但不能以某一次战役成败论英雄。战争双方实力对比的悬殊、战场形势的瞬息万变，都极大地影响着战局。尤其是沙吒忠义面对的是凶悍的突厥骑兵，早在隋末时，李渊就对其“惟恃骑射”、“风驰电卷”、“与之角战，罕能立功”深有感触。[①] 敌强我弱的客观条件，大概是鸣沙之役惨败的主要原因。卢俌认为沙吒忠义是“骑将之材”而不是帅才，且对其既往的作战“骁悍”给予肯定，这种评价是比较中肯的。

（四）沙吒忠义之死

沙吒忠义被免去灵武军大总管职务之后，被降级使用，以将军身份在宫禁宿卫。政治失意又不甘寂寞的忠义，半年后，因参加了一次不成功的宫廷政变而命丧无常。

中宗景龙元年（707）七月辛丑，在长安太极宫发生了一起宫廷政变，《通鉴》比较详细地记述了政变的过程：

> 太子与左羽林大将军李多祚、将军李思冲、李承况、独孤祎之、沙吒忠义等，矫制发羽林千骑兵三百余人，杀三思、崇训于其第，并亲党十余人。……太子与多祚引兵自肃章门斩关而入，叩阁索上官婕妤。……多祚先至玄武楼下，欲升楼，宿卫拒之。多祚与太子狐疑，按兵不战，冀上问之。宫闱令石城杨思勖在上侧，请击之。多祚婿羽林中郎将野呼利为前锋总管，思勖挺刃斩之，多祚军夺气。上据槛俯谓多祚所将千骑曰：“汝辈皆朕宿卫之士，何为从多祚反？苟能斩反者，勿患不富贵。”于是，千骑斩多祚、承况、祎之、忠义，余众皆溃。[②]

自武则天神龙元年（705）迄玄宗开元元年（713），在不到十年的时间内，洛阳和长安曾先后发生过四次宫廷政变。第一次旨在逼武则天退位，复辟李唐；第二次是为了清君侧，铲除凌乱朝政的后党；第三次拥立了睿宗复

---

① 《大唐创业起居注》卷1。
② 《资治通鉴》卷210，中宗景龙元年七月辛丑条。

位；第四次排除了太平公主干政，玄宗坐稳了皇帝宝座。四次政变中有三次获得成功。沙吒忠义参加的第二次政变以失败告终。这次政变之所以失败，原因之一是缺乏高人幕后策划和支持，加之仓促起事，未来得及充分酝酿和准备。四次政变虽然属于上层统治者内部矛盾性质，但都有诸多积极意义。如果没有这些繁多的变数，不只李唐复辟不能水到渠成，“开元盛世”的局面亦将推迟出现。特别应指出的是，四次政变都有蕃将的发动和参加，仅李多祚（靺鞨人）就发动过两次。至于百济裔沙吒忠义，从其与李多祚屡为战场上的搭档，同时又来自唐帝国东北境内外来判断，他一定也参加过为李唐反正的首次政变。沙吒忠义等参与朝廷上层的权力争夺，标志着蕃将们的政治觉醒，他们不再满足于从事单纯的军事活动，而要参政议政，以积极的角色置身于唐朝最高的政治舞台。关于三韩人参与宫廷政变的情况，后文有详细论述。

就才能和战功论，沙吒忠义当然要比名将黑齿常之逊色得多；但就政治觉悟而言，逆来顺受的常之又不能同忠义相提并论，“成者王侯败者寇”，设若政变成功，沙吒忠义的前途将不可限量，其对唐朝的贡献，又岂是黑齿常之可比拟的！

四、似先义逸事迹略论

有关似先姓氏，《古今姓氏书辩证》记载曰：“似先，高丽扶余种也。”并举例唐武德中有右骁卫将军似先英问。《陈儒传》记载：荆南监军朱敀攻杀节度使叚彦謩，僖宗遣中人似先元锡慰抚之。《李训传》也有记载：训尝遣中人似先希逸按边。[①] 似先英问的事迹不见于两《唐书》和《通鉴》记载，此可补阙。章群先生也认为似先为高丽姓氏；[②] 而对于似先义逸，马咏钟、张安兴先生曾撰文《唐似先义逸墓志考释》，[③] 对似先义逸以中使身份“奉使”和“莅职”的业绩与其志文中所隐藏的“甘露之变”的信息等进行了考释，文后并附似先义逸墓志铭全文（以下简称《似先义逸墓志》），今在诸先生成果的基础上作进一步探讨。

既然似先为高丽姓氏，而在武德年间已经有高丽人似先英问在唐朝任职，那么，似先氏高丽人是何时入中原的呢？关于此情况，上述文章均没有

① （宋）邓名世：《古今姓氏书辩证》卷22，“似先氏”条。

② 《唐代蕃将研究》，第60页。

③ 载《碑林集刊》，陕西人民美术出版社，1995年。

提及。根据《古今姓氏书辩证》记载：后魏时代的《官氏志》认为，似先氏改为似氏。[①] 则至少在后魏时代已经有姓似先的高丽人入居内地。到了唐代，这些高丽人中有入仕者似乎并不奇怪。但可以推测，这些早已入居中原的高丽人，生活习俗应该已经汉化了。

似先义逸历侍八朝。《似先义逸墓志》载："昔在贞元，入侍金门。"义逸生于德宗贞元元年（785），卒于宣宗大中四年（850）。由此可知，义逸幼年即入宫为宦，但入宫缘由不详。据《似先义逸墓志》载，义逸之父曾任随州长史。入宫后，似先义逸因"诚厚谨洁"而受赏识并不断擢升，历经德、顺、宪、穆、敬、文、武、宣八朝，先后任掖庭局盐作、琼林库使、掖庭局令等内府官职，并先后多次以中使身份巡边监军。[②]

有关似先义逸的婚姻家庭情况，据《似先义逸墓志》载，义逸有一妻五子四女。唐代宦官娶妻收养子的现象并不鲜见，如高力士开元初娶有姿色的吕氏为妻；[③] 李辅国娶妻，媒人竟是肃宗皇帝；[④] 大宦官杨复光乃常侍杨玄价之养子。[⑤] 当然，有资格娶妻收养子的宦官都须有相当的地位。有人认为，在唐代的上层宦官中几乎人人都有妻子。[⑥] 据志，似先义逸"藏诏书三百道"，表明其地位显赫。似先义逸之妻乃"奉天功臣"武卫将军范守珍之女。[⑦] 嫁给宦官的女子，尽管可以得到较高封赏，即"宦官之妻，多有因夫之贵而加封县君、郡君乃至国夫人称号者"，[⑧] 宦官之妻族，亦能因与权阉联姻的裙带关系而飞黄腾达，而宦之妻却成了其父在仕途上攀爬的工具。范氏与似先义逸的通婚，很可能就是乃父政治投机的牺牲品。这是唐代社会中与繁荣现象相伴共生的阴暗一面。

义逸所养五子，据志都是先后入宫的太监，"长曰元约，尝使北荒。实有奇节，为内府局令"，"次曰元刚、元礼，从公北讨，同立殊功，并命检校太子宾客兼监察御使；次曰元锡，尝使密侍，累迁内仆局令；次曰元绰，少为令人，超拜宫教博士"。从志文看，其五子都不是平庸之人，而似先元锡似乎

---

① （宋）邓名世：《古今姓氏书辩证》卷21《上声》。

② 马咏钟、张安兴：《唐似先义逸墓志考释》。

③ 《旧唐书》卷184《高力士传》。

④ 《旧唐书》卷184《李辅国传》。

⑤ 《旧唐书》卷184《杨复光传》。

⑥ 余华青：《中国宦官制度史》，上海人民出版社，1993年，第274页。

⑦ 《似先义逸墓志》。

⑧ 余华青：《中国宦官制度史》，第274页。

还深得僖宗皇帝器重。[1] 在唐初可能有过宦官不得养子的规定，[2] 而不论法令禁止限制还是舆论排斥反对，均未能遏制宦官养子的浪潮。在唐德宗正式肯定其合法性之前，宦官养子的现象早已普遍存在并蔚然成风，没有养子的上层宦官反倒十分罕见；宦官集团培植自身势力的需要，使得在唐德宗作出种种限定之后，有关限制性的规定形同虚设，未能够产生实际性的作用。[3]

唐代宗时期，似先氏家族还有女子嫁给当时的强盛国家回纥的可汗。据《册府元龟》记载，代宗大历九年（774）二月甲午，"许莲华寺尼悟空似先氏还俗，封沂国夫人，并赐实封一百户。似先氏，回纥可汗之妻母，故特宠之也"。[4]

以上资料反映了几个方面的信息：①似先氏家族到了唐代宗时期渐趋衰败，由于某种原因，其家族成员遁入空门；②受到本家女子嫁给回纥可汗的影响，其家族成员也得到唐朝的尊重。因为当时的回纥势力强大，而且恃帮助唐朝平灭"安史之乱"有功便为所欲为，甚至发展到了在光天化日之下杀人的地步，唐朝皇帝也让其三分，[5] 所以嫁给回纥可汗的似先氏的家族成员受到唐朝的特别关照，在一定程度上讲应当也是因为受回纥傲慢气焰的逼迫。这在唐朝前期是非常少见的现象，反映了唐朝中期国势衰落的趋势。似先氏于代宗大历九年（774）还俗，而似先义逸生于德宗贞元元年（785），由于史料的缺乏，此似先氏和似先义逸之间是否有较近的血缘关系，笔者不敢妄断，只有留待以后新资料的发现来作进一步研究了。

第二节　志石资料和笔记小说中所见的三韩人事迹考

一、高性文家族的事迹考

高性文、高慈（智捷）、高崇德为祖孙三代。有关此高氏家族的事迹未

---

① 《似先义逸墓志》。

② 据《新唐书·宦者传》载，唐末尽诛宦官之后，唐昭宗下诏裁抑宦官势力，"咸视国初故事，以三十人为员，衣黄衣，不得养子"。

③ 余华青：《中国宦官制度史》，第275页。

④ 《册府元龟》卷976《外臣部·褒异第三》。

⑤ 《资治通鉴》卷225，代宗大历九年九月壬寅条载："回纥擅出鸿胪寺，白昼杀人，有司擒之；上释不问。"

见史载，《大周故壮武将军行左豹韬卫郎将赠左玉钤卫将军高公（慈）墓志铭并序》[①]（以下简称《高慈墓志》）透露了他们的事迹。

据《高慈墓志》载，此高丽家族为高丽世袭贵族，而其姓氏乃因其先祖护国有功而赐姓。今录其有关志文如下：

> 先祖随朱蒙王平海东诸夷，建高丽国，已后代为公侯宰相。至后汉末，高丽与燕墓［慕］容战，大败，国几将灭。廿代祖密当提戈独入，斩首尤多，因破燕军，重存本国。赐封为王，三让不受，因赐姓高，食邑三千户，仍赐金文铁卷曰："宜令高密子孙，代代封侯。"……自高丽初立，至国破以来，七百八年，卅余代，代为公侯，将相不绝。

据志，高慈之曾祖式"本蕃任二品莫离支，独知国政，位极枢要"，祖量"任三品栅城都督位头大兄兼大相"，其父性文"本蕃任三品位头大兄兼将军"。按：莫离支，相当于中国的"兵部尚书兼中书令之职"。[②] 唐代的兵部尚书"掌天下武官选授及地图与甲仗之政令"，负责"中外百官之事"；中书令"掌佐天子执大政，而总判省事"。[③] 从权力范围来看，莫离支集高丽全国军政大权于一身；从品级上说，唐代兵部侍郎（唐太宗之后的尚书令为虚位）是正三品职事官，中书令是正二品职事官，而高性文的曾祖所担任的莫离支是高丽的二品。史书所说之莫离支和《高慈墓志》所说的二品莫离支有一致的地方。但从莫离支之职的设立时间来看，前文已经得出是泉盖苏文篡权时自立的官职；在泉盖苏文之前，正史中都没有莫离支情况的任何信息。而高慈墓志铭认为在其曾祖之时就已经有莫离支之称呼，这和史载不相符。据记载，在高丽，本来总掌国政的是大对卢，相当于一品，相当于正二品的官职是太大兄。[④] 高性文去世距离高丽国灭才三十几年，撰志人不可能不了解莫离支是因泉盖苏文而起的。

所以，上述高慈墓志铭中有关其曾祖二品莫离支的记录应当是谀墓文，是为死者溢美之词。这样做的目的是制造其家族的辉煌历史。唐人的墓志文中经常提及撰志的一个重要目的，即担心"山谷为陵"、"沧海桑田"的情况出现时，无人知晓他们这些长眠于此地的人的丰功伟业，故撰志以示不朽。当然，顺便渲染一下其家族业绩也就在所难免了。

---

① 《唐代墓志汇编》，第959页。
② 《旧唐书》卷199上《高丽传》。
③ 《新唐书》卷47《百官志二》。
④ 《旧唐书》卷199上《高丽传》。

高性文归唐与立功升迁情况，墓志有载。高性文之时，正值高丽泉男生兄弟爆发权力之争，泉男建排斥泉男生而专权，泉男生引唐军合讨泉男建。高性文在此情况下投降唐朝。志载高性文“预见高丽之必亡，遂率兄弟归款圣朝，奉总章二年（669）四月六日制，授明威将军行右威卫翊府左郎将”。由此可知，高性文与其兄弟降唐的时间，应是总章元年（668）唐灭高丽前后的时间段内。

据《高慈墓志》，总章二年（669）十一月，朝廷下制授高性文云麾将军（从三品武散官）行左威卫翊府中郎将（正四品下武职事官）。（此制未见于日本史学家池田温所编著的《唐代诏敕目录》。[1]）可能是灭高丽之后，唐朝对降附的高丽将领按军功或原官职高低进行封赏的结果。永隆二年（681）四月，高性文除左威卫将军（从三品武职事官）。高丽人入唐之后，许多将领被派往西部或北部边疆戍守征战。是年三月，右武卫将军曹怀顺率军征讨入寇的突厥阿史那伏念，行军途中招降薛延陀部落并与阿史那伏念大战。[2] 高性文此次除官或与此有关。光宅元年（684）十一月，困扰武则天的徐敬业叛乱平定。[3] 是月，高性文被封柳城县开国子，食邑四百户，则有可能是因高性文参与平定叛乱而立功受奖。后高性文“累奉恩制”，加授柳城郡开国公（正二品爵），食邑两千户。地位升至国公，说明其功勋卓著，达到仕途的顶峰。如其墓志所言：“桓子之狄臣千室，比此为轻；武安之拔郢三都，方兹岂重。”

高慈随父归唐时，年仅四五岁。志称其“少以父勋，回授上柱国（正二品勋官），又授右武卫长上（从九品下武职事官）”，其散职历任游击将军（从五品上）、宁远将军（正五品下）、定远将军（正五品上），可知高氏父子同在唐朝军队供职，他们的官衔也随着时间的推移而逐渐升高。高慈墓志铭对高性文父子在讨击契丹反叛上记录详细，一定程度上弥补了史书记载的不足。万岁通天元年（696）五月，高慈“奉敕差乂充泸河道讨击大使”。泸河，隋时属营州辖内，唐初归幽都管辖。据史载，万岁通天元年五月，契丹李尽忠、孙万荣举兵反，攻陷营州。武则天遣曹仁师、张玄遇、李多祚、麻仁节等二十八将军讨之。[4] 由是知高慈必为二十八将之一，此可补史阙。志载高慈“奉敕从行，缘破契丹功，授壮武将军（正四品下武散官）行左

① 三秦出版社，1991年。

② 《资治通鉴》卷202，高宗开耀元年三月条。

③ 《资治通鉴》卷203，则天后光宅九年十一月乙丑条。

④ 《资治通鉴》卷205，则天后万岁通天元年五月乙丑条。

豹韬卫翊府郎将（正五品上武职事官）”，因此“忝迹中权，立功外域”。但契丹败而复来，且昼夜攻逼，形势非常严峻。此时，高性文已官至左金吾卫大将军（正三品武职事官。左右金吾卫之职，掌宫中及京城昼夜巡警之法，以执御非违）、幽州都督（从二品职事官），高慈之任泸河道讨击大使当是朝廷欲以其父子合力讨击契丹反叛力量；另外，在幽州及附近地区，高丽人聚居较多。[①] 高性文与高慈领军与契丹奋战，可以鼓动、号召当地的高丽民众力量抗击契丹，也表明朝廷对其父子所寄予的信任与厚望。由于“地孤楦阔，根尽矢殚”，高性文、高慈父子战败被俘。由此也可见当时战斗的残酷与激烈。二人被俘后，“不屈于贼庭”，“视死犹生，志气弥励”，表现了忠于武周政权、捍卫国家统一的决心和气节。诱降不成的契丹反叛势力遂于万岁通天二年（697）五月二十日将高性文父子杀害于磨米城南。高慈时年三十三岁。

高氏父子竭诚尽忠于武周、宁死不屈于契丹反叛力量的壮举被奏至朝廷，武则天大为感动，特下此褒扬。志载：

> 故左金吾卫大将军、幽州都督高性文男智捷，随父临戎，殒身赴难。忠孝兼极，至性高于二连；义勇俱申，遗烈存于九死。永言丧没，震悼良深，宜加褒赠，式慰息壤，可左玉钤卫将军。……高性文父子忠鲠身亡，令编入史。[②]

圣历三年（700）腊月十七日，武周为高氏父子举行隆重的丧礼，安葬于洛州合宫县平乐乡之原。这也表明，高性文入唐后，在洛州合宫县平乐乡定居，所以死后归葬于洛州。这些信息为我们研究高丽人在唐朝的分布情况提供了线索。关于高慈的后代情况，志载有一子名高崇德，“年登小学，才类大成”，奉制袭父左豹韬卫翊府郎将之职，其他情况不详。

二、高玄事迹考

在抗击东北部契丹叛乱的战斗中，有高丽人高性文父子殉职；在北部抗击突厥侵扰的疆场，同样有高丽人奋战的身影，高玄就是其中之一。高玄，字贵王，其事迹史籍阙载，今据其墓志《周故冠军大将军行左豹韬卫翊府

① 唐太宗时所俘虏入唐的高丽人，至少有一万多在幽州被释放为平民，已见前述。

② 墓志铭如是记载，但观唐代史籍，并没有记载高性文父子事迹，此可补史阙。

中郎将高府君（玄）墓志铭并序》①（以下简称《高玄墓志》）考述其事迹。

关于高玄及乃祖入仕唐朝的原因及时间。《高玄墓志》云：

> 君讳玄，字贵王，辽东三韩人也。昔唐家驭历……而东夷不宾……公志怀雅略，有先见之明，弃彼遗氓，从泉男生而仰化；慕斯圣教，自东徙而来王。因而家贯西京，编名赤县。

辽东三韩，在此指的是高丽。东夷不宾，代指唐朝征讨高丽的战争。可以推知，高玄本为泉男生部下。在泉男生执掌高丽实权后，为安抚国内而出巡，有关背景已见前述，不复赘述。从志文可知，高玄当时随从泉男生出巡，泉男生与泉男建、泉男产兄弟内讧交战后，泉男生投奔唐朝，高玄也随之降唐。克平高丽之后，高玄定居长安。

志载高玄曾祖高宝，“任本州岛岛都督；祖方，任平壤城刺史；父廉，唐朝赠泉州司马，并三韩贵族，积代簪缨”。高丽平定之后，唐朝把高丽六十九万余户和百七十六城分成五部、九都督府、四十二州、百县，置安东都护府于平壤以统之。任命立功的高丽酋帅为都督、刺史、县令，“与华人参理”。高宝任本州岛岛都督，高方任刺史，可能都是因为在唐朝和高丽的战争中受到唐朝的嘉奖而获得封官。他们“积代簪缨”，即世代为贵族、酋领。而志文载录高玄之父高廉获赠官泉州司马，却没有记载他生前曾任何官职，当因他没有官职抑或官职很低，不值得大书特书，故其赠官极可能是因其父祖或其子有功回授而致。

在唐征高丽战役中，高玄功劳卓著。作为泉男生的拥护者，高玄在对泉男建军队作战时勇往直前，志载在大破平壤时，高玄“最以先锋，因之立功，授宜城府左果毅都尉总管”。宜城府隶属于襄州襄阳郡，为上府，② 上府果毅都尉为从五品下武职事官。③ 据《高玄墓志》所载高玄的卒年及卒龄推断，唐征讨高丽时，高玄约二十四五岁。因为智勇双全，表现出色，高玄还受到天子褒奖，“蒙受云麾将军（从三品武散官）本官如故”。高玄“一从征讨，十载方还”。此语表明，高玄入唐之后，尽管定居西京长安，但常年在外戍守、征讨，大约过了十年这样的生活，他才得以调回长安。垂拱二年（686）二月，高玄奉敕充任神武军统领。神武军，在代州雁门郡北部，

① 《隋唐五代墓志资料汇编·洛阳卷》，第6册，第214页。

② 《新唐书》卷40《地理志三》。

③ 《旧唐书》卷42《职官志一》。

又称大武军、大同军，调露二年（680）改称神武军。[1] 雁门临近突厥，是唐朝北方的军事要地，神武军是为防突厥而设。隋朝大业十一年（615），隋炀帝巡幸，就是在雁门被突厥骑兵围困。[2] 高玄是年担任神武军统领之事不见于史载，此可补史阙。在高玄被任命为神武军总管之前的时间内，突厥仍然连连侵扰武周。[3] 对高玄的任命说明其军事才能是得到武则天肯定的。垂拱三年四月，高玄因“大破贼徒”而授右玉钤卫中郎将（正四品下武职事官），查验史书，没有该时段的出兵记载，故“大破贼徒”可能是平定国内的骚乱事件。

永昌元年（689），高玄“奉敕差令诸州简高丽兵士，其年七月，又奉敕简洛州兵士，便充新平道（属雍州）左三军总管征行”。唐高宗灭高丽后，曾迁徙高丽遗民“于河南、陇右诸州”，[4] 则高玄即可能以其高丽旧民身份到这些州去招高丽兵。史载永昌元年（689）“九月，壬子，以僧（薛）怀义为新平道行军大总管，将兵二十万讨突厥骨笃禄”。[5] 《新唐书》载：“默啜犯塞，（薛怀义）拜新平、伐逆、朔方道大总管，提十八将军兵击胡。”[6] 据志，高玄此时为新平道左三军总管，可知高玄为薛怀义部下。其征简高丽兵士、洛州兵士，目的是用以征讨突厥。关于此次征讨的结果，史书、志文都没有说明。不过，据天授元年（690）薛怀义被封为右卫大将军、鄂国公、[7] 高玄授左豹韬卫行中郎将[8]推测，征讨当取得了较理想的战绩，因而将领们得到提升。

天授元年（690）十月二十六日，高玄病终于洛阳合宫之私第，年仅四十六岁。“大唐骁将、隆周壮臣、战必忘躯”的高玄结束了其戎马倥偬的一生。天授三年（692）迁厝于洛阳北邙之原。

从上文可见，高玄不仅在长安安家，而且在东都洛阳也有私第，死后葬地选择在洛阳，说明其对洛阳的重视程度较对长安为重。自后汉建武十一年城阳王刘祉葬于北邙山后，王侯公卿多选墓地于此，唐代诗人称之曰“何

---

① 《新唐书》卷39《地理志三》。

② 《隋书》卷4《炀帝本纪下》。

③ 《新唐书》卷4《则天皇后本纪》。

④ 《旧唐书》卷199上《高丽传》。

⑤ 《资治通鉴》卷204，则天后永昌元年九月壬子条。

⑥ 《新唐书》卷76《后妃传上》。

⑦ 《资治通鉴》卷204，则天后天授元年十二月辛未条。

⑧ 《高玄墓志》。

况北邙山，只近市朝路”。[①] 传说北邙为风水宝地，故民间有“生在苏杭，葬在北邙”之说，以致“北邙山头少闲土，尽是洛阳人旧墓。旧墓人家归葬多，堆著黄金无买处。天涯悠悠葬日促，冈坂崎岖不停毂”，[②]“春风草绿北邙山，此地年年生死别”，[③] 成为我国最为集中浩大的墓葬区。尽管北邙一直被古人视为死后的最佳安身之所，但是高玄死后在此安葬是否还有其他的原因？或许当时的社会背景，特别是政治环境——武则天定都洛阳，可以作为考虑的切入点。

武则天称制后，于光宅元年（684）迁都洛阳。她掌权期间，除了长安元年（701）十月至长安三年（703）十月住在长安外，都居住在洛阳。对国家来说，这是意味着政治中心转移的大事。京城迁移了，朝廷大臣们不可避免地要跟随帝王，在洛阳置办房产安家是必不可少的，所以，我们从许多出土墓志的记载上可以看到唐、武周的官员常常是埋葬在洛阳附近。

从上述入唐高丽人的埋葬地来看，泉氏家族、高性文父子等都葬于洛阳北邙山，政治原因可能是重要影响因素。而之所以迁都洛阳，有人认为武则天曾经在长安出家，避洛可以纵情荒淫享乐。[④] 陈寅恪先生则认为：“夫帝王之由长安迁居洛阳，除别有政治及娱乐等原因，如隋炀帝、武则天等兹不论外，其中尚有一主因……即经济供给之原因是也。”[⑤]

综上所述，武则天迁都洛阳是根据当时的政治、经济形势以及洛阳的地理位置因素而作出的选择，绝非仅仅为了避免王氏和萧氏阴魂的纠缠，更非单纯出于荒淫享乐的私欲。笔者更进一步认为，即使武则天定居洛阳主要是为了避免王氏和萧氏阴魂的纠缠以及为了享乐，也无可厚非。在“朕即国家”的时代，女皇和其他朝代的帝王一样，完全有权按照自己的意愿行事。实际上，武则天一直在按照自己的意愿做事，诸如大行酷吏政策，没有人可以阻挡住她。这是专制制度赋予她的权力，今人不宜用现世的标准来评价古人。后人要指责、反思的应是专制制度，而不应是武则天。更何况，武则天迁都洛阳有其积极意义，它既适应了政治上改朝换代的需要，又顺应了经济重心东移的历史趋势。[⑥] 在这样的局势下，朝廷大臣们又怎能不把洛阳作为

① 刘驾：《效陶》，《全唐诗》卷585。
② 王建：《北邙行》，《全唐诗》卷298。
③ 白居易：《相和歌辞·挽歌》，《全唐诗》卷19。
④ 岑仲勉：《隋唐史》，中华书局，1980年，第148页。
⑤ 陈寅恪：《隋唐制度渊源略论稿》，中华书局，1963年，第146页。
⑥ 张美华：《浅析武则天定都洛阳的原因》，载《历史教学》，2002年第12期。

他们的居住地和埋葬地的首选呢?

三、高足酉事迹考

与高性文和高玄等人一样，高足酉也是入仕于唐和武周的重要的高丽籍将领。两《唐书》及《资治通鉴》均无其事迹载录，其墓志《大周故镇军大将军高君（足酉）墓志铭并序》[①]（以下简称《高足酉墓志》）为后人记下了他的仕唐经历。

关于高足酉的入唐原因及时间，志曰：“君讳足酉，字足酉，辽东平壤人也。乃效款而往，遂家于洛州永昌县焉”，“唐总章元年（668）授明威将军（从四品下武散官），仍长上□，授守左威卫孝义府折冲都尉（正四品上武职事官），散官如故”。据志，高足酉属效款投诚而入唐，也就是说，他在唐朝平定高丽的战争中降唐，并于总章元年授职正四品武官官衔。折冲都尉，“掌领五校之属，以备宿卫，以从师役，总其戎具、资粮、差点、教习之法令”。[②] 对比前文所论的高丽其他酋领被授予的官阶，如高丽的南部大人、北部大人高延寿、高惠真被授予从三品的官职，高足酉被授予的从四品下的明威将军也是一个不低的官衔，他可能是李勣平定高丽时的九十八高丽降将之一。高足酉“族本殷家，因生代承，厝居雄番”，也说明其身份为高丽贵族。[③]

高足酉入唐后，“以勋庸见重，武烈称奇，出静边荒，入陪兰锜”。总章二年（669）授云麾将军（从三品武散官）行左武卫翊府中郎将（正四品下武职事官）。仪凤四年（679）授左领军卫将军（从三品武职事官）。永隆元年（680）制加勋上柱国（正二品勋官）。武则天执政后，永昌元年（689）制加右玉钤卫将军（从三品武职事官）。高氏因何升迁不详，但仪凤四年六月，唐高宗改年号为调露元年，可知高足酉授左领军卫将军之职在是年六月之前。调露二年八月，改年号为永隆元年。在当年七月，左武卫将军黑齿常之大破吐蕃军，被擢为河源军经略大使；中郎将程务挺击破围困云州的突厥部队，则似高足酉的升迁与参与两次作战中的其中一次有关。永昌元年，武则天共三次命将出征：五月，武则天分别命文昌右相韦待价为安息道

① 《隋唐五代墓志资料汇编·洛阳卷》，第7册，第84页。

② 《旧唐书》卷44《职官志三》。

③ 拜根兴先生认为，高足酉家族可能属于高句丽中层富裕地主阶层，因其财富的缘故，才“独擅雄藩”，并推测了高足酉家世的其他可能性信息。（《高句丽遗民高足酉墓志铭》，载韩国《中国史研究》第12辑别册，中国史学会，2001年，第35页。）

大总管以讨吐蕃，以僧怀义为新平军大总管，北讨突厥；九月，以僧怀义为新平道行军大总管，将兵二十万以讨突厥骨笃禄。① 高足酉官职的升迁当与此三次出征中的至少一次有关，而其升迁不可能是因为参与韦待价的征讨。史载韦待价“与吐蕃战，大败”，“士卒冻馁，死亡甚众，乃引军还”，武则天大怒，流韦待价于绣州。② 主将因战败被流放，则其手下将士受升迁的可能性也很小，所以如果高足酉因出征升迁的话，参与的不可能是这次征讨，而应当是其他两次中的至少一次。那两次都由僧薛怀义率军。在是年五月薛怀义为新平军大总管北讨突厥的过程中，虽然“行至紫河，不见虏”，但薛怀义“于单于台刻石纪功而还”，薛作为武氏内宠，这次出征没有发生战斗也足以让薛怀义得到“不战而屈人之兵”的美名，他和手下将士得到奖赏应不在意料之外；在当年九月的第二次征讨中，薛怀义再次率领二十万大军讨伐突厥，在所率的将领中，也可能有高足酉。总之，从上述高足酉的官职变化来看，在武则天杀戮李唐宗室、大臣的时候，高足酉继续受朝廷信任。志载：

> 大周天授元年（690），拜公为镇军大将军（从二品武散官）行左豹韬卫大将军（正三品武职事官），登坛受策，礼逾韩信；野战频胜，事逸张飞。眷彼二蕃，如汤沃雪，观兹再举，疑是神行。长城绝饮马之篇，万里罢轮台之戍。

按：“二蕃”指奚和契丹。武周与两蕃于天授元年的战事不见史籍记载，此可补史阙。天授元年正是武则天大杀李唐宗室及大臣、改唐为周之际，朝廷内部人心惶惶，奚和契丹当是趁此时机南下侵扰。高足酉正是在此情况下受命征讨。据志，此次征讨取得了彻底胜利，所以“长城绝饮马之篇，万里罢轮台之戍”。

除了在外征讨之外，高足酉在朝廷内部事务上也是重要参与者。武则天改唐为周后，采取多种方式标新立异，以表明武周之新气象，造天枢即为其一。③ 据《高足酉墓志》载：

> 证圣元年（695），造天枢成，悦豫于来彤……斯时也，即封（高

① 《资治通鉴》卷204，武则天永昌元年五月丙辰条、五月己巳条、九月壬子条。

② 《资治通鉴》卷204，武则天永昌元年七月条。

③ 据《资治通鉴》卷205载：天枢，“高一百五尺，径十二尺，八面，各径五尺。下为铁山，周百七十尺，以铜为蟠龙麒麟萦绕之；上为腾云承露盘，径三丈，四龙人立捧火珠，高一丈”。工人毛婆罗造模，武三思为文，刻百官及四夷酋长名，武则天自书其榜曰“大周万国颂德天枢”。

足酉）高丽蕃长，渔阳郡开国公（正二品爵），食邑两千户。

延载元年（694）八月，梁王武三思劝率诸蕃酋长奏请征敛东都铜铁，造天枢于端门之外，立颂以纪武则天之功业。[1] 将朝廷大臣、诸蕃酋长的名字铸于天枢之上以示矜耀武则天的功德，武则天将其命名为"大周万国颂德天枢"。高足酉身为高丽贵族、武周重臣，又被封为国公，其名字当列于其上。其受封开国公，除了与参与建造天枢有关外，与其作为仕唐高丽人、取得显赫战绩不无联系。这些都是在武则天改唐为周的需要下发生的。武则天为了实现改唐为周的夙愿，先后在其参政、摄政和执政过程中成功地实施了许多政治举措，虽然后世对这些举措褒贬不一，但显然正因为如此，武周王朝才得以最终确立，并在日后的发展中不断得到加强与巩固。[2]

在征讨两蕃、参与国家内政的同时，高足酉还率军队镇压国内反抗力量。镇压万州变乱就是由他率领的：正当武则天因天枢建成而大加庆祝之时，南方的万州（今四川万县市）出现混乱局势，高足酉受命前往征讨，此事件史书缺载。据《高足酉墓志》载：

> 其年（695），万州民陬作梗，敕以公为经略大使，气罩飘姚，年同获铄。时当五月，深入不毛之乡；路登千仞，必抱忠臣之节。衔命善说，奉旨宣扬；丑虏执迷，声未能听。公乃整行伍，列校队，鸣鞭汗赭，直往摧坚，挥戈驻日，旁陷受羁而自惭。行我周恩，积尸京观。

可知为平定万州乱局，高足酉于五月奉命率军长途跋涉赶赴偏远的万州。初到万州，高足酉试图和平解决事端，"衔命善说，奉旨宣扬"，而起事之万州民众执意不愿降伏，于是高足酉挥军进击，大败之，并积尸为京观，以纪其军功战绩。"京观"是古代战争中胜利方用来纪念自己功业的标志性建筑，这种建筑用失败方士兵的尸骸或骷髅堆积而成。"京"者，《尔雅》训曰："绝高为京。""观"者，则一为台榭，一为示于四方。因此，"京观"即是高高的、为四方所瞩目的台子。这种以尸骸来建立胜利标志的做法，根据现有史料的记载，战国时期仅限于燕国，在今燕国故都（河北易县）遗址内还有数十座这样的"骷髅台"，骷髅当在数十万具以上。"京观"是先秦年代战争文化的一种表现形态，成为胜利者炫耀武功的手段之一。"京观"及其所体现的文化是军事征战年代的产物，是军事文化的一部分。

---

① 《旧唐书》卷6《则天皇后本纪》。

② 潘兴、范永平：《武则天改唐为周政治举措之述略》，载《洛阳大学学报》，1999年第1期。

对于受胡风影响深重的隋唐王朝来说，京观文化仍然得到认同。[①]

尽管在武则天时期这一军事文化仍然存在，但不可否认，对待国内动乱的平定上运用“京观”这一方式，暴露了武则天为求政权稳定而残酷镇压人民的一面，也是当时官民关系紧张、水火不容的体现。历史人物永远只能在其特定的环境下活动。作为军事将领，在当时的环境下，高足酉不能超脱当时的政治、军事环境，甚至以立“京观”自豪，作出了残酷的军事决定，充当了武周政权的专制工具。

就在镇压万州变乱的同一年，高足酉以70岁高龄病逝于荆州官舍。武则天“闻之，良深震悼，赠使持节都督、幽易等七州诸军事、幽州刺史”。万岁通天二年（697）葬于洛州伊阙县（今河南伊川附近）新城之原。武则天诛杀李唐宗室及大臣不可胜计，仕唐之蕃人出身而被酷吏诬陷而死的大臣也不在少数，前文已述的高丽人泉献诚、百济人黑齿常之的结局即是例证。满朝文武人人自危，担心在朝廷上被人算计而丢掉性命，甚至在上朝前就与家人诀别。[②] 然高足酉自从仕唐以后就一直步步高升，且以70岁高龄善终并得到武周朝廷的褒扬，不能不说明其善用明哲保身之法。这与其经常在外为朝廷南征北讨、远离是非中心当有一定关系，如其死时即身在荆州（今湖北境内）官舍，这或许是其仕途避祸的方法之一吧。

据志，高足酉有一嗣子，名帝臣。唐人墓志铭中除了对志主的事迹进行追述外，对志主亲属尤其是对于进入仕途的儿孙的事迹也要进行载录，以表示其家族官运兴旺亨通，但高足酉墓志对其子的情况除了姓名之外其他情况均没有记载，说明帝臣有可能此时没有进入武周仕途，而这也可能与高足酉经常在外征战、远离政治是非中心有关。在官员可以回授子孙的情况下，高足酉贵为正二品高官，其子竟然没有官职可称道，令人深感疑惑，这或许在一定程度上能说明高足酉对官场的感情态度吧。

四、沙咤（吒）利的仕唐事迹述论

上文在论述沙咤忠义的事迹时，已经对沙咤利作了初步的介绍，现在笔者拟就史料所载的沙咤利事迹以及其事迹所反映出的社会问题进行讨论。

《古今姓氏书辩证》记载，“唐有蕃将沙吒利、沙吒忠利”。[③] 沙吒，即

---

① 周建江：《“京观”及其文化表现》，载《史学月刊》，2002年第2期。

② 《资治通鉴》卷204，则天后天授元年七月条。

③ 《古今姓氏书辩证》卷12，“沙吒”条。

沙咤；沙吒忠利，恐为沙咤忠义之讹。至于蕃将沙咤利，其事迹在两《唐书》及《资治通鉴》中都无记载，但在《陕西通志》、[①]《说郛》、[②]《太平广记》[③] 中有部分信息，但也不过是只言片语。笔者综合上述文献记载的有关资料，结合史籍，对沙咤利当时的事迹情况进行大体的介绍，并由此切入，尽量以新视角复原当时唐朝的政治、社会形势，或许可以总结出一点历史规律，以推进对唐朝社会的了解。

天宝年间，昌黎诗人韩翊（也作韩翃）穷困落魄，与“家累千金”的李生友善。李生爱惜韩翊的才华，把自己“容色非常”的“幸姬”柳氏送予韩翊。“天宝末，盗覆二京，士女奔骇。柳氏以艳独异，且惧不免，乃剪发毁形，寄迹法灵寺。是时，侯希逸自平卢节度淄青，素藉翊名，请为书记。洎宣皇帝以神武返正，翊乃遣使间行求柳氏，……无何，有蕃将沙咤利者，初立功，窃知柳氏之色，劫以归第，宠之专房。及希逸除左仆射入觐，翊得从行。至京师，已失柳氏所止。”“有虞侯许俊者，以材力自负”，单人将柳氏救出，还归韩翊。“是时，沙咤利恩宠殊等，翊、俊惧祸，乃诣希逸。希逸大惊曰：‘吾平生所为事，俊乃能尔乎！’遂献状曰：‘检校尚书金部员外郎兼御史韩翊，久列参佐，累彰勋效，顷从乡赋，有妾柳氏，阻绝凶寇，依止名尼。今文明抚运，遐迩率化，将军沙咤利凶恣挠法，凭恃微功，驱有志之妾于无为之政臣。部将兼御史中丞许俊，族本幽蓟，雄心勇决，却夺柳氏归于韩翊。义切中抱，虽昭感激之诚。事不先闻，固乏训齐之令。’寻有诏：‘柳氏宜还韩翊，沙咤利赐钱二百万。’”

以上史料透露出如下几个方面信息：

第一，沙咤利因“初立功”受到皇帝宠信，所以竟敢抢别人之妾。“天宝末，盗覆二京”指的是公元755年“安史之乱”爆发后，叛军向京城长安推进，先后占领了东都洛阳和西京长安。唐玄宗仓皇出逃，社会一片混乱。在这种情况下，柳氏剪发毁形，居住于法灵寺。据《甘肃通志》记载，在秦州清水县（治今甘肃省清水县西北）有法灵寺。[④] 但根据后文中韩翊随侯希逸趁入朝时寻找柳氏下落的情况，以及后来许俊“一饭之间”就从沙咤利宅内救出柳氏的情况推断，柳氏曾寄居的法灵寺不在秦州，而应在西京长安城内。

---

① 卷100《拾遗三·权奇》。

② 卷80《本事诗·情感第一》。

③ 卷485，引许尧佐撰《柳氏传》。

④《甘肃通志》卷12《祠祀》。

结合当时的社会背景来看，沙咤利仕途发迹的时间还可进一步确定。沙咤利抢夺柳氏之事发生在侯希逸以平卢淄青节度使身份聘请韩翊为书记之后，“希逸除左仆射入觐”之前，而且时间更贴近后者。侯希逸自平卢节度淄青的时间是公元762年,[①]“希逸除左仆射”之事发生于大历三年（768）九月。[②] 而发生在公元762年和768年之间的“宣皇帝以神武反正”之事则指公元763年唐肃宗在乱世中于灵武即位称帝。[③] 可知从韩翊赴淄青侯希逸属下任职到其随侯希逸入京，时间已经过了几年。在其入京之前不久，柳氏被沙咤利劫走。

沙咤利“新立功”或“初立功”、“恩宠殊等”之时，“安史之乱”早已平定，故沙咤利的立功不可能是因为讨伐“安史之乱”而得。在当时的唐朝，只有能解决朝廷危急之事才配得到“恩宠殊等”的功绩。史籍记载当时对唐朝最大的威胁莫过于来自吐蕃的侵扰。大历二年（767）九月，“吐蕃众数万围灵州（治今宁夏灵武西北），游骑至潘原（今甘肃平凉市东约18公里）、宜禄（今陕西长武）”，距离长安仅约一百四十公里的路程，致使京师戒严。[④] 大历三年（768）八月壬戌，吐蕃十万众寇灵武（今宁夏灵武西北约25公里）。丁卯，吐蕃尚赞摩二万众寇邠州（治今陕西彬县，距离长安约110多公里），致使京师再次戒严。[⑤] 在这种情况下，能够击败吐蕃的入寇之人必然是朝廷的功臣。大历二年“十月，戊寅，朔方节度使路嗣恭破吐蕃于灵州城下，斩首二千余级；吐蕃引去”。[⑥] 对于大历三年的吐蕃入寇，史载邠宁节度使马璘击退了其对邠州的进攻；九月，朝廷命郭子仪将兵五万屯奉天以防御吐蕃；朔方骑将白元光在对吐蕃作战中屡战屡胜，凤翔节度使李抱玉派遣右军都将临洮李晟率兵五千击吐蕃，大胜，迫使吐蕃退却，从而京师解严。[⑦] 这些在对吐蕃作战中捍卫了京师的将领，他们必然被朝廷视为功臣。史书中没有记载沙咤利的事迹，但沙咤利除了在对吐蕃作

---

① 《资治通鉴》卷222，肃宗宝应元年五月甲申条。

② 《旧唐书》卷124《侯希逸传》。

③ 宣皇帝，在唐朝也指唐高祖李渊的四代祖李熙（见《旧唐书》卷1《唐高祖本纪》）。另外，《旧唐书》卷10《肃宗本纪》记载：“是以宣皇帝蒙六圣之遗业，因百姓之乐推。号令朔方，旬日而车徒云合；旋师右辅，期月而关、陇砥平。故两都再复于銮舆，九庙复歆于黍稷。观其迎上皇于蜀道，陈拜庆于望贤，父子于是感伤，行路为之陨涕。”此“宣皇帝”，明显是指唐肃宗。明彭大翼撰《山堂肆考》卷99《通意韩翃》则把“宣皇帝”错认为是9世纪中期的唐宣宗，显误。

④ 《资治通鉴》卷224，代宗大历二年九月条。

⑤ 《资治通鉴》卷224，代宗大历三年八月壬戌、丁卯条。

⑥ 《资治通鉴》卷224，代宗大历二年十月戊寅条。

⑦ 《资治通鉴》卷224，代宗大历三年八月、九月条。

战中取得战绩外，还有什么能比这更能得到朝廷的青睐呢！

第二，沙咤利抢别人之妾，而且此女还是朝廷官员的眷属，发生了这样的事情，被抢的朝廷官员竟然要忍气吞声，即使在他人帮助下救出其妾后，甚至还害怕朝廷怪罪自己；而沙咤利在所抢之妾被人救走之后，不仅没有被朝廷怪罪，反而得到两百万的赏赐作为补偿，这种荒诞现象说明至少在当时，唐朝社会已失去那种正常的以道德、法律等为标准的价值评判机能。这种非正常的价值评判现象还表现在其他方面。如宰相元载专权，“百官凡论事，皆先白长官，长官白宰相，然后奏闻”。刑部尚书（正三品职事官）颜真卿针对此情况上疏：

> 郎官、御史，陛下之耳目。今使论事者先白宰相，是自掩其耳目也。陛下患群臣之为谗，何不察其言之虚实！若所言果虚宜诛之，果实宜赏之。不务为此，而使天下谓陛下厌听览之烦，托此为辞以塞谏争之路，臣窃为陛下惜之。

元载听说此事，对颜真卿怀恨在心，上奏告颜真卿诽谤，于是颜真卿被贬为峡州别驾（正五品下职事官）。[①] 奸臣得志，忠臣遭贬，皇帝都善恶不辨，或言不由己，在这种状况下，普通文武众臣又如何把握做事的尺度呢，普通民众又有什么价值标准可以参照呢！

唐朝当时价值评判标准的丧失还表现在朝廷的税法严重。“京兆尹第五琦什一税法，民苦其重，多流亡。”尽管很快就停止什一税法，[②] 但已说明政府的调控职能出现问题，这种现象出现的根本原因仍在于社会价值标准发生了变异。

而这些问题的发生，作为最高统治者的皇帝难辞其咎。大历元年(767)，代宗生日，诸道节度使献金帛、器服、珍玩、骏马为寿，共值缗钱二十四万。宰相常衮上言，认为：“节度使非能男耕女织，必取之于人。敛怨求媚，不可长也。请却之。”代宗不听。次年二月，郭子仪入朝。代宗皇帝命元载、王缙、鱼朝恩等互置酒于其第，一会之费至十万缗。[③] 是什么原因导致代宗皇帝没有丝毫节俭、纳谏的观念呢？

一个重要的原因是其围绕帝位而产生的极端的自私狭隘——在其大权旁落的情况下（朝内大权受制于元载，而经常率军队征战的郭子仪掌握了朝

① 《资治通鉴》卷224，代宗大历元年二月条。
② 《资治通鉴》卷224，代宗大历元年十月、十一月条。
③ 《资治通鉴》卷224，代宗大历元年十月乙未条、二年二月丙戌条。

廷军事大权），代宗皇帝担心权臣会有不恭行为，所以不敢轻易发话，经常下意识地生活在一种莫名的可能失去帝王宝座的恐惧中，甚至对臣下的无礼也能纵容忍耐，而且还要取悦那些重臣。代宗对周智光行为的态度就能说明这个问题：

> （大历二年）十二月，癸卯，同华节度使周智光杀害陕州监军张志斌。周智光素与陕州刺史皇甫温不协，张志斌入奏事，智光馆之，志斌责其部下不肃，智光怒曰："仆固怀恩不反，正由汝辈激之。我亦不反，今日为汝反矣！"叱下斩之，脔食其肉。朝士举选人，畏智光之暴，多自同州窃过，智光遣将将兵邀之于路，死者甚众。①

周智光这样的朝廷官员已经完全失去了做皇帝爪牙的意义，但即使这样，代宗皇帝竟"诏加智光检校左仆射，遣中使余元仙持告身授之"。周智光轻视朝廷却得到了朝廷的加官，按说应当得意了，但他反而因此更加侮蔑皇帝：

> （在朝廷封周智光为左仆射时）智光慢骂曰："智光有大功于天下国家，不与平章事而与仆射！且同、华地狭，不足展材，若益以陕、虢、商、鄜、坊五州，庶犹可耳。"因历数大臣过失，且曰："此去长安百八十里，智光夜眠不敢舒足，恐踏破长安城，至于挟天子令诸侯，惟周智光能之。"②

周智光已完全不把皇帝的权威放在眼里。面对周智光的轻狂，掌握重兵的郭子仪按捺不住怒火，屡次提请代宗派兵征讨周智光，但代宗始终没有允许。代宗之所以能忍耐周智光的侮辱而不征讨，应该是有比征讨周智光更加令他关注的事情，而比之更令他不安和不能忍受的恐惧，或许只有来自帝王宝座的考虑才值得他这样"忍辱负重"。有关善恶、正误、忠奸之事相应地不再重要，更不愿意多考虑。关于这方面的情况，下面还有讨论。

在上至皇帝下到大臣都失去一种传统的价值评判标准的环境下，蕃将沙咤利凭恃其军功而傲慢无礼，并夺取朝廷官员的姬妾，在当时也就不算是什么惊世之举了。而代宗皇帝在主持所谓的"正义、公道"（将柳氏归还韩翊）的同时，作出赐钱两百万给沙咤利作为补偿的荒唐事也就不足为奇了。

出现这种局面的根本原因是，在专制社会里不可能出现一种恒定的权力

① 《资治通鉴》卷224，代宗大历二年十二月条。
② 《资治通鉴》卷224，代宗大历二年十二月条。

制约机制来协调和约束从中央到地方的各级官员，一旦高度集中的中央集权失控，就会导致社会全盘混乱。另外，最高统治者的个人素质也是影响社会政局发展的一个重要方面。很明显，唐代宗缺乏领导能力，护住皇位的念头始终在他的头脑中挥之不去，成为其治理国家的一个很重的思想包袱。据《资治通鉴》记载，有一次郭子仪之子郭暧与其妻代宗皇帝的女儿升平公主发生了争吵：

> 暧曰："汝倚乃父为天子邪？我父薄天子不为！"公主恚，奔车奏之。上曰："此非汝所知。彼诚如是，使彼欲为天子，天下岂汝家所有邪？"慰谕令归。子仪闻之，囚暧，入待罪。上曰："鄙谚有之：'不痴不聋，不作家翁。'儿女子闺房之言，何足听也！"①

代宗所说"儿女子闺房之言"不要当真的话固然有其道理，但其认为"此非汝所知。彼诚如是，使彼欲为天子，天下岂汝家所有邪？"之语仍然折射出他坐在皇位之上战战兢兢的恐惧与担心。在这种皇帝手下任职的大臣，如果不是像郭子仪这样的恪遵职守、谨慎小心，也确实难免因发生误会而导致冤狱和残杀。换句话说，如果唐代宗一旦地位稳固，也很难想象他不会胡乱猜疑从而导致滥杀无辜。

总之，沙咤利因立功而受赏又因抢人而受赏的看似矛盾的事情，折射出了当时整个唐朝中央和地方官员的行为错乱失序，也反映了当时唐朝整个社会价值观因强权和混乱而沦丧的情况。

五、祢寔进生平概况

祢寔进事迹，因为其墓志出土被发现而受到韩国以及中国有关各界学者的注意。② 目前，对祢寔进事迹的基本认识大体如下：百济遗民祢寔进本为百济王扶余义慈的亲卫军首领，在唐罗联军进攻百济的泗沘城战斗中，拘捕百济王献于唐军，并随唐军入长安，累官至左威卫大将军（正三品武职事官）。咸亨三年（672）五月以58岁去世于莱州黄县，当时正在出征新罗途

---

① 《资治通鉴》卷224，代宗大历二年二月条。

② 拜根兴教授《入乡随俗：墓志所载入唐百济遗民的生活轨迹——兼论百济遗民遗迹》对此有归纳：韩国"联合新闻"、"首尔新闻"曾对祢寔进事迹予以报道，韩国KBS中央放送局于2008年12月20日播出的"历史追踪"栏目专题片：《义慈王降服冲击报告书：祢寔进墓志铭》，有韩国历史学教授发表了自己的看法。韩国历史学者金荣官氏在2007年第10期的《新罗史学报》上发表《百济遗民祢寔进墓志的介绍》。中国方面，拜根兴教授于2008年在《百济研究》上发表《唐与百济关系研究二题——以熊津都督王文度之死和祢寔进墓志铭为中心》。

中。后被移葬于长安城南的高阳原（今西安市长安区郭杜镇辖内）。祢寔进官拜三品左威卫大将军，应是唐朝著名的百济籍将领。

六、难元庆事迹概述

仕唐百济人难元庆，其事迹更全然不见于史载，幸有其墓志铭的出土，才使今人得以知晓其仕唐事迹。而对于百济人难元庆事迹的严密考述，笔者仅见于马驰师《〈难元庆墓志〉简释》一文。① 笔者在跟从马师求学之时，就已了解到其对该墓志铭所作之研究颇深，因此在这里仅对是文进行纲要性概述。

《难元庆墓志》出土于河南省鲁山县张店乡张飞沟村，现藏于鲁山县文化馆，《新中国出土墓志》② 中对其志文有载录。马师对墓志拓片和图版两相对照后的考证大致如下：

其一，关于难元庆的姓氏和族属的考证。在汉文史籍中，唐朝和百济无姓难氏者，虽有称曰“难楼”者，却是作为乌桓大人的名字见于记载，而且此难氏乃东汉时期的史书记载。根据这条线索，马师联系史书的相关记载并结合墓志铭的内容考证认为，东汉末年，居于上谷以难楼为大人的乌桓部人，有移居和羽翼辽西乌桓者，以晋平为中心的辽西地区于北朝时曾一度为百济所有，出自乌桓难楼部落的难氏余裔归化于百济，当有其人。为攀附百济王扶余氏之政治需要，才又自称为“扶余之尔类焉”。但这个家族又自谓“其先黄帝之宗也”，则当因其家族史上曾经历过汉化—百济化—再汉化的过程。应特别指出的是，由于受“中华为根本，四夷如枝叶”狭隘的传统大汉族观念熏染，久居中土且汉化极深的难元庆家族，不愿也不可能承认自己的远祖来自乌桓，所以才有了志文所称的难姓由来的说法：“妙以治民之难，因为姓矣。”

其二，难元庆高祖的官称和父祖的仕唐。志称“高祖珇，仕辽任达率官，亦犹今宗正卿焉”。这说明至少在难珇一代，其家族就已徙居今锦州市为中心的百济辽西地区，或直接迁到百济国本土。志称达率相当于唐朝的宗正卿其实是不确切的，二者风马牛不相及。至难珇之孙难汗、曾孙难武之时，因唐灭百济，难氏转而仕唐任蕃州（即唐于百济故地所置羁縻府州）

① 载《春史卞麟锡教授停年纪念论丛》，［韩］大山印书社，2000 年。

② 中国文物研究所、河南文物研究所编：《新中国出土墓志·河南壹》（下册），文物出版社，1994 年。

高官，与唐结下荣辱与共的关系。难汗、难武父子正是在蕃州体制下被擢为雄津州都督府长史和支浔州州刺史的。他们之所以受到朝廷信任，是因为蕃州长官是以蕃区酋长的“部落大小”和“位望高下”为初授原则。唐军于上元三年（676）全线退出百济，许多蕃州也不得不废弃，个别蕃州退出唐朝本土。雄津州都督于上元三年二月侨治于建安故城（今辽宁盖县东北青石关），身为长史的难汗当随都督府迁入建安。难武也迁入唐土，成为入朝蕃将。

其三，难元庆的事迹。根据难元庆墓志所载，难元庆出生于龙朔三年（663），唐朝在百济的羁縻府州的废弃或侨迁开始于麟德元年（664）。其少年时代极有可能与祖父难汗生活在一起，这从其所任的官职所在地在建安、檀州（治今北京密云县）、白檀府（在密云县东北）可知。难元庆更多的时间是在中书省[①]内当值，这种情况在其迁转夏州（治今陕西靖边县东北白城子）宁朔府（在今靖边县东）左果毅都尉后仍在继续。50岁以后，难元庆多次参加征战活动，并因此屡建殊功。开元四年（716），后突厥可汗默啜被袭杀，后突厥大乱，许多突厥部落和原受突厥控制的九姓铁勒内附唐朝。不久以后，因为默啜的侄子默棘连被拥立为可汗，许多本已降唐的突厥人重新反叛，投奔默棘连。唐朝调集东、西两路大军对其征讨。难元庆在夏州宁朔府任上，必参与此军事行动。根据墓志内容所载，在此次平叛中，他因“宿善帷筹，早参师律”，所以擅长于攻心战，致使敌人在其“绥抚”策略下再“倒载干戈”，并以“奇”取胜，将叛逃的“九姓”“歼夷”。因战功卓著，难元庆被擢升为朔方军总管。难元庆转为边将，是朝廷对他倚重的最好说明。开元九年（721），朝廷派遣王晙等将领统率大军镇压六胡州的反叛，难元庆参与此战，并仍然采用征讨与招安并用的办法取得“降如雨集”的辉煌战绩，因功受封为“宣威将军（从四品上武散官），迁汾州（治今山西隰县）清胜府折冲都尉（正四品上武职事官）”，表明难元庆自边防前沿内调迁转至河东地区，朝廷给予了59岁的他以照顾优待。

其四，难元庆的家居地、卒地和与夫人的合葬地。难元庆的祖父迁居建安故城，其中土的籍贯首先当数建安，而其父在京城做官，唐都长安也是其家族所在地。由于高宗晚年和武周时期以来，以东都洛阳为政治中心，故也不能排除其父祖又迁居洛阳及洛阳附近的可能。其卒于“汝州龙兴县之私第”，并不一定表明难氏家族最终置家于龙兴县（今河南宝丰、鲁山县接界

① 中书省是为天子草拟诏敕的中央最高机关之一。

地方）。从其夫人甘氏在开元二十二年（734）“终于鲁山县之私第”来看，难氏家族的最终居住地应为今河南鲁山县。鲁山县北距洛阳百余公里，这当是百济人后裔难氏居家于此的主要原因。

七、李元佐事迹

李元佐，新罗人，其事迹见于圆仁《入唐求法巡礼行记》。

唐武宗的灭佛举措，令当时在长安求法巡礼的日本僧人圆仁惊恐不安，他向在京城为官的李元佐求助。李元佐时任左神策军中尉押衙、银青光禄大夫、检校国子祭酒、殿中监察侍御史、上柱国，家住京城之永昌坊，圆仁盛赞其“倍敬佛法，极有道心”。圆仁在李元佐的帮助下顺利离开长安。[①] 神策军中尉是唐德宗贞元十二年（796）设立的官职，由宦官担任。“初置左右护军中尉监、中护军监，以授宦官。以左右神策军使窦文场、霍仙鸣为左右神策护军中尉监”，[②] 押衙是官府或军队中掌侍卫的武官。根据圆仁的游记记载，李元佐在会昌年间担任左神策军押衙。会昌三年六月之前，左神策军中尉是仇士良，仇士良于唐文宗太和九年（835）任左神策军中尉，会昌三年六月去世，[③] 圆仁在会昌元年已经认识李元佐，所以李元佐担任的是左神策军中尉仇士良的押衙。[④]

会昌三年六月，左神策军中尉仇士良去世；次年六月，“中人于其家得兵仗数千件，兼发士良宿罪”，唐武宗下制追削仇士良先前所“授官及赠官，其家财并籍没”。[⑤] 李元佐作为仇士良的押衙，其处境史书无载，但从他的诸多头衔来看，其与仇士良的关系应比较密切，他很有可能受到此事的牵连；而圆仁求李元佐帮助的时间是会昌三年的七月，当时朝廷尚未追究仇士良的罪责，所以李元佐能够很从容地帮助圆仁，供给圆仁等人茶饭，并帮助其离开长安。[⑥]

李元佐作为新罗人，其何时入仕唐朝圆仁在游记中没有说明。在送别圆仁的过程中，李元佐的外甥阮十三郎也陪同前往，并同圆仁“结缘至厚”。综合上述情况，李元佐家族入居唐朝的时间可能较早。

---

① 《入唐求法巡礼行记》卷4。
② 《旧唐书》卷13《唐德宗本纪下》。
③ 《资治通鉴》卷245，唐文宗太和九年五月乙丑条；《旧唐书》卷18上《唐武宗本纪》。
④ 《资治通鉴》卷249，唐宣宗大中元年四月庚戌条；《入唐求法巡礼行记》卷4。
⑤ 《旧唐书》卷18上《唐武宗本纪》。
⑥ 《入唐求法巡礼行记》卷4。

八、张咏、金清事迹

唐朝设有专门负责新罗侨民事务的机构——勾当新罗所，其长官为勾当新罗使，“看上去在唐代官职中级别不低”。[①] 在日本僧人圆仁《入唐求法巡礼行记》卷二中，即记载有勾当新罗使张咏，负责勾当文登县界内的新罗人户，同时张咏还任平卢节度同军将兼登州诸军事押衙。其集三职于一身，愈说明勾当新罗使之职并非无足轻重。新罗人张保皋在文登县清宁乡东山村施资建一寺院——法华院，附近的新罗侨民很多，他们均受辖于勾当新罗使张咏。

在今山东文登市昆仑山麓，有一清代重建的唐“无染寺（院）碑”。据《登州府志》载：“无染院碑，光化四年（901）二月二十八日庚子乃鸡林金清舍资修造者……（金）清以蕃人入仕中士（疑为土）为押衙，盖亦以资进耳。”[②] 刘永智先生认为此新罗人金清能捐押衙一类的地方有权势的官吏，似有根基。[③] 按：金清是否因捐官而为押衙姑且不论，此押衙是否与前述张咏为相同或类似的官职？如果回答是肯定的，那么张咏任押衙的同时又兼任勾当新罗所之勾当新罗使，则金清也可能兼任勾当新罗使。由于地理位置的关系，登州历来是新罗人入唐的登岸之地，由此辗转入长安。唐曾以高丽人后裔李正己的子孙为押新罗、渤海两蕃使，负责接待新罗、渤海派出的入唐使者，至张咏、金清之时，其所任之职可能仍具有此职责。

除勾当新罗所外，唐境内有关新罗人事务的机构还有新罗坊、新罗馆。从《入唐求法巡礼行记》的记载来看，尽管新罗坊内有总管、专知官等职，设有公廨院，但笔者认为这只是受官方“总管当州同军将”辖下的介于官方和私人之间的民营性机构，其职责之一是为方便协助在唐经商、游历的新罗人，为他们提供各种信息及服务；其另一职责是协助唐地方政府对在唐新罗人进行管理。其用人不按官场的迁转形式，如《入唐求法巡礼行记》卷四提到的总管刘慎言的名字实为新罗译语。对于新罗馆，有观点认为是“接待新罗使者的宾馆”，[④] 也当具有新罗坊的类似功能。新罗坊、新罗馆体现了新罗人的团体协作精神。在第七章“唐代的三韩商人”部分的内容中，

① 刘希为：《唐代新罗侨民在华社会活动的考述》，载《中国史研究》，1993 年第 3 期。
② 刘永智：《中韩关系史研究》，第 208 页。
③ 刘永智：《中韩关系史研究》，第 207 页。
④ 刘永智：《中韩关系史研究》，第 195 页。

笔者将有较详细的论述。

《旧唐书·李林甫传》云："国家武德、贞观以来，蕃将如阿史那杜尔、契苾何力，忠孝有才略，亦不专委大将之任，多以重臣领使以制之。开元中，张嘉贞……皆以节度使入知政事。林甫固位，志欲杜出将入相之源。……自是高仙之、哥舒翰皆专任大将。"陈寅恪先生据此认为："太宗之用蕃将，乃用此蕃将及其所统之同一部落。玄宗之用蕃将，乃用此蕃将及其统领之诸种不同之部落也。太宗、玄宗任用蕃将之类别虽不同，而有任用蕃将之必要则相等。蕃将之所以被视为重要者，在其部落之组织及骑射之技术。"① 然而高丽、百济蕃将入朝多在高宗朝，寅恪先生仅对太宗、玄宗朝任用蕃将的特点进行了分析，高宗、武则天等朝代蕃将任用特点的归纳则省略了。

笔者认为，高宗朝期间任用蕃将的特点当介于太宗、玄宗朝的特点之间，呈逐渐过渡的趋势；而且，寅恪先生的分析乃对总体而言，至于不同时期的蕃将任用情况，应当根据当时的具体需要而定，未必就一定有具体的、鲜明的制度化特点。太宗朝的蕃将不一定仅统本部兵，蕃兵也不一定要由蕃将统率，蕃兵、蕃将都要服从中央政府的统一调遣；如唐太宗征高丽之前，命汉将张俭"率蕃兵先行抄掠"，征高丽时张俭又"拜行军总管，兼领诸蕃骑卒，为六军前锋"。②"武德、贞观已来，蕃将如阿史那杜尔、契苾何力，忠孝且有才略，亦不专委大将之任，多以重臣领使以制之。"③ 等等，即是较好的说明。

玄宗朝的蕃将亦不是个个统率族兵。玄宗时，为平"安史之乱"，唐玄宗以突骑施哥舒部落人哥舒翰为皇太子先锋兵马元帅，"以王思礼、钳耳大福、李承光、苏法鼎、管崇嗣及蕃将火拔归仁、李武定、浑萼、契苾宁等为裨将，河陇、朔方兵及蕃兵与高仙芝旧卒共二十万，拒贼于潼关"，④ 等等。蕃兵、蕃将和汉族士兵一样被纳入中央的统一调度，有利于协调各方面的力量，相互监督、相互制约、相互激励，正如唐太宗所言，"自古皆贵中华，贱夷、狄，朕独爱之如一，故其种落皆依朕如父母。此五者，朕所以成今日之功也"。⑤ 实际上，这是唐朝统治者高明的御人之术和治国之术，它是建

① 陈寅恪：《金明馆丛稿初编》，三联书店，2001 年，第 301 页。
② 《旧唐书》卷 83《张俭传》。
③ 《旧唐书》卷 106《李林甫传》。
④ 《旧唐书》卷 104《哥舒翰传》。
⑤ 《资治通鉴》卷 197，贞观二十一年五月庚辰条。

立在强大的政治、经济、军事、文化等综合国力的基础之上的。

伴随着唐朝社会的发展和民族融合的渐进，在这种具有一定人性化的统治政策之下，蕃将们及其后裔逐渐适应了唐朝社会，与汉人融为一体，以至于出现某些外族、外国人的后裔以身为炎黄子孙为荣、讳言其籍贯的情况。这在某种程度上表明，唐人社会中形成了一股较强劲的民族凝聚力。这些历史现象，对今天我国的现代化建设，仍有一定的借鉴作用。

第六章　参与发动或平定唐朝宫廷政变的三韩人

观夫天后之时，云委于二张之第；孝和之世，波注于三王之门。献奇则除设盈庭，纳贿则斜封满路，咸以进趋相轨，奸利是图，如火投泉，安得无败？洎景龙继统，污俗廓清，然犹投杼于乘舆之间，抵掌于太平之日。以至书频告变，上不自安，宫臣致御魅之科，天子慊巡边之诏。彼既弯弓而射我，我则号泣以行刑。此虽镇国之尤，亦是临轩之失。夫君人孝爱，锡之以典刑，纳之于轨物，俾无僭逼，下绝觊觎，自然治道惟新，乱阶不作。

——《旧唐书》卷7《中宗睿宗本纪·史臣曰》

宫廷政变，在古代社会中一直是最高统治者极为忌惮的事件，同时又是觊觎帝位者达到目的的必要手段。唐朝是中国封建王朝的鼎盛期之一，也是皇位继承制度最不稳定的时期之一，宫廷政变的次数也相对较多。由于皇位继承冲突而导致的宫廷政变与统治集团内部的相互诛杀贯穿于唐朝二百九十年的历史之中，因此，与皇位继承制度有直接联系的太子与诸王同样经历了权力与地位的升降浮沉，形成这一历史时期政治制度运行的重要特色。[①] 而参与政治权力角逐的人物，当然离不开手中持兵的军事将领的拥戴。

就唐代而言，由于民族交往活动的频繁活跃，诸多勇猛的蕃将相继出现，在为唐朝疆场的捍卫、开拓方面，他们战功赫赫；在统治者阶层的政治权力争夺中，他们也不可避免地卷入其中。于是，唐朝的宫廷政变中更增添了许多孔武气息。这些蕃将里面，就有三韩人。参与唐朝宫廷政变的三韩人中，就籍贯而言，主要是高丽、百济人或其后裔，新罗籍参与政变者，笔者至今尚没有发现；在三韩人参与政变的时间上，突出表现在武周朝至唐玄宗朝之间，尤其是在唐中宗时期到唐玄宗时期，具体表现在节愍太子李重俊欲铲除韦后政变、唐睿宗上台政变和唐玄宗诛除太平公主政变。以下即对参与

① 谢元鲁：《隋唐的太子亲王与皇位继承制度》，载《天府新论》，1996年第2期。

这些宫廷政变的高丽、百济人或其后裔进行论述。

第一节　唐中宗时期参与（平定）宫廷政变的三韩人

《全唐文补遗》记载了高丽人高木卢参与唐中宗时期政变的情况。高木卢事迹，两《唐书》、《资治通鉴》以及其他史籍均没有记载。今据其墓志《唐故陪戎副尉直仆寺高府君（木卢）墓志并序》[①]（以下简称《高木卢墓志》）考释其家业及其仕唐经历。志曰：

> 公讳木卢，渤海……人也。昔太公辅周，肇开王业。天眷锡命，受封东齐。钟鼎玉食，七百余载。后遇田和篡夺，分居荒裔。公之远祖，避难海隅。暨我皇唐，大敷淳化。乃越溟勃，归桑梓。

据志所言，高木卢先世为西周至春秋时的齐国人。关于“田和篡夺”事件，史载周安王十一年（前391），“齐田和迁齐康公于海上，使食一城，以奉其先祀”。[②] “田氏代齐”使齐国发生动乱，高木卢先人遂逃离齐国，“避难海隅”，据《高木卢墓志》记载，“海隅”应为高丽。唐太宗、高宗时用兵高丽、百济，最终平灭两国，大批高丽、百济人迁入唐境，志中所谓“暨我皇唐，大敷淳化”即指此。故高木卢乃于此时“越溟渤，归桑梓”，入仕唐朝。志中所载其为“渤海人”，是因为忌讳已经被唐朝灭亡的高丽籍贯。前面所说的高丽王后裔高震，也是因为此原因而说自己是渤海人，二者的情况是一样的。另外，据志所载其以81岁高龄卒于开元十八年（730）知，高木卢生于公元649年，唐平定高丽时（668）已近二十岁，此时入唐不无可能。与上述仕唐高丽人一样，其入唐的方式很可能也是由于战争降唐而迁入内地。

入唐之后，高木卢于典厩署中任职，即志所谓“骧首云路，厕迹天庭。枢典六闲，职司三物”。“六闲”源自周“十二闲”之称谓，唐称典厩署，[③]负责为皇室管理厩马事务。

---

① 吴刚主编：《全唐文补遗》第5辑，三秦出版社，1998年，第353页。

② 《资治通鉴》卷1，安王十一年条。

③ 《通典》卷25《典厩署》。

在高木卢的生命历程中，最重要的当是参与唐中宗时期的一次政变。志曰：

> 嘱［属］中宗孝和皇帝廓清宇宙，扫祲萧墙。君当奋袂提戈，御卫辰极。故得名登简策，位列珪璋。

“祲”意为妖氛、不祥之气。“萧墙”，本为面对国君宫门的小墙，一名“塞门”，又称“屏”。大臣至此屏，便会肃然起敬。“萧”通“肃”。萧墙比喻内部。显然，高木卢参与的中宗“廓清宇宙，扫祲萧墙”的事件意指高木卢参与（平定）了宫廷政变。

与唐中宗有关的政变有两次，第一次是神龙元年（705），拥护李唐的复辟力量联络时为太子的中宗，趁武则天病重之机发动政变，结束了武则天统治时代；第二次是中宗第三子李重俊发动政变，欲铲除乱政的韦皇后和诸武势力，但被中宗镇压。高木卢墓志铭对于其参与的政变记载非常含混，仅靠志文本身无法确定是哪一次。故对此应当进行辨析。

从志文的“廓清宇宙”、“扫祲”、“御卫辰极”等词来考虑，这对其无论参与哪一次政变实际上都能解释得通。所以还应当从与志主有关的其他方面入手探讨：一是中宗时代的宫廷情况，二是高木卢去世时候的政治局势。高木卢卒于开元十八年（730），此时唐朝已经进入开元盛世。唐中宗上台，已表明武则天势力气数将尽，尽管中宗采取了许多与武则天相左的措施，却仍然没有完全否定其母的权威，所以武则天去世前，是她本人下制取消了自己的皇帝尊号，而非由唐中宗取消。[①] 武则天下台后，诸武势力虽然受到重创，武三思却依靠韦皇后的庇护继续飞扬跋扈，武、韦联合对付中宗的庶子即太子李重俊。为摆脱危机，太子发动政变，欲诛除韦、武，结果虽然杀死武三思，却未能除掉韦后，导致李重俊失败被杀。中宗“以其首献太庙及祭三思、崇训之柩，然后枭之朝堂”。[②] 可见，中宗对其母武则天的态度远比对其子李重俊亲善。

就此看来，中宗时代的“扫祲萧墙”，并非指逼迫武则天退位，而是指镇压李重俊的政变。再从中宗所实行的政策来看，中宗虽然取代武则天成为皇帝，也采取了一些纠正武则天措施的行动，但其大体上仍然在沿用其母的政策，尤其是武三思对于武则天旧措施的发扬：“三思令百官复修则天之

① 《资治通鉴》卷208，中宗神龙元年十一月壬寅条。

② 《资治通鉴》卷208，中宗景龙元年七月辛丑条。

政，不附武氏者斥之。为五王所逐者复之，大权尽归三思矣。”① 由此更不能得出逼武则天退位是“扫祲萧墙”的结论。

我们再根据高木卢死时的政治局势入手分析，这就需要追溯到睿宗上台前后的历史背景。中宗死后，李隆基和太平公主合谋诛除韦后和诸武势力。睿宗上台，标志着武则天时代彻底结束。睿宗追削武三思、武崇训爵谥，斫棺暴尸，平其坟墓；废武氏崇恩庙及昊陵、顺陵，这些都是对武则天的旧势力进行的追算。睿宗又复武则天天后旧号，并且追复故太子重俊位号，谥曰“节愍”。这些看似抑制武则天势力、发扬李氏宗族的措施，其实时间很短暂，因为稍后睿宗又追加武则天尊号为大圣天后，又升为圣帝天后；而对李重俊的节愍谥号也差点儿追回。②

根据以上论述，我们基本上可以认定高木卢参加的是中宗时代的第二次政变，但他是作为中宗一派的镇压者的身份参与的。政变中，可能是高木卢所管辖的厩马为镇压政变成功提供了有力保证。志载高木卢本人也“奋袂提戈，御卫辰极”，故政变成功后，得以“名登简册，位列珪璋”。

高木卢自入唐后，经历了唐朝辉煌发展和发生巨大震荡的数十年，身世沉浮的他，晚年转向当时受李唐推崇且盛行的道教来寻求心灵的慰藉。志载：

> 及蒲柳年侵，桑榆景暮。乃悟电泡而不久，梦幻而班真。遂弃彼俗缠，崇兹道业。退归庐里，训导子家。

显然，入唐半个多世纪的高木卢被汉化，其生活早已与唐人无二了。开元十八年（730），高木卢病逝于私第，葬于京兆崇道乡齐礼里白鹿原之右。

---

① 《资治通鉴》卷208，中宗神龙元年五月癸巳条。

② 《资治通鉴》卷210，睿宗景云元年十月己亥条载：针对朝廷给故太子李重俊加谥号曰“节愍”，太府少卿万年韦凑上书，以为：“赏罚所不加者，则考行立谥以褒贬之。故太子重俊，与李多祚等称兵入宫，中宗登玄武门以避之，太子据鞍督兵自若；及其徒倒戈，多祚等死，太子方逃窜。向使宿卫不守，其为祸也胡可忍言！明日，中宗雨泣，谓供奉官曰：‘几不与卿等相见。’其危如此，今圣朝礼葬，谥为节愍，臣窃惑之。夫臣子之礼，过庙必下，过位必趋。汉成帝之为太子，不敢绝驰道。而重俊称兵宫内，跨马御前，无礼甚矣。若以其诛武三思父子而嘉之，则兴兵以诛奸臣而尊君父可也；今欲自取之，是与三思竞为逆也，又足嘉乎！若以其欲废韦氏而嘉之，则韦氏于时逆状未彰，大义未绝，苟无中宗之命而废之，是胁父废母也，庸可乎！汉戾太子困于江充之谗，发忿杀充，虽兴兵交战，非围逼君父也；兵败而死，及其孙为天子，始得改葬，犹谥曰戾。况重俊可谥之曰节愍乎！臣恐后之乱臣贼子，得引以为比，开悖逆之原，非所以彰善瘅恶也，请改其谥。多祚等从重俊兴兵，不为无罪。陛下今宥之可也，名之为雪，亦所未安。”“上甚然其言，而执政以为制命已行，不为追改，但停多祚等赠官而已。”上述言论和朝廷的记载足以说明睿宗时代对于李重俊发动宫廷政变仍然持有否定态度。这其实也是为了其自身的地位安定而考虑并作出的反应。

志载高木卢嗣子高履生亦仕于唐，父终时其官为“左领军卫京兆府丰国府折冲都尉、[1] 仗内供奉、借绯长上、上柱国”。可见，高履生也入仕唐朝。只可惜这些情况记载非常简略，且此除见于高木卢墓志铭记载外，史籍无载，我们也就无法更深入地探究其仕唐事迹。

与高木卢参与镇压李重俊政变相反，另一位三韩人——百济人——沙吒忠义却作为发起人之一参与讨伐韦皇后政变，结果政变失败，沙吒忠义也命丧黄泉。沙吒忠义是一名大唐骁将，关于他的事迹已经在前面提及，故在此不再赘述。

第二节　参与唐玄宗宫廷政变的三韩人

唐玄宗曾经发动过两次宫廷政变，并且都取得了成功。为其浴血的勇士们中，就有出身卑微的三韩人。[2] 这些三韩人都因为参与政变而飞黄腾达，然而后来其命运又发生了戏剧性的变化。

唐玄宗发动的第一次政变是为临淄王时，于唐隆元年（710）六月诛灭欲临朝称制的韦后和诸武势力。政变成功后，李隆基成为皇太子，旋即登上皇位，但受到太平公主势力的威胁，遂于先天二年（712）七月三日发动第二次宫廷政变，诛除了太平公主的势力，帝位从此稳固。随从李隆基发动政变的高丽人，据史书记载只有王毛仲，笔者检索出土的墓志资料发现至少还有史籍阙载的其他高丽籍人李仁德、王景曜（耀）。今据相关史料记载，对两《唐书·王毛仲传》进行补充，并对其他参与玄宗政变的高丽人事迹进行考述，以对当时的重大政治事件及当时的社会状况有更为全面的认识。

一、王毛仲的仕唐事迹

王毛仲是史籍明确记载参与玄宗宫廷政变的高丽人。其父王求娄，因犯罪而举家被没为官奴，所以王毛仲出生后就成了临淄王李隆基的家奴。由于

---

① 《新唐书》卷37《地理志一》：京兆府京兆郡，领县二十，有府一百三十一；两《唐书》均无开元年间设置丰国府的记载；《旧唐书》卷44《职官志三》：折冲都尉，武职事官。上府折冲都尉正四品上。中府，从四品下。下府，正五品下。从高履生后文中“借绯长上”来看，当是正五品下官衔。

② 就笔者目前所掌握的资料来看，唐玄宗朝参与宫廷政变的三韩人全为高丽人。

“性识明悟”，深得李隆基赏识，因而王毛仲的命运随着李隆基地位的变迁发生了戏剧性的变化，其转折就始于唐玄宗发动的政变。然而在诛韦政变中，作为玄宗贴身侍从的王毛仲却因害怕而逃离了政变队伍，直到政变成功之后方才露面。李隆基不仅没有怪罪，反而提拔他为将军，[①] 足见王毛仲在李隆基心中的地位之高。在诛除太平公主势力的第二次政变时，王毛仲就表现得很活跃，积极奔走。事后被册封为辅国大将军（正二品武散官）、霍国公（从一品爵），食封五百户，并授左武卫大将军（正三品武职事官）、检校内外闲厩兼知监牧使。[②] 闲厩使在开元中叶前主持皇室马政，因关涉天子及皇室的出行安全，“非忠臣而莫任”，其任命是“带有帝王感情化的主观决定”。[③] 此愈可见王毛仲深受唐玄宗的信任。

有玄宗为后盾，王毛仲也“奉公正直，不避权贵”。如其在任太仆卿时，针对“草定四部”的修书学士们“踰年不成”却令“有司疲于供拟”的状况，奏罢其内料。[④] 在任闲厩使期间，部统严整，又用心经营，在牧事方面建树颇多，尤其是开元十三年扈从玄宗泰山封禅时别出心裁的马队设计，令玄宗皇帝龙颜大悦，在泰山下即加封毛仲为开府仪同三司，为玄宗登基以来官至开府的四人之一。除此之外，王毛仲还率军出征。开元九年（721）四月，“兰池宾胡”康待宾诱“诸降户”共同反叛，王毛仲奉敕以“朔方道防御讨击大使身份”率兵镇压，平定了叛乱，[⑤] 不仅显示了玄宗对其的信任，也表明了毛仲有军事方面的才能。

玄宗在藩邸时就极为宠信王毛仲。后来，毛仲一时不在身边，玄宗竟会出现怅然若失之态。毛仲嫁女，玄宗亲自充当说客，强命毛仲企盼不到的直臣宋璟预席；毛仲妻生产之后，竟能借玄宗的御园纳凉。最惊世骇俗的则是王毛仲的“双妻”之举：王毛仲本有妻室，玄宗皇帝竟又赐其一妻，两夫人同承恩赐，并封为国夫人。中国古代尽管允许一妻多妾，双妻则严重违背封建礼法制度，然由于天子的权威宠信和呵护，王毛仲此一悖礼之举却俨然成为无比的荣耀。世俗的礼仪也不得不让步于至高无上的皇权。

因王毛仲受宠日甚一日，朝廷百官“附之者辐辏”，就连张说也是因

---

① 《旧唐书》卷106《王毛仲传》。

② 《新唐书》卷83《太平公主传》；《新唐书》卷121《王琚传》；《旧唐书》卷106《王毛仲传》。

③ 马俊民、王世平：《唐代马政》，西北大学出版社，1995年，第26~28页。

④ 《新唐书》卷199《马怀素传》。

⑤ 《资治通鉴》卷212，玄宗开元九年四月条、七月乙酉条。

“谄事”毛仲而拜相。[①] 与此同时，毛仲日益骄横跋扈。首先是歧视宦官，这令同受玄宗信任的大宦官杨思勖、高力士极为不满；其次是与禁军将领结党，干涉执法。[②] 毛仲后来竟狂妄到要求玄宗封其为兵部尚书的地步，遭到拒绝。玄宗本来对毛仲极宠信，但对其劣迹也早有耳闻和警觉；且玄宗亲身发动过两次政变，对兵权更为敏感，因此对毛仲产生了疑虑。毛仲因求兵部尚书之职不得后的出语抱怨更使得玄宗恼怒。恰在此时，王毛仲又触犯了君主的大忌。史载：

> 殿中监王毛仲使太原、朔方、幽州，计会兵马。事隔数年，乃牒太原索器杖。（严）挺之以不挟敕，毛仲宠幸久，恐有变故，密奏之。[③]

玄宗在得知王毛仲私自征集甲兵后大为恐慌。时局的发展已容不得其再对毛仲姑息迁就，遂立即作出反应，贬杀毛仲，清洗其党羽。毛仲做官的儿子以及昔日与毛仲过从甚密的官员均遭贬谪。

王毛仲从卑微的官奴到权倾一时的大臣，其经历颇具传奇色彩。“其官运亨通由自在政治赌博中攀援上玄宗这棵大树。”[④] 而实质上其大起大落的人生轨迹是由封建专制体制的运作特点决定的。在“朕即国家”的时代，帝王的喜怒哀乐能轻易决定上至朝廷重臣、下至卑贱奴仆的命运，中国古代历朝社会无一例外。王毛仲的仕途浮沉、幸与不幸，也与此息息相关。

二、李仁德的仕唐事迹

李仁德，其名字在两《唐书》和《资治通鉴》中均未被提及，然据《大唐故冠军大将军行右威卫将军上柱国金城郡开国公李公墓志铭并序》[⑤]（以下简称《李仁德墓志》），李仁德族出高丽，而且参与了唐玄宗的政变。

《李仁德墓志》载：“公曰仁德，族李氏，其先盖乐浪望族也。自尧臣类马，周史犹龙，真裔散于殊方，保姓传于弈代。”乐浪是西汉武帝在朝鲜半岛设立的四郡之一。墓志言其乐浪人，意即高丽人。墓志不说其为高丽遗民，乃讳言其为亡国之人，这是谀墓文的惯常做法。

墓志对于志主参与唐玄宗的诛韦政变如是记载：

---

① 《朝野佥载》卷5。

② 《资治通鉴》卷213，玄宗开元十七年五月条；《旧唐书》卷100《裴漼传》附《裴宽传》。

③ 《旧唐书》卷99《严挺之传》。

④ 马驰：《唐代蕃将》，第152页。

⑤ 《唐代墓志汇编》，开元370，第1412页。

> 当昔中宗晏驾，韦氏乱常，将欲毒黎元，危宗庙。公于是义形于色，愤起于衷，发皇明，披紫闼，奔走电击，左右风趋，心冠鹰鹯，手刃枭镜，人祇再色，帝宇廓清。翊一人以御天，功存社稷；膺四履而列地，封固山河。是用拜公云麾将军行右屯卫翊府中郎将，金城县开国子，食邑三百户。

“韦氏乱常”、“危宗庙”是志文对于玄宗发动政变原因的陈述，与史载相符；字里行间对于志主在政变中发挥的作用大加褒扬。政变当天夜里，玄宗“所下制敕百余道”，对政变所涉及的方方面面进行规划，包括对有功人员进行封赏。其中封“功大者为将军，次者为中郎将”。李仁德被封为“云麾将军行右屯卫翊府中郎将，金城县开国子，食邑三百户”，说明他在政变中确实有重大立功表现，因而受到“佩紫绶”的拜官之赏。

据《旧唐书·王毛仲传》记载，玄宗发动诛韦政变时，随从参与者中有一名叫李宜德者，在政变之后也被封以中郎将之职。有观点认为李仁德与李宜德为一人。[①] 笔者认为，对此有必要进行辨析。

据两《唐书·王毛仲传》记载：李宜德，原名李守德，籍贯不详，年轻时为人家奴，唐玄宗任潞州别驾时，以钱五万买之，作为自己的贴身随从。显然，宜德出身比较卑寒。再来看《李仁德墓志》，志文隐讳了志主政变拜中郎将前的经历和先人的事迹出身，唯一提到的先人为“考甲子，皇赠定州别驾”。甲子的赠官，可能是因其去世较早，后来李仁德参与政变立功而获赠。之所以对其先世情况不载，当是因地位低微不足以引以为荣。

李仁德与李守德出身地位寒卑，并都在政变中封为中郎将，假定二者为一人，似有可能。但据开元十四年（726）唐玄宗封禅时亲自撰书的《纪太山铭》碑刻后的从臣题名，发现“开国公臣李仁德”名列其中。[②] 据《李仁德墓志》，仁德曾进封金城郡开国公。因此，此泰山题名者就是高丽人李仁德无疑。李宜德因参与政变立功而曾改名守德（当是唐玄宗赐名），却无改名仁德之记录；“守德”既然是唐玄宗赐名，则死后墓志当以“守德”为荣，不会对御赐奖励避而不谈。又，志载仁德后来历任右威卫将军、冠军大将军、进封开国公，而《旧唐书·王毛仲传》载李守德在其仕途辉煌的时候被贬为严州员外别驾，之前其官爵仅为“右武卫将军成纪侯”，官爵差距太大。李宜德与王毛仲同为玄宗亲密随从，两《唐书·王毛仲传》明确记

---

① 章群：《唐代蕃将研究》，第60页。

② 王昶：《金石萃编》卷76《太山铭》。

载毛仲为高丽人，但对于李宜德籍贯并无记载，当不是在故意隐讳其为高丽人。

以上材料表明，李仁德和李守德并非一人。

唐玄宗发动的两次政变仅有两年之隔。对于第二次政变，《李仁德墓志》并未提及仁德是否参与。但据志载李仁德“锡马承恩，一日三见于天子；以爵驭贵，十卿同禄于诸侯”来推断，李仁德在诛韦政变之后得到了唐玄宗的信任和器重，参与了两年之后诛除太平公主势力的政变应该没有疑问。且志文有“是用加公冠军大将军，进封开国公，增食二千户”之语，极可能是参与此次政变的奖赏。至于志文为何不提此事，不排除是因为太平公主乃唐玄宗的姑母，故墓志铭撰写者碍于其与本朝皇帝的关系无法直书而不得不有意隐讳。

有趣的是，《李仁德墓志》将志主比为散于殊方的尧臣后裔，足见李仁德心理上的华夏认同感。志载仁德为甲子之“元子”，说明李仁德还有其他兄弟，可能是李仁德的其他兄弟没在仕途上有所成就，所以墓志中没有记录。

有关李仁德的后代，志曰“有子二人，长曰思敬，右骁卫中侯（正七品下武职事官）；次曰思让，右骁卫司阶（正六品上武职事官）”。八世纪中前期共有两个“李思敬”见于史载，其一为开元二年（714）因军队吃了败仗而被朝廷斩首的“胡人李思敬”，[①] 另一个是肃宗朝派去宣慰降将史思明的“内侍李思敬”。[②] 两者中哪一个为李仁德之子？有人认为是前者，[③] 对此似有必要作进一步讨论。

首先，据《李仁德墓志》记载，李仁德于开元二十一年（733）去世，其二子思敬、思让当时按照丧礼，“并七日而绝浆”；而“胡人李思敬”早在开元二年（714）就已经被斩首了。又，据马驰师考证，此“胡人李思敬”实际上为靺鞨人李谨行之子，则被斩首的李思敬定非李仁德之子。其次，仁德为唐朝功臣，志载其去世时受到朝廷隆重褒赠。令有功臣子为内侍似不可能，且内侍多于幼时即入宫，而仁德子思敬在公元733年之前已任职

① 《资治通鉴》卷211，玄宗开元二年七月条载：薛讷与左临门卫将军杜宾客、定州刺史崔宣道等将兵六万出檀州击契丹，大败。讷归罪于宣道及胡将李思敬等八人，制悉斩之于幽州。

② 《资治通鉴》卷220，肃宗至德二年十二月乙丑条载：“安史之乱”中，史思明囚安承庆等，遣其将窦子昂奉表以所部十三郡及兵八万投降朝廷，唐以思明为归义王、范阳节度使，其子七人皆除显官。唐遣内侍李思敬与乌承恩往宣慰，使将所部兵讨安庆绪。

③ 章群：《唐代蕃将研究》，第469页。

朝廷，官职为正七品下的右骁卫中侯，可见已不年幼。故此“内侍李思敬”也不是仁德之子。

三、王景曜（耀）的仕唐事迹

王景曜，正史中略有提及，两《唐书》记作王景耀，但未立传，也没有记载其为高丽人并参与唐玄宗政变。今据其墓志《唐故右威卫将军上柱国王公墓志铭并序》[①]（以下简称《王景曜墓志》），对其籍贯和其在玄宗朝的仕唐经历等进行考述。

关于王景曜的籍贯，《王景曜墓志》曰：

> 公讳景曜，字明远，其先太原人，昔当晋末，鹅出于地，公之远祖，避难海东。洎乎唐初，龙飞在天，公之父焉，投化归本。亦由李陵之在匈奴，还作匈奴之族；苏武之归于汉，即为汉代之臣。公之族代播迁，亦其类也。圣主嘉之，赐第京兆，今为京兆人也。

据志，王景曜祖籍太原，东晋时东迁。东晋十六国时期，由于战乱不休，确有不少人东奔高丽避难。但唐代也有不少“蕃人”钦慕华风，不惜假托汉人为其远祖。故《王景曜墓志》所说其祖籍为太原是否属实，不无疑问。即使如此，从东晋末期到唐朝王景曜家族“投化归本”，也已经过了两百多年。王氏家族早已高丽化，此时入唐，仍然可视为是高丽人。

“海东”，在唐代以及之前是对朝鲜半岛地区的泛称。据墓志铭中的记载并联系当时的社会背景分析，“海东”在此当指高丽。《王景曜墓志》所说“洎乎唐初，龙飞在天，公之父焉，投化归本”，暗指唐朝灭亡高丽的战争。志载王景曜以55岁于开元二十二年（734）去世，推知其生于高宗调露元年（679）；又据志文“公之父焉，投化归本”来看，王景曜很可能在其父王排须入唐后出生；而王景曜之父“投化归本”的时间，当是在唐太宗父子征灭高丽的过程中。

在唐代，凡是有重大影响或有大功于国的蕃人，大都为朝廷所优礼，并往往赐甲第于京师。[②] 据志文所说“圣主嘉之，赐第京兆”推断，王景曜之父王排须入唐前当具有较高的身份地位。其随从泉男生主动投唐的可能性更大一些。

---

① 《唐代墓志汇编》，开元413，第1441～1442页。

② 马驰：《论仕唐蕃人之汉化》，载《唐史论丛》（第七集），陕西师范大学出版社，1998年。

据《王景曜墓志》所述，王景曜很可能参与了唐玄宗的诛韦政变。志载：

> 公忠贞成性，廉直居怀，尤善驾驭，明乎厩牧，初授殿中奉乘（正七品下职事官），稍转七卫中候（正七品下职事官），俄除率府司阶（正六品上武职事官），寻改甘泉果毅（正六品上武职事官），无何加游击将军（从五品上武散官）守翊府左郎将（正五品上武职事官），倾之加中郎（正四品下武职事官），超右威卫将军（从三品武职事官）借紫金鱼袋，并依旧仗内。

志文对志主的仕途记载过于简略，其受封官爵的具体原因不详。但作为一名驭手，只经五转就由正七品下跃居正四品的中郎将高位。从正七品下到正五品上用了四转，而从正五品上到"超"任从三品的右威卫将军只用了一转——如果没有殊功，怎么可能办到？诛韦政变发动之时，由于兵力不足，唐玄宗曾"召钟绍京领总监丁匠刀锯百人至"，以增强军事力量。王景曜当时以驭手的身份参与政变并被封为郎将是有可能的。史载政变成功后，拜参与之人"功大者为将军，次者为中郎将"，因此不难判断王景曜的受封中郎将正是因为其参与了玄宗的政变而致。另外，王毛仲与王景曜均族出高丽，从《旧唐书·王毛仲传》记载可知，王景曜（耀）与王毛仲关系密切。玄宗发动第二次政变的"前一日，因毛仲取内闲马三百"，驭手王景曜恰是整天与御马打交道的，相信在此时不会等闲旁观，这又一次旁证他很可能参加了第二次政变，其"加中郎，超右威卫将军"应是参与政变的封赏。

《王景曜墓志》载：

> 倾缘亲累，出为党州别驾。天子知冶长之非罪，思乐羊之忠赤，特追复旧官，依前仗内。调夏后之二龙，驭周王之八骏，进奉之妙，简于帝心。

关于王景曜被贬为党州别驾，《旧唐书·王毛仲传》有记载，王毛仲被玄宗贬杀，与毛仲平日过从甚密的将官均被贬职外调，其中王景耀（曜）被贬为党州员外别驾，与志载相符。据此，志文所曰"倾缘亲累"系指坐毛仲案而受株连。然据《王景曜墓志》所说，贬官不久，他被"特追复旧官，依前仗内"。王景曜最后"以开元廿二年（734）薨于位"，享年五十五岁。次年，"承诏葬之礼"，与夫人合葬于河南平乐原。

由上可见，王景曜从复官直到去世乃至去世之后，玄宗皇帝对其一直比较信任并不断褒扬，这对于当时的一名驭手来说不能说不是一个奇特的现象。这个现象的背后应当是他曾经对玄宗有过特殊贡献。而玄宗皇帝以前所经历的重要转折事件，最大莫过于两次政变。所以，这又从一个侧面证明王景曜至少参加过玄宗发动的一次政变，玄宗念及旧情，特予以宽免他与王毛仲的协从之罪并信任其至终。从这里来看，唐玄宗的心胸还是比较宽广的，甚至还是很有人情味儿的。

据志，王景曜先后有李氏、高氏两位夫人，二人均先其去世。嗣子王右肱，仅有名字留载，其他事迹不详，大概在当时没有官职。

四、小结

百济、高丽灭亡之后，两国有数十万人被迁到唐朝内地。仅高丽人就至少有二十万。许多人被授予唐朝官职，有些人及其后代适应了当时环境，得到重用。通过对上述百济人、高丽人的事迹考述可以看出，百济人参与宫廷政变的很少，就笔者目前所了解的史籍记载，仅有沙吒忠义一人，其参与政变是因为其打败仗被夺官，郁郁不得志，最后卷入政变的漩涡之中。其他的百济人暂没有发现有参与的记载，这种现象与高丽人颇为不同，耐人寻味。

参与政变的高丽人的资料较多。这些高丽人具有一些相同特点：起初地位比较低下，但在参与政变之后，得到了皇帝的信任，地位迅速上升。值得思考的是，在唐朝的政变中，也看不到入唐的高丽王室及其后裔和贵臣参与。反而是地位卑微的高丽人后裔在这些政治活动中脱颖而出。为什么会出现这样的情况？笔者认为，其原因有三：

第一，可能是因高丽王室和贵臣身份特殊，受到唐政府的特别关注而不得不谨慎从事，他们不能或不愿意再卷入唐朝的政治是非。如原高丽权臣泉男产入唐之后，就在公事之余，纵情于歌舞之中，不闻其他政事，因而在武则天朝代免于酷吏的迫害。高丽、百济王室成员或贵臣不参与唐朝的政变，或与此有相似之处。

第二，处于底层的高丽人及其后裔，许多人是中下级将领或者是平民后裔，虽具有一定的军事才能，但因地位卑微，较少引人注意。为了在唐朝社会中立足发展、展露才能，他们抓住机会积极地参与政治和军事活动。出身于中下层社会的官吏，处于地位上升时期或者面临重大事件考验时，特别是在命运转折关头，会更加渴望在仕途上博取功名，因而更容易产生“赌博”心态。败了，他们基本上没有多大损失；成了，他们则会平步青云，这就是他们忠心耿耿为主子卖命的根本原因。王毛仲、李仁德、王景曜三人的出身和经历均是按照这种模式发展的。

唐代是个开放的朝代，对于异族人的行为，唐人较少歧视，包括高丽人在内的异族人也极少有人因族出而畏首畏尾。所以，在某种意义上，王毛仲、李仁德、王景曜的经历，已经超出了高丽人的民族范畴，具有普遍的社会性。对于玄宗皇帝来说，在其地位没有牢固或者说是在政治斗争中远没有胜算的情况下，更需要有赤胆忠心之人辅佐保驾。许多官员属于韦后或太平公主的党翼，也有官员远离政治漩涡以避祸自保，这些人李隆基都无法信任、利用。出身卑微又有进取心的中下级官吏和仆役恰可以补足他的心愿，这就是玄宗皇帝对王毛仲等卑微出身的人大加封赏的原因。其实，历代王朝的君主为政莫不如此。王景曜贬官之后又很快复官，直到去世都能得到玄宗的善待，也是基于此因；只不过在王毛仲因宠生变的威胁下，玄宗不得不杀戮毛仲，这实际上都与玄宗夺位、固位的初衷相一致。

第三，高丽等三韩民族在历史上接受华夏文化的时间较久远，影响很深，这种文化上的认同感使得三韩人与其他少数民族人相比较，更容易受到唐统治者的认同和信赖。反过来，这也是王毛仲、李仁德、王景曜等人乐于为玄宗政变积极奔走效力的重要原因。在包括异族人在内的部属忠心耿耿的辅佐下，唐玄宗逐渐巩固了自己的统治地位，唐朝开元盛世的大幕逐渐拉开。

第七章　唐朝商业领域内的三韩人

长安城有东、西两个大市场，每个市场里都有许多集市（译按：即“行”）。东市坐落在贵族和官僚住宅区附近（译按：《唐两京城坊考》卷三“东市”下云：“公卿以下居止多在朱雀东街，第宅所占勋贵，出是商贾所凑，多归西市”），这里没有西市拥挤，环境比西市安静，场面也更奢华；西市则更嘈杂，更大众化……此外，西市的外国货也比东市多。每个集市都被货栈所环绕，而且都有自己独特的商品种类和一位首脑（行头）。依照唐朝法令的规定，每个集市都要陈列出写明其专营货物名称的标志。大多数外国商人都来到西市，陈列出自己带来要出售的商品。

——［美］谢弗①

唐朝社会繁荣的一个表现，就是其商业比较发达。促成唐朝商业繁荣的因素很多。强盛的国力、开放的政策和发达的交通，使唐代的外商无论是在国别上还是在人数上都远远超过了前代。唐代外族或外国商人在国别上有朝鲜半岛的新罗、高丽、百济，有日本、林邑（越南中南部）、真腊（柬埔寨）、骠国（缅甸境内）、天竺（印度）、狮子国（斯里兰卡）、固失密（克什米尔）、尼婆罗（尼泊尔），也有分布在前苏联中亚地区的康、安、曹、石、米、何、火寻、戊、他、史，还有波斯（伊朗）、大食（阿拉伯）、拂林（东罗马）等许多国家。据《唐六典》记载，达七十余国。② 在众多外商中，以波斯、大食人为最多。史载，唐肃宗上元元年（760），扬州刘展作乱，邓景山引田神功助讨，“神功至扬州，大掠居人资产，……商胡大食、波斯等商旅死者数千人”。③ 唐僖宗乾符五年（878），黄巢起义军攻陷广州，据说波斯、大食等外国人被杀者“数达十二万以至二十万人。……

---

① ［美］谢弗著，吴玉贵译：《唐代的外来文明》，第35页。

② 《唐六典》卷4《尚书礼部》。

③ 《旧唐书》卷110《邓景山传》。

前此恃营商中国为生，至此破产者，比比皆是也”。[①] “十二万以至二十万”似有夸大，有数万人是可信的。营商破产者“比比皆是”，这从侧面反映了当时来中国经商的外国人数量之多。[②]

从主观上说，统治者重视商业，可以直接刺激、促进商业活动的发展。唐高祖太原起兵后，曾经得到商人的支持[③]应当是唐朝重视工商业的一个因素。从客观的角度看，社会发展需要商人的参与，因此，包括三韩在内的各周边民族国家参与唐朝的贸易是促进唐朝经济发展的重要因素之一。参与唐朝商业的三韩人，涉及社会的各个阶层。

商业，在古代具有比较广泛的含义。巫宝三先生认为，在古代，除了农家副业外，手工业大多是由商人经营，所以唐朝时期的商业也包括手工业者的活动内容。城市中店铺的“前店后场”是封建社会工商业经营的主要形式。在唐朝初期，统治者已经认识到工商业对封建经济的必要性。[④] 中国古代时期的“抑末”思想和政策始于秦，盛行于西汉，到唐代开始转变，出现了重商思想。这一新思想的出现，改变了人们对于工商业的态度和认识，关系到工商业在封建社会经济体制中所处的地位和发挥的作用，是有重要历史意义的。[⑤] 三韩人在唐代的商业活动就是在这种所谓的重商主义思想影响下进行的。

第一节 三韩使者在国家交往中的商人成分

在与唐朝的交往中，包括三韩在内的周边民族和国家都有各自的目的，

---

① 方豪：《中西交通史》（上册），岳麓书社，1987 年，第 258 页。

② 介永强：《唐代的外商》，载《晋阳学刊》，1995 年第 1 期。

③ 《续通志》卷 501《武士彟传》载，武则天之父武士彟，“世殖货，喜交结。高祖尝领屯汾晋，休其家，因被顾接。”李渊等当时起兵，实际上就是反叛隋朝，这些反叛者手中掌握的物力、财力相对于当权者隋朝来说，当然是有限的，需要得到资助。而大商人此时对其的财力帮助，必然对其用兵有很大帮助。所以，当唐朝取代隋朝之后，对曾经资助过他们的商人不会不优待一些。

④ 关于这个问题，《旧唐书》卷 177《曹确传》记载晚唐时朝臣曹确引述唐太宗的一段话，可以作为说明。曹确上疏谏阻懿宗宠幸伶官说：“臣览贞观故事，太宗初定官品令，文武官共六百四十三员，顾谓房玄龄曰：‘朕设此官员，以待贤士。工商杂色之流，假令术逾侪类，止可厚给财物，必不可超授官秩，与朝贤君子比肩而立，同坐而食。’”这一说法，一般被用来说明唐代有禁止商人入仕的律令。巫宝三先生对其重新解释，认为这正是唐太宗认识到工商业者的作用的表现。笔者认同此观点。

⑤ 巫宝三：《唐代重商思想的兴起》，载《中国经济史研究》，1997 年第 3 期。

其中，政治利益的比例非常大。这种情况在唐朝与三韩之间的交往中表现较突出，尤其是在唐灭百济和高丽之前。但是这些交往并不一直占主流。当政治上的分歧和矛盾解决之后，其他方面，如经济、文化交流等需要就提上日程。所以，在入唐的使者中，有相当一部分人担负着朝贡贸易的任务。之所以说是朝贡贸易，是因为蕃国以朝贡的名义献物品给唐朝皇室，而唐朝皇帝总是给朝贡国以赏赐，故这种情况在一定程度上带有贸易性质。在这种官方交往中，唐朝赏赐的物品往往又不低于甚至高于接收物品的价值，不少国家看到这种朝贡可以带来丰厚的物质利益，于是积极、频繁地向唐朝献物纳贡，这就加强了朝贡在贸易方面的性质。

负责完成这些商品交换活动的就是穿梭往来于两国之间的使者。

在三韩国家中，新罗和唐朝联系最紧密，交往时间最长。唐朝对新罗的朝贡回赐与其他国家一样。仅据两《唐书》、《册府元龟》记载，由新罗进入唐朝的朝贡物品涉及奇珍异宝、珍稀动物、精美工艺品。如动物有果下马等，海产有海豹皮等，金属有金、银、铜等，佛事有金银佛像、佛经、幡等，金属工艺品有镂鹰铃等，纺织品有朝霞绸、鱼牙绸、纳绸、布等，药物有牛黄、人参等。唐朝回赐的器物有金银钿器物、金带、银钿带、银带、鱼袋等，衣服有紫罗绣袍、锦袍、紫袍、绿袍等，纺织品有锦彩、彩绫、瑞文锦、五色罗彩、绢、帛等，动物有白鹦鹉等。《唐会要·新罗》说新罗“所输物产，为诸蕃之最”，可见其贡献之多。这些贡献与回赐，实际上是作为商品而交换的，享用珍贵物品的当然主要是帝王将相这些统治阶层。

入唐使者们在完成朝贡贸易任务之外，往往还顺便牟取一点私利，即在朝贡贸易过程中夹带自己的物品来唐朝交换，或者从唐朝购买物品捎带回国。在新罗使者携带入唐贩卖的物品中，最为唐人所称道的是松子。据记载：“新罗使者每来，多鬻松子，有数等。玉角香、重堂枣、御家长、龙牙子，惟玉角香最奇。使者亦自珍之。”① 而新罗使者回国之前最想得到的，往往是唐朝著名文人的诗歌作品。武则天时代的张鷟就是文人中最有代表性的。张鷟，字文成，自小天资聪慧，博览群书，下笔成章，对策尤工。考功员外郎骞味道叹赏说：“如此生，天下无双矣！”员外郎员半千也曾对人讲：“张子之文如青钱，万简万中，未闻退时。”时人称之为“青钱学士”。就连后突厥可汗阿史那默啜也对其文章大为赞扬，当得知张鷟被武则天贬官时甚至产生了对武周的蔑视：“国有此人而不用，汉无能为也。”可见，张鷟文

① （宋）陶谷：《清异录》卷上《玉角香》，中国商业出版社，1985 年。

章在当时的知名度之高。而新罗、日本等受唐文化熏陶很深的国家对张鷟的文章就更加欣赏重视，“东夷诸蕃，尤重其文，每遣使入朝，必重出金贝以购其文”。① 使者在唐朝花重金购买文章，除了用来自己学习、收藏之外，可能也有馈赠甚至在本国兜售谋利的情况，这从下文鸡林宰相以金换诗的情况里可以看出。

与张鷟同样以诗歌文章引起轰动并声名远播外域的还有著名诗人白居易和元稹。二人来往赠答之诗，有自三十、五十韵乃至百韵者。特别是两人在不容于朝、被贬官江南期间，“江南人士，传道讽诵，流闻阙下，里巷相传，为之纸贵”。② 白乐天、元微之之诗在唐朝国内流传之普遍，几乎达到了妇孺皆知的地步：“禁省观寺、邮候墙壁之上无不书；王公妾妇、牛童马走之口无不道。其缮写模勒，炫卖于市井，或因之以交酒茗者，处处皆是。其甚有至盗窃名姓，苟求自售，杂乱间厕，无可奈何。”就连刚刚识字的幼童也“竞习歌咏”“乐天、微之诗”。对于白居易、元稹之诗，新罗人和唐人同样喜爱。鸡林贾人求市颇切，自云：“本国宰相，每以一金换一篇，甚伪者，宰相辄能辨别之。”③ 新罗商人为了谋求巨利，不惜重金购买白居易、元稹的诗篇，反映了二人诗歌流传的广度和受欢迎的程度。尽管目前在史书中没有发现新罗使者入唐购买元、白诗的记载，但从商人都出重金购买诗篇的情况来推测，出使唐朝的使者中当不会无人利用出使的机会寻求元、白的诗歌。这些有趣的现象，从某种程度上来说，似乎已经超出了单纯的经济利益方面的考虑，带有追求时尚的性质了。

高丽、百济两国灭亡之前，尽管因为和新罗之间矛盾纷争的关系，与唐的交往受到一定程度的阻碍，但两国与唐朝之间实际上还保持着朝贡、回赐的联系。这在前面有关入唐使者内容的叙述中可以看出。入唐的高丽、百济使者，除了完成朝贡任务之外，是否还有其他的有关私自贸易的情况？笔者尚未发现史籍中有这方面的记载。根据唐朝国家间出使的情况，这种借出使之机为自己买卖物品或者是进行其他交换的活动应当是存在的。④

使者在出使过程中为求私利而进行的商业活动毕竟有限，除了朝贡贸易

① 《旧唐书》卷149《张荐传》。

② 《旧唐书》卷116《元稹传》。

③ 《旧唐书》卷116《白居易传》。

④ 有关国家间使者借出使之机私自贸易的情况，在唐朝派往藩属国的人身上也有所反映。据《旧唐书》卷149《归崇敬传》记载：“（唐朝使者出）使新罗者，至海东多有所求，或携资帛而往，贸易货物，规以为利。”唐朝的经济、文化等较海东发达，使者尚且携带物品去贸易，更何况追慕大唐文明的海东使者呢。

外，国家之间的经济联系主要靠商人来维系。

第二节　三韩商人阶层在唐朝的活动

三韩商人在唐朝的活动，正史中的记载较少，主要在唐人的笔记小说和游记中有反映。除了上面提到的入唐使者和出重金购买元、白诗的新罗商人之外，其他在唐朝求财谋生的新罗人当中，既有平常百姓，也有部分来自新罗国的政府官员。这些人在唐朝有的为水手船工，有的做译语（翻译），还有人作为商贩，从陆路或者海路在唐朝境内以及在唐朝和新罗、日本等国家之间从事商业贸易。此种情况在日本僧人圆仁的游记《入唐求法巡礼行记》中有反映。

圆仁所在的使团在楚州雇新罗人熟悉海路者，一次就雇到六十余人，分配于九条船上。每船或五人，或六人，或七人不等。① 这些被雇的新罗人"谙海路"，说明他们经常在海上往来，靠自己的航行经验和出卖体力谋生。另有一些"谙海路"的新罗人专门从事水路以及海上运输贸易。

圆仁在游记中记载了在东海县荒郊野外河面上遇到一伙新罗人的情况。这些人一见到圆仁等人，就停船派人来问他们停留此处的原因，并自称："吾等从密州来，船里载炭向楚州去。本是新罗人，人数十有余……"在荒凉无人之境遇到这些陌生人，圆仁非常害怕，就编出一些谎言来搪塞。不料这些新罗人非但毫无加害之意，还告诉他附近没有村落，并派一人专门送圆仁等到二十里之外的宿城村——这是最近的村落，在宿城村也有新罗人家。② 圆仁碰到的这些从事水路运输的新罗商人，熟悉密州到楚州之间的地理。他们和在沿途居住的新罗人似乎也有联系。

在停留崂山等船回国的时候，圆仁接到苏州船上唐人江长和新罗人金子白、钦良晖、金珍等的书信。信中说：江长等人的船将从苏州松江口发往日本国。因为得知圆仁等人要回国，所以专门前往圆仁等所在的莱州崂山，接他们上船。③ 上述情况表明，圆仁搭乘回国的船只是由唐人江长和新罗人金

① 《入唐求法巡礼行记》卷1。

② 《入唐求法巡礼行记》卷1。

③ 《入唐求法巡礼行记》卷4。

子白、钦良晖、金珍等共同经营的，他们的运输船在唐、新罗、日本之间经营贸易。在进行跨国贩运的时候，新罗商人注意和唐朝商人合作，较好地结合了“地利”与“人和”的优势。

在圆仁的游记中，没有专门对经商的新罗人进行介绍，但是从文字中可以推测出其中的一些人是经商的。例如，会昌六年四月二十七日，停留在文登县的圆仁接到新罗人王宗从扬州带来的日本国性海法师的来信，五月一日王宗就返程回扬州。圆仁遂写书信，让王宗带给性海法师。① 这个新罗人王宗，很可能就是来往于登州和扬州之间的商客。

圆仁游记对许多在唐新罗人的记载描述没有说明他们的职业，但从中可以看出有些人在唐朝过上了定居生活。这些人是否经商，不得而知。而在唐朝，与定居新罗人有关，同时也和经商相关的有两个现象：一是分布于唐朝沿海各地的新罗坊，二是登州文登县的赤山法华院。另外，新罗馆在《入唐求法巡礼行记》中出现过一次，就是圆仁在登州文登县所看到的：“（登州都督府）城南街东有新罗馆、渤海馆。”②

有关新罗坊的性质，目前国内外学界讨论不少。主要有如下四种观点③：

（1）“……等地有作为新罗人自治的部落新罗坊。”④

（2）“在唐新罗人社会，并不是被唐同化的社会，而是具有租界（colonise）的组织和机能的社会。”⑤

（3）“新罗人分布在首都长安和全国各地，过着活跃而进取的生活，并享有治外法权的特权。”⑥

（4）“新罗侨民在唐朝享有一定的自治权。”⑦

---

① 《入唐求法巡礼行记》卷4。

② 《入唐求法巡礼行记》卷2。朴文一先生认为，“新罗馆是由唐朝官方为专门接待来自新罗的官方使节而设置的机关。在圆仁的《入唐求法巡礼行记》里我们还未发现他巡访各地途中利用新罗馆的记载，而相反多是关于新罗院或者是新罗坊（村）的民泊记载。我们还应注意到他的以下记载：‘（开成三年七月二十四日）申时，到宜陵馆，此是侍供往还官客之人处。’从这里，我们可以进一步了解新罗馆的机能。”朴文一：《试谈在唐新罗坊的特点及其性质》，载《延边大学学报（社会科学版）》，2000年第3期。

③ 朴文一：《试谈在唐新罗坊的特点及其性质》，载《延边大学学报（社会科学版）》，2000年第3期。

④ ［朝］《朝鲜全史》第5卷，（平壤）科学、百科辞典出版社，1979年。

⑤ ［韩］崔在锡：《统一新罗·渤海与日本的关系》，［韩］一志社，1993年。

⑥ ［韩］金文经、金成勋、金井昊：《张保皋海洋经营史研究》，［韩］李镇图书出版社，1993年，第22页。

⑦ 陈尚胜：《唐代的新罗侨民社区》，载《历史研究》，1996年第1期。

在上述四种观点中，前三种均认为新罗坊是新罗人在唐朝设立或经营的独立机构，有类于今天国际社会中的驻外使领馆。这种观点同前面所说的认为割据淄青的李正已家族“在事实上维持小王国体制”的观点一样，不仅没有建立在全面掌握历史资料的基础之上，甚至有故意歪曲历史之嫌。第四种观点基本上为我国学者所持，如陈尚圣、朴文一等。这些学者对于他们的立论列举史实资料详细论证，并对上述三种观点进行了讨论，结论公允。该观点认为：新罗坊（村）在唐享受一定的自治权，其自治权甚至比其他侨民区更大，但这不应理解为近代的治外法权，尤其是不能把新罗坊（村）看成是什么带有租界性质的居留地区。① 简言之，新罗坊必须在严格遵守唐朝政令的前提下运转。

新罗坊的活动严格遵守唐朝政府政令的表现，《入唐求法巡礼行记》中有相关记载。圆仁在唐期间，与新罗坊屡有交往，特别是在其回国过程中交往频繁，如《入唐求法巡礼行记》卷 4 所载的数例：

当归途经过涟水县时，先入新罗坊，但“坊人相见，心不殷勤。（圆仁）就总管等苦觅认识，每事难为。圆仁写申请入县见长官，请停泊当县新罗坊内，觅船归国。长官相见哀恤，唤祗承人处分，令勾当茶饭饮食。且令将见长官，问云：‘新罗坊内，曾有相识否?’又吩咐手下说：‘领和尚到新罗坊，若人认识，即吩咐取领状来；若无人认，即却领和尚来’”。即如果在新罗坊内有人认识圆仁，圆仁就可以留下居住，否则就不能在新罗坊内留住。圆仁在此有一个曾经认识的新罗人崔晕第十二郎，但崔晕也是借住新罗坊的，不能作为证明。圆仁欲以楚州有曾经被雇佣的新罗水手来说明有人认识他，却不被官方承认，最终被拒绝在新罗坊留住。表明新罗坊留住外人是受到唐朝政令严格约束的，不能自作主张。

然而，会昌五年，圆仁在经过楚州时，却能很顺利地入住。“先入新罗坊，见总管当州同军将薛、新罗译语刘慎言，相接存问殷勤。文书笼子，船上著译语宅。”会昌七年（847）六月五日，圆仁等人再次到达楚州新罗坊，已经成为总管的刘慎言派专使迎接，“兼令团头一人搬运衣笼等，便于公廨院安置”。圆仁之所以能在楚州新罗坊顺利住下来，是因为有新罗人刘慎言的引见。这种引见带有一定程度的担保之意，是唐朝政府为了治安稳定而采取的措施。从圆仁在唐的经历来看，新罗坊执行唐朝政令还是非常认真的。

新罗坊内有新罗人居住，而在此居住的新罗人很多是商人。会昌七年六

① 朴文一：《试谈在唐新罗坊的特点及其性质》。

月十八日晚，圆仁“乘楚州新罗坊王可昌船，其船已往登州赤山浦讫”。王可昌是新罗坊内人，很可能是新罗人，王可昌的船从楚州到登州，应当是做运输贸易的。前面曾提到圆仁在荒野中遇到载炭贩卖的新罗人，与王可昌的这种水路运输贸易应属同类性质。

与新罗坊有关的商人，除了平民外，还有新罗国的官员。前述圆仁在新罗坊遇到的崔晕第十二郎就是新罗官员，“曾为清海镇兵马使”，圆仁留住“登州赤山院时，一度相见”。二人曾经约定，圆仁回国时，到涟水找崔晕，崔晕将与圆仁一道到日本。在圆仁来涟水前，崔晕回过一次新罗，但因“遇国难，逃至涟水住”。① 值得注意的是，崔晕曾经是新罗国清海镇兵马使，圆仁与之第一次相见是在文登县的法华院，该法华院又是曾治理清海镇的新罗人张保皋所建；圆仁第二次与之相见是在涟水县，而涟水县又是与张保皋关系密切的另一新罗人郑年曾经居留的地方。张保皋和郑年二人曾经在唐朝军队中任职，《新唐书》有其传。② 崔晕因何在文登县和涟水县？这和张保皋、郑年是否有关？为什么在文登县和涟水县都有新罗人？对此，有必要对张保皋的事迹进行了解。

张保皋、郑年曾经在唐朝武宁军中任职。永贞元年（805），唐顺宗赐予徐州节度武宁军的称号。③ 所以张保皋入唐的时间当在永贞元年之后。据《樊川文集》载，在唐朝开始任职武宁军小将的张保皋，时年三十岁。后张保皋回国镇守清海镇，对掠卖新罗人为唐人奴婢的海盗进行打击，从唐宪宗元和（806—820）之后，掠卖现象消失。则张保皋当在元和年间回国，其归国原因不详。

由于清海镇乃新罗国与唐朝海上交通的要道，所以张保皋在镇守的同时也做起了航海贸易。圆仁所见的文登县清宁乡赤山法花（华）院，乃张保皋出资建造。法华院拥有庄田，其庄田一年得五百石米。前引有关研究认为

---

① 《入唐求法巡礼行记》卷 4。

② 《新唐书》卷 220《新罗传》记载：“有（新罗人）张保皋、郑年者，皆善斗战，工用枪。年复能没海，履其地五十里不噎，角其勇健，保皋不及也。年以兄呼保皋，保皋以齿，年以艺，常不相下。自其国皆来为武宁军小将。后保皋归新罗，谒其王曰：‘遍中国以新罗人为奴婢，愿得镇清海，使贼不得掠人西去。’清海，海路之要也。王与保皋万人守之。自大和后，海上无鬻新罗人者。保皋既归于其国，年饥寒客涟水，一日谓戍主冯元规曰：‘我欲东归，乞食于张保皋。’元规曰：‘若与保皋所负何如？奈何取死其手？’年曰：‘饥寒死，不如兵死快，况死故乡邪！’年遂去。至，谒保皋，饮之极欢。饮未卒，闻大臣杀其王，国乱无主。保皋分兵五千人与年，持年泣曰：‘非子不能平祸难。’年至其国，诛反者，立王以报。王遂召保皋为相，以年代守清海。”

③ 《旧唐书》卷 14《顺宗本纪》。

唐朝中下田的亩产量在一石以上，[①] 所以赤山法华院拥有的地产在五百亩左右，而从游记所载内容来看，其所在的地理位置又多山地，故整个法华院所占有的面积应远远多于五百亩。只是目前还没见到有资料说明这么大面积的地产是如何得到的。

张保皋为什么在赤山建造法华院？很可能是为新罗和唐朝之间航海便利而置。因为登州是新罗与唐朝往来的必经口岸，在当时的航海条件下，航船受气候影响非常明显，出海远行没有很大把握，但张保皋与唐朝的贸易需要经常走海路，故建造法华院托求佛祖保佑其航海贸易的安全，当然也可以为贸易者提供食宿方便。

在赤山法华院附近还有许多新罗人居住，圆仁游记中没有说明他们是否和张保皋的商业活动有联系，笔者认为，他们很可能是张保皋商业活动中的环节之一。这些在登州海岸居住的新罗人与上文所提到的来往于登州和涟水、楚州等地的崔晕第十二郎，以及楚州新罗坊人王可昌等一样，可能都是张保皋商队中的成员。《入唐求法巡礼行记》卷2记载："夜头，张宝高（张保皋）遣大唐卖物使崔兵马司来寺（文登县赤山法华院）问慰。"此"崔兵马司"当即崔晕第十二郎。崔晕第十二郎曾经为清海镇兵马使，而张保皋则为清海镇大使，负责镇守清海镇事务，所以崔晕应为张保皋的部下。其在唐朝所游历的地方也是与张保皋在唐期间的活动地区有关。[②] 他们各司其职，在唐联络、运输贩卖。而沿途的新罗坊则成为新罗商人歇息、沟通信息的联络站。

张保皋通过镇守清海镇遏制了海盗掠夺贩卖新罗人入唐为奴的活动，同时依靠自己的政治力量和自然地理条件发展航海贸易，成为大商人。有观点认为，张保皋"不仅掌握了东方三国的商业权，而且在政治上掌握了很大的权力"。[③] 事实是否如此呢？

公元839年，新罗国发生宫廷政变，国王金悌隆被逼自杀。在大阿餐金佑征的要求下，镇守清海镇的张保皋派郑年率5000兵打败弑君自立的新罗

---

① 胡戟：《唐代粮食产量》，载《西北大学学报》，1980年第3期。

② 前面所说的崔晕遇到"国难"，是指新罗国内发生的政变。但圆仁所谓的崔晕因"国难"而逃入唐朝的说法是不恰当的。崔晕是张保皋的手下，张保皋曾经因镇压叛乱一度为新罗国的功臣，后来张叛乱而被镇压。崔晕逃到唐朝，当是无奈的选择。圆仁因为在唐朝受到崔晕的眷顾，所以在文字表述上为崔晕掩饰。官员张保皋的事迹，后文将有详述。

③ 朝鲜民主主义共和国科学院历史研究所著，吉林省哲学社会科学研究所译：《朝鲜通史》上卷，第一分册，吉林人民出版社，1975年，第237页。

王金明。金佑征继位新罗王，赐张保皋为感义军使，食实封二千户。[①] 随后拜其为镇海将军。公元846年，张保皋因为怨恨新罗王不纳其女为妃，“据镇叛”，新罗王遂派武士阎长设计杀死张保皋。如果说张保皋掌握了较大权力的话，那也只是在出兵辅佐金佑征为王之后，即在公元839年到846年被杀之间。在公元839年之前，张保皋不过是拥有一万兵士的一镇之长，并没有很大权力，即使在封为镇海将军之后，他也是在清海镇的地盘上，所以当其叛乱时，史载是“据镇叛”，他的控制范围也仅限于清海镇。张仅管辖其镇内事务，同时防止海盗掠卖人口。其权力再大也仅止于此，并没有“很大的政治权力”。

不过，对于张保皋来说，管辖范围和政治权力的大小与否并不妨碍其利用有利的地理位置成为大商人。清海镇的具体位置，史书中并没有具体说明，推测应当在新罗的西海岸与今山东半岛相对之处，而且可能是在某一个海岛之上。[②]

清海镇地处新罗通向唐朝的要道（位置），也在唐朝和日本之间交往的航线上，利用这些有利的条件，张保皋做起了唐、罗、日之间的海路贸易。从圆仁的游记记载来看，其所做的贸易比较有组织。但唐、罗、日这东方三国之间的“商业权”是否由张保皋一人“掌握”了呢？回答是否定的。

首先，正如前述，张保皋的控制范围仅限于清海镇，清海镇虽处在与唐朝的交通要道上，但新罗通向唐朝的港口不止清海镇一处，其他港口同样也在进行贸易；从地理位置来看，新罗与日本之间的港口更多，清海镇只算是位置最优越的。

其次，唐朝和新罗之间的海路交通有数条。《入唐求法巡礼行记》记载了由浙东明州、扬子江口、楚州、海州、登州等五处通往新罗的海道。《新唐书·地理志》载贾耽所述通国外七道，因系指其最要者，故海道只提及登州海行入高丽（新罗）、渤海道一道，实际上并非一道。[③]

再次，进行三国之间贸易的商人不仅新罗国有，唐朝、日本同样不少，唐朝李正己家族割据淄青，就是利用其押新罗、渤海两蕃使的有利条件发展与唐朝内外的贸易，为其割据积累巨额经济基础。

---

① 《三国史记》卷10《新罗本纪第十》。

② 《三国史记》卷11《新罗本纪第十一》记载，当新罗王欲娶张保皋女为妃时，朝臣谏曰：“夫妇之道，人之大伦也。……今弓福（指张保皋，张保皋字弓福）海岛人也，其女岂可以配王室乎？”

③ 韩国磐：《南北朝隋唐与百济新罗的往来》，载《历史研究》，1994年第2期。

最后，在张保皋镇压清海镇之前，三国之间的贸易交往肯定就已存在，而在张保皋因叛乱被杀之后，三国之间的贸易交往也当不会停止。总之，张保皋在发展唐、罗、日之间的贸易交往中取得了很大成绩，这是没有疑问的，但认为其掌握唐、罗、日三国的贸易的说法则稍嫌臆断了。

第三节　唐朝境内与新罗商人有关的物产、地名及事迹

商业贸易的一个特点是可以使商品在地区间流动，互通有无，商人的活动痕迹就在此过程中留下了。新罗商人把新罗物品输送到唐朝，有些物品被当时或后世的人记载了下来。新罗和唐朝都灭亡于十世纪初，但后世中国称呼某些物品时，仍以新罗相称，这其中就留有新罗商人转输有无的印记。

就从新罗输入中国的物品来说，除了前面所说的朝贡物品外，还有新罗的药材、蔬菜、水果、花卉、海产等。笔者将所见的有关物品略举如下：

新罗榛子。中医认为，欲"调中开胃生肌令人肥白"，食用新罗榛子最灵验。①

新罗松子油。与砒霜等药物合用，可"治一切疣赘瘢靥"。此药方明代时候仍然存在。②

新罗白附子。宋人以新罗白附子（一两、汤洗、去皮）、大半夏（一两）制造补虚丸。③

新罗人参。这在唐人陆羽《茶经》里面有记载。"（茶）采不时，造不精，杂以卉莽，饮之成疾，茶为累也。亦犹人参上者生上党，中者生百济、新罗，下者生高丽，有生泽州、易州、幽州、檀州者，为药无效况。非此者，设服荠苨，使六疾不瘳，知人参为累，则茶累尽矣。"④ 陆羽被称为"茶王"，他以人参的产地与茶产地类比，说明唐人对新罗、百济、高丽等不同地方的人参药效情况已比较了解，这里面当有新罗商人居间经营贩卖的功劳。

---

① （明）朱橚：《普济方》卷36《胃腑门》，"调中开胃生肌令人肥白"条。

② （明）朱橚：《普济方》卷51，"面门"条。

③ （宋）王衮：《博济方》卷4，"补虚丸"条。

④ （唐）陆羽：《茶经》卷上《一茶之源》。

海松子。又名香新罗，《本草》云："松实，状如猪心，迭成鳞砌，秋老则子长鳞裂。惟辽海及云南者谓之海松子……形小壳薄有香新罗者，肉甚香美。"①

新罗薄荷。朱橚《救荒本草》记载，"有胡薄荷，与此相类，但味少甘，为别生江浙间，彼人多作茶饮，俗呼为新罗薄荷"。②

新罗桃。子可食，性热。③

水茄。《会稽志》记载，"会稽有水茄，亦名银茄，云是新罗种，形如鸡卵"。④

新罗。一名玉梅，又名倭菊，或云出海外国中，开以九月末，千叶，纯白，长短相次而花叶尖薄鲜明，莹彻若琼瑶。⑤ 直接以新罗来称呼菊花，说明其可能与新罗或新罗人有关，而其又称为倭菊（唐高宗之前，日本称为倭国），说明这种菊花或来自新罗，或者从倭国而来，至少这种菊花传入中国与新罗商人有关。宋代诗人江袤有诗云："黄花开尽白花开，移自新罗小小裁。雅质似嫌施粉黛，玉肌端是屑琼瑰。曾参御侧龙颜爱，尚带天边月色来。轻着晓霜添妩媚，看匀红浅上香腮。"⑥ 从诗句中表达出的思想来看，诗人对来自新罗的菊花特别欣赏。

海红。明代杨慎《丹铅摘录》记载，《刘长卿集》有"夏中崔中丞宅见海红摇落一花独开"诗，海红未详为何花，后见李白诗注云："新罗国多海红，唐人多尚之，亦戎王子之类也。"⑦

海石榴。据《记纂渊海》引《传记》记载，新罗多海石榴，并引用《酉阳杂俎》中唐宰相李德裕之言，"花中带海字者，悉从海东来也"。⑧

担罗。担罗，蛤类也，生新罗国，彼人食之，主治热气消食。⑨

砚台。由于唐、罗在文化上共奉儒家，所以文房四宝也成为唐、新罗文人的挚爱。新罗国出产的砚台质量上乘，为唐文人所欣赏。宋朱长文引唐《询砚录》云："予生十五六岁即笃喜砚墨纸笔……又数年，于南省试，见

---

① 《钦定授时通考》卷63《农余·果二·松子》。
② （明）朱橚：《救荒本草》卷8《菜部·薄荷》。
③ 《钦定授时通考》卷63《农余·果一·桃》。
④ （宋）施宿等：《会稽志》卷17《草部》。
⑤ （宋）刘蒙：《刘氏菊谱》，《新罗第二》。
⑥ （宋）史铸：《百菊集谱》卷4《历代文章·御爱菊》。
⑦ （明）杨慎：《丹铅摘录》卷8。
⑧ （宋）潘自牧：《记纂渊海》卷93《花卉部·花·榴花》。
⑨ （明）杨慎：《异鱼图赞笺》卷4《海蛤》。

贡士茹孝标用黄石，色不甚深而壮正圆，广三寸余，其间墨光可鉴，云出新罗国……”①

上述与新罗有关的物品有一个共同的特点，就是与百姓生活密切相关。尤其是药材的引入，为中医更好地发现良方，从而更快更准地为治疗疾病提供了很便利的条件。这背后离不开新罗商人的辛劳。

以上是新罗传入中国的物品，也有中国物品经过新罗商人传入其国，受到新罗人喜欢的，如荔枝。荔枝是中国岭南特产，唐代时期已经美名远扬。看到“一骑红尘”送来的荔枝，不仅像杨贵妃这样的社会上层人士喜欢万分，就连周边民族或国家的人都甘愿重金购买。所以，直到宋代时期，福州种植的荔枝，“一家至有至于万株”之多者，而荔枝“初着花时，商人计林断之以立券，若后丰寡商人知之不计，美恶悉为红盐者，水浮陆转以入京师，外至北漠、西夏，其东南舟行新罗、日本、流求、大食之属，莫不爱好去声，重利以酬之。故商人贩益广而乡人种益多，一岁之出不知几千万亿”，② 荔枝如此受到中外人士的喜爱，怎能不让包括新罗在内的各国商人蜂拥而至呢。

当然，商人的基本出发点是谋利，这种求财目的表现在新罗商人身上非常明显。唐人朱景玄《唐朝名画录》记载：周昉，字仲朗，京兆人也，节制之后，好属文，穷丹青之妙……（画）卷轴等至多。贞元末，新罗国有人于江淮以善价收市数十卷持往彼国。③ 这些善价收购名画家的新罗商人，为的是将名人字画卖给本国人谋取更高的价格。而由于两国文化上的相近，新罗国不少人喜欢唐代著名文人的作品，如前述已经提到白居易、元稹、张鷟等的诗文被新罗人所追爱。明代徐应秋《玉芝堂谈荟》更总结说：“元和中，鸡林贾人鬻元白诗，云东国宰相以百金易一篇，伪者辄能辨……天后朝，日本、西番重用金宝购张鷟文。杜正藏常著文章，体式时人号曰文轨，远至鸡林亦相传习。”④ 文化方面的追求，使得众商家有利可图，当然就积极奔走了。

前面所说的新罗使者趁出使时顺带谋点私利，而新罗商人则是专职求利。正是因为他们的谋利活动，使得他们的许多足迹留在了唐朝，以至于后世从一些地名上就可能判断出新罗商人曾经在此比较活跃。

---

① （宋）朱长文：《墨池编》卷6《器用一·砚》。
② （宋）蔡襄：《荔枝谱》，《第三》。
③ （唐）朱景玄：《唐朝名画录》，“周昉”条。
④ （明）徐应秋：《玉芝堂谈荟》卷7《外国乞文》。

新罗屿、新罗山。据《赤城志》记载，新罗屿，在（临海）县东南三十里。昔有新罗贾人舣舟于此，故名。[①]《明一统志》也记载，“新罗屿，在（台州）府城东南三十里。昔有新罗国贾人舣舟于此，因名。府西三十里又有新罗山”。[②] 从地理位置来看，新罗屿、新罗山地处浙江沿海。浙江沿海在唐代也是通往新罗的主要出发地之一。因新罗商人在此停船靠岸而得名，如果不是因为新罗商人来的人数多而且次数频繁的话，人们是不会轻易以新罗命名这些地方的。

新罗岙山。《宝庆四明志》记载：“新罗岙山，（在象山）县北七里。耆旧相传，新罗国人尝泊舟于此。”[③] 象山县，今浙江省宁波市辖内，是一个三面环海的多港湾、多山的半岛。岙，意思是山中深奥处，又指河湾可泊船处。今浙江、福建等沿海一带称山间平地为“岙”。象山县至今仍有“屿岙”、“鲁家岙”、“崔家岙”、“黄避岙”、“下盆岙”等数十上百处被称为某某岙的地方。象山县在前述临海县新罗屿的北临。由此可知，此处是唐代新罗商人出没较多的地区。

另外，据《福建通志》记载，今天的福建省境内还有新罗塘、[④] 新罗渡[⑤]等历史名称。福建地处东部沿海，依靠夏天和冬天的季风季节可以与东北方的新罗保持海上往来。尽管志书没有说明名字的起因，但笔者怀疑其或许与入唐的新罗商人有关，而且是因为新罗商人比较频繁地往来于唐、罗之间，唐人为称呼地方名称方便才名之以新罗塘、新罗渡。

新罗商人不仅从海上往来于唐朝和新罗之间，同时还和其他地区有交往。唐人《岭表录异》记载：

> 陵州刺史周遇，不茹荤血。尝语刘恂云：顷年自青社之海归闽，遭恶风，飘五日夜，不知行几千里也。凡历六国：第一狗国，同船有新罗客云是狗国……又经流虬国，其国人幺幺一槩，皆服麻布而有礼，竞将食物求易钉铁。新罗客亦半译其语，遣客速过。言此国遇华人飘泛至者，虑有灾祸……[⑥]

“青社”本指今山东半岛的原齐国之地，《史记·三王世家》中云：“齐

① （宋）陈耆卿：《赤城志》卷19《山水门一·山》。
② （明）李贤等：《明一统志》卷47《台州府》。
③ （宋）罗濬：《宝庆四明志》卷21《象山县》。
④ 《福建通志》卷7《水利·泉州府·南安县》。
⑤ 《福建通志》卷8《桥梁·汀州府·永定县》。
⑥ （唐）刘恂：《岭表录异》卷中。

在东方，故云青社”，周遇从青社归闽，当是从今山东半岛乘船。同船有“新罗客”，此新罗客也由青社到闽，联系上面所述东南沿海与新罗有关的地名，其为商人的可能性比较大。新罗客能够翻译流虬国的话，说明新罗商人见识广、走过的地方多，而且在外待的时间也很长，其乘船所到达的地方远远不止唐朝、日本等国的范围。

《宣和奉使高丽图经》记载了一则新罗商人的趣事：

> （梅岑）旧云梅子真栖隐之地，故得此名。有履迹瓢痕在石桥上。其深麓中有萧梁所建宝陀院，殿有灵感观音。昔新罗贾人往五台刻其像，欲载归其国。暨出海遇焦（礁），舟胶不进，乃还置像于焦上……①

进入中国的新罗商人，在各国之间输送有无。他们在变幻莫测的大海之上航行，往往带有很大的风险，故非常渴望平安。出现上述故事的原因，无非来自老百姓对大海的神秘感和对佛教的崇拜。

新罗商人把新罗的装饰品贩卖到唐朝，到唐朝末期，朝廷大员甚至都以新罗装饰品为时尚。《艺林汇考服饰篇》记载：

> 唐昭宗时，侯王将帅以珠一颗盘幞头，脚贯以银线，而簪之新罗巾。②

与入唐的新罗商人相比，高丽、百济商人的事迹则极为稀少。在3世纪末，高丽国内的商业活动已经有一定程度的发展。高丽美川王乙弗在当国王之前，曾经与东村人再牟用船贩卖盐于鸭渌水流域地区，存货于“江东思收村”一老妇家，老妇要求以盐作为其存盐的报偿，乙弗不满其要求之多，结果遭诬告，吃了官司，流落于沸流河一带。③ 乙弗与再牟从事贩卖在3世纪末，那时高句丽人还主要分布在鸭绿江流域。4世纪上叶至5世纪初，高句丽人逐步占有了汉江以北、辽河以东的大片土地，各地不同的丰富物产，必然促使更多的高句丽人从事商业活动，成为商人。④ 与中原地区之间的交往必然随着高丽的领土扩张而更加密切。然史籍对高丽与中原王朝的商业交往记载颇少。在唐朝境内，有关高丽人的地名，有高丽坊、高丽曲。

---

① （宋）徐兢：《宣和奉使高丽图经》卷34《海道一·梅岑》。

② （清）沈自南：《艺林汇考服饰篇》卷1《冠帻类上》。

③ 《三国史记》卷17《高句丽本纪第五》。

④ 马大正等：《古代中国高句丽历史丛论》，黑龙江教育出版社，2001年，第76页。

《唐诗纪事》曾经记载了一个与高丽坊有关的故事：江陵有士子游交广，五年未还。其爱姬为太守所取，纳于高丽坊底。及士子归来，寄诗给太守曰：

阴云幕幕下阳台，惹着襄王更不回。五度看花空有泪，一心如结不曾开。纤萝自合依芳树，覆水宁思返旧杯。惆怅高丽坊底宅，春光无复下山来。

太守读诗，遂遣还其姬。[①] 故事中的高丽坊是何性质？其与新罗坊是否有相似之处？相似之处有多少？仅根据目前所掌握的资料尚难以确定。另外，在唐朝有高丽曲，是高丽人在唐的一处聚居地，位于唐都长安县。[②] 今西安市郊区仍然有称呼村落为曲的现象，如长安县有韦曲。有关高丽曲的资料仅见于此《唐诗纪事》中，故和其有关的详细情况，如是否与新罗坊一样具有一定的组织功能或管理功能等，尚有待于以后碑志资料的发现来探究。百济在7世纪中期就灭亡，且与唐朝远隔沧波，百济商人在唐朝的情况，笔者在史籍中没有发现其踪迹。但相信其必定有商人在唐朝、百济之间穿梭往来。这也有待于新资料的发现。

① （宋）计有功：《唐诗纪事》卷80，四部丛刊本。

② （宋）张礼：《游城南记》，上海古籍出版社，1993年。

第八章　入唐的三韩僧人

通往唐朝有两条道路，一条是商队走的陆路通道，另一条是船队航行的海上通道。……在北部海域，特别是在7世纪60年代新罗国消灭了百济国和高丽国之后，航海技能和海上贸易主要掌握在朝鲜人的手中。来自战胜国的使臣、僧人和商人，还有来自被征服国的难民，都大批地云集在了唐朝境内。朝鲜的船舶通常是在黄海北部沿岸航行，以山东半岛作为登陆的港口。

——［美］谢弗[①]

在入唐的三韩人中，僧人是比较特别的一种。尤其是三韩僧人入唐求法的事迹，为史书所盛载。除了那些兢兢业业求法度生的僧侣外，其他三韩僧人有的卷入政治，有的懂医术，有的会相术，有的甚至利用所得宝物顺便做起了交易，凡此种种，反映了三韩入唐僧侣思想、技艺等的多样性。

入唐求法的三韩僧人中，新罗国僧人数量最多。严耕望先生在其《新罗留唐学生与僧徒》中，详细考证出了就史书所见的入唐新罗僧人，如无相、神行、通禅师、益州金禅师、池州地藏、慧觉、无着、慧昭、法性、道义、洪直、慧彻、圆□、无染、道亮、梵日、体澄、真育、虚会、轨范、惠觉、法行、忠信、行寂、忠湛、法镜大师元晖、庆猷、回微、丽严、利严以及《景德传灯录》所载诸僧42人，等等。严先生对入唐研习宗律的新罗僧侣也进行了考证，如依据入唐新罗僧侣所研习的教派如密宗、律宗、净土宗等进行了分别论述；并对入唐且西游天竺的诸新罗僧（阿难耶跋摩、慧业、玄太、玄恪、慧轮、僧哲、不知名新罗僧二人）、其他诸僧（圆安、元晓、道证、如海、金师、无漏、谈藏、冲虚、丘德、云居院主、普耀、洪庆、道育、弘惠、雅觉）、《全唐诗》所反映出的有关新罗僧，等等。[②]

正如前文所引有关学者的考论，入唐新罗人数量之多，难以确切估计。

---

① ［美］谢弗著，吴玉贵译：《唐代的外来文明》，第20页。

② 严耕望：《唐史研究丛稿》，香港新亚研究所，1968年。

其中僧人的数量也无法确切统计。据严耕望先生统计，新罗留唐僧徒有法号可考者逾130人。其对有关入唐新罗人资料涉猎阅读范围之广，至今仍罕有超出其右者。有学者对入唐新罗僧人进行了一定范围的深入探讨，如张德宗《玄奘法相唯识学说在古代日本和朝鲜的传播与发展》、[①] 正刚《玄奘唯识学与新罗、日本唯识学》,[②] 对唐玄奘法师所传讲的瑜伽唯识，由唯识研习僧传入新罗和日本的情况进行了研究。谢澍田《试论新罗僧金地藏入唐求法修道的思想和实践》[③] 着重对入唐的新罗僧金地藏出家求法修道的思想根源及主客观条件进行了探讨。

新罗僧人求法传法事迹，中外学者们已经探讨得较深入。这里仅对三韩僧人在其他方面的事迹情况进行论述。

第一节　卷入政治事务的三韩僧人

三韩僧人往往被赋予政治任务。早在隋代，高丽对新罗屡屡用兵，新罗王曾命僧人圆光给隋朝修乞师表。对此任务，圆光有如此认识："欲请隋兵以征高句丽，贫道在大王之土地，食大王之水草，敢不惟命是从！"[④] 在入唐或回国时，僧人有时候也担负一定的政治使命。公元831年，新罗遣王子金能儒并僧九人朝唐。[⑤]《白氏长庆集》中收录了一道唐朝赐予新罗王的诏书《与新罗王金重熙等书》，诏书曰：

> 敕：新罗王金重熙、金献章及僧冲虚等至，省表兼进献及进功德并陈谢者，具悉。……冬寒，卿比平安好？卿母比得和宜官吏僧道将士百姓等各加存问，遣书指不多及。[⑥]

僧冲虚就是被新罗王派遣入唐，通过佛教交流来密切两国之间关系的，这也是一种变相的政治交往。如唐诏书中对新罗王的评价所言：

---

① 载《河南大学学报（社会科学版）》，1996年第6期。
② 载《佛学研究》，1994年。
③ 载《安庆师院社会科学学报》，1995年第1期。
④ 《三国史记》卷4《新罗本纪第四》。
⑤ 《三国史记》卷10《新罗本纪第十》。
⑥ 《白氏长庆集》卷39。

> 时修职贡，岁奉表章进献精珍，忠勤并至，功德成就，恭敬弥彰，载览谢陈，益用嘉叹。沧波万里，虽隔于海东，丹慊一心，每驰于阙下，以兹嘉尚。常属寝兴，勉弘始终，用副朕意。

这说明通过佛教加强与唐朝之间的联系确实起到了良好的沟通效果。在友好交往中，僧人被赋予沟通双方关系的使命；在两国关系紧张的时候，僧人也是沟通信息的最佳人选。

据《朝鲜史略》记载，新罗王金法敏时期，因为百济、高丽相继灭亡，新罗大肆扩张领土，引起唐朝不满。“唐总管薛仁贵遣僧琳润致书于王责其异图。”① 这个僧人琳润就是入唐的新罗僧人。新罗在回复薛仁贵时也提到“使人琳润至，辱书仰承。总管冒风波，远来海外……”等语。② 这说明琳润具有唐朝使人的身份，被委派入新罗传达唐朝旨意。

僧人为什么会被赋予政治任务？其原因与佛教及僧人在三韩具有较高的地位有关。

东北亚地区是佛教传播较早的地方。在东北亚诸民族中，高丽最早接受佛教。公元392年，高丽统治者通过行政命令在所辖地区推行佛教，并大兴土木，广建佛寺。朝鲜半岛南部的百济紧跟其后，在公元384年之后大力推行崇信佛教的政策。公元594年，梁武帝遣使并偕同新罗学僧觉德送佛舍利至新罗。新罗真兴王率百官迎于兴轮寺。随着佛教在朝鲜半岛被统治者的重视与推广，其与政治之间的联系也逐渐加强。

“在隋唐之前，佛教在东北亚社会变革中没有产生重大影响，只作为一种外域文化而被接受和欣赏。然而，从隋唐开始，佛教便作为建立封建制统一国家和推动政治变革的思想武器而被使用。”“佛教的政治功能：一是奴隶制在向封建制过渡时，佛教成为东北亚大陆地区和日本列岛建立封建制统一国家的思想武器，在封建制确立之后，它又成为巩固和深化政治体制改革的精神支柱；二是佛教成为封建社会各派政治势力的斗争工具。”③ 前述僧人在国家对外交往过程中的沟通作用是这种政治功能的一部分，附属于国家

---

① 《朝鲜史略》卷3《新罗纪》。

② 《三国史记》卷7《新罗本纪第七》。

③ 韩瑞常：《东北亚研究 佛教与中世纪东北亚的政治变革》，载《求是学刊》，1996年第5期。

政治需要，唐朝僧人也具有这方面的政治职能。[①]

佛教在三韩具有较高的地位，还有其他方面的表现。其中比较突出的是新罗王室对佛教的崇信，新罗王去世后按照佛教方法火葬最为引人注目。

公元681年，新罗王金法敏薨，“属纩之后十日，便于库门外庭，依西国之式，以火烧葬”。[②]

据《朝鲜史略》记载，公元742年，新罗孝成王金承庆薨，无嗣。“弟宪英立，以遗命烧柩于法流寺，散骨东海。”[③]

公元785年，新罗王金良相薨，遗诏在“其死后，依佛制烧火，散骨东海”。[④]

公元799年，新罗王金敬信薨，遗命举柩烧于奉德寺南。[⑤]

上述新罗王逝世后的火葬办法，在当时可以说是对传统土葬风俗的一个非常大的冲击。新罗王把佛教的极乐世界作为自己死后的追求，那么对佛教徒自然不可能怠慢，佛教徒便相应的具有一定社会地位。

新罗王对佛教的崇信支持必然影响到王室、贵族，这种影响不可小觑。许多贵族也纷纷出家，佛教成为某些上层社会人的向往处所。

新罗贵臣金庾信死后，其妻金氏出家为尼，“圣德王封为夫人，岁赐租一千石”。[⑥] 在入唐的新罗僧侣中，也有新罗王室成员。圆测法师是唐太宗时人，新罗王室后裔，曾与玄奘同译经论，武则天万岁通天元年（696）卒，葬于龙门。直到明代，还有人对圆测法师塔铭不写“大唐”而写武则天的“大周”国号而耿耿于怀。[⑦] 唐成都净众寺僧无相，原也是新罗王子，在开元十六年来到中国。[⑧] 金地藏（俗名金乔觉），新罗国王子，削发为沙门。唐肃宗至德初，渡海行脚至九华山，栖东岩石室。[⑨] 凡此种种，新罗王

---

① 《三国史记》卷6《新罗本纪第六》记载，公元669年，唐僧法安入新罗，“传天子命，求磁石”。次年6月，入新罗求磁石的法安被高丽人杀害：“高句丽水临城人牟岑大兄，收合残兵，自穷牟城，至浿江南，杀唐官人及僧法安等，向新罗行。”法安被杀前，可能就在唐军的队伍内。这反映了唐朝僧人参与政治的因素。

② 《三国史记》卷7《新罗本纪第七》。

③ 《朝鲜史略》卷3《新罗纪》。又，《三国史记》卷9《新罗本纪第九》记载，公元742年，以火烧葬孝成王地点在法流寺南。据此，则知当时新罗王焚尸不在寺内。

④ 《三国史记》卷9《新罗本纪第九》。

⑤ 《三国史记》卷10《新罗本纪第十》。

⑥ 《朝鲜史略》卷3《新罗纪》。

⑦ （明）赵崡：《石墨镌华》卷4《跋四十七首·唐圆测法师塔铭》。

⑧ （明）曹学佺：《蜀中广记》卷82《高僧记第二·川西道二》。

⑨ 《江南通志》卷175《人物志·方外二·池州府》。

室成员出家的情况，表明新罗国佛教受到上层社会崇信的程度之高。有人甚至认为“六世纪至七世纪末有名的高僧大多出身于王室及贵族”。[①]

佛教僧侣在新罗社会中具有较高地位，还表现在设立僧官上。公元675年，新罗命僧信惠、义安法师为政，官大书省。[②] 新罗官制：

> 政官，始以大舍一人，史二人为司，至元圣王元年（785）初置僧官，简僧中有才行者充之。有故则递，无定年限。国统一人，真兴王十二年（551）以高句丽惠亮法师为寺主。都唯那娘一人，阿尼大都唯那一人，真兴王始以宝良法师为之。真德王元年（647）加一人，大书省一人，真兴王以安臧法师为之，真德王元年加一人。少年书省二人，元圣王三年（787）以惠英、梵如二法师为之。州统九人。郡统十八人。[③]

上层统治者重视佛教，就有一些新罗人通过入佛门的方式来间接达到实现志向的目的。

居柒夫，姓金氏，为新罗奈勿王五世孙，少有远志，祝发为僧，游观四方，便欲觇高句丽。入其境，闻法师惠亮开堂说经，遂诣听讲经。一日，惠亮问曰：“沙弥从何来?”对曰：“某生于偏方，未闻道理。闻师之德誉，来伏下风。愿师不拒，以卒发蒙。”师曰：“老僧不敏，亦能识子。此国虽小，不可谓无知人者。恐子见执，故密告之。宜即其归。”居柒夫欲还，师又语曰：“相汝燕颔鹰视，将来必为将帅。若以兵行，无贻我害。”居柒夫曰：“若如师言，虽不与师同好者，有如皦日!”遂还国。返本从仕职，至大阿餐。[④]

按：居柒夫从小就进入佛门，史书说其有“远志”，并详述其为获得高丽情报而作出的努力，无非是要说明，居柒夫为了有更好的仕途，竟能以游方僧人的办法为国立功。换个角度考虑，实际上是功利心使然啊。所以，居柒夫在听到高丽僧人对他的占卜后，立即返回本国，进入仕途。这非常形象地表达出居柒夫利用僧人身份进入仕途的目的性。

类似情况的僧人还有骤徒。骤徒，沙梁人，史失其姓。骤徒尝出家，名道玉，居新罗实际寺。（新罗）太宗大王时，百济来伐助川城。大王兴师出

---

① 刘素琴：《新罗僧侣对唐代佛教的贡献》，载《北京大学学报（哲学社会科学版）》，1995年第1期。

② 《朝鲜史略》卷3《新罗纪》。

③ 《三国史记》卷40《职官志下》。

④ 《三国史记》卷44《居柒夫传》。

战，未决。于是，道玉语其徒曰：“吾闻为僧者，上则精术业以复性，次则起道用以益他。我形似桑门而已，无一善可取，不如从军杀身以报国。”脱法衣，着戎服，改名曰骤徒……遂随军赴敌场。①

僧人为国家政治服务的方式在高丽也存在。早在高丽长寿王时期，僧人就作为间谍被派上用场。② 唐初，在新罗与百济之间的矛盾白热化的情况下，新罗派金春秋入高丽求援，被高丽扣留。新罗大将军金庾信招集国内勇士准备援救，“时高句丽谍者浮屠德昌使告于（高句丽）王。王前闻春秋盟辞，又闻谍者之言，不敢复留（金春秋），厚礼而归之”。③

从上述例子中，我们可以知道，利用僧侣游方的特点使其作为间谍，这种做法为三韩普遍采用。僧人受到统治者的重视，从某种程度上说也有这个因素在内。

由于僧人有四海为家、流动性强的特点，僧人也往往成为三韩乱世中反抗政府力量的组织者。

百济灭亡后，王子扶余福信与浮屠道琛据周留城叛，对抗唐军，并且迎故王子扶余丰，立之为王。道琛自称领军将军。④

唐朝讨伐高丽之时，高丽执政者泉男建“以军事委浮屠信诚”。信诚与小将乌沙、饶苗等密遣人联系唐将李勣，表示降附。后五日，信诚开门，勣纵兵攻城，高丽灭亡。论功行赏时，唐以高丽僧人信诚为银青光禄大夫（从三品文散官）。⑤

弓裔，新罗人。姓金氏，新罗王室后裔。因生时屋上有素光，日官认为其将来不利于国家。新罗王降敕欲杀之，乳婢抱之逃窜。年十余岁入世达寺，祝发为僧，自号善宗。成年后，“新罗衰季，政荒民散，王畿外州县叛附相半，远近群盗蜂起蚁聚。善宗谓乘乱聚重，可以得志”。于真圣王五年

---

① 《三国史记》卷47《骤徒传》。

② 百济盖卤王二十一年（475），百济王都被高丽攻破，百济王被杀死。百济此次败给高丽乃由于仓库虚竭，人民穷困，国力虚弱导致。而国力下降是因为高丽僧所起的作用。史载，早在高丽长寿王前期（长寿王公元413—491年在位），“阴谋百济，求可以间谍于彼者。时浮屠道琳应募曰：‘愚僧既不能知道，思有以报国恩。愿大王不以臣不肖，指使之。期不辱命。’王悦，密使谲百济。”道琳入百济后，因棋艺高超，被好博弈的百济王视为上客。道琳乘机劝百济王“尽发国人，烝土筑城。（百济王）即于其内作宫室楼阁台榭，无不壮丽”。又大兴全国人力，为其亡父作椁以葬骨。由是仓库虚竭，人民贫困，国力下降。高丽长寿王仅用七天时间就攻入百济王都，杀死国王。（《三国史记》卷25《百济本纪第三》）

③ 《三国史记》卷41《金庾信传上》。

④ 《三国史记》卷28《百济本纪第六》。

⑤ 《三国史记》卷22《高句丽本纪第十》。

(891)，投靠竹州以箕萱为首的反对王室的武装力量，后投靠北原梁吉势力。“与士卒同甘苦劳逸，至于予夺，公而不私，是以众心畏爱，推为将军。”天复元年（901），善宗称王。天佑元年（904），立国号为摩震。①

有些僧人利用佛教的说理和统治者对佛教的崇信，间接地参与政治。公元681年，新罗王金法敏“欲新京城，问浮屠义相，对曰：‘虽在草叶茅屋，行正道，则福业长；苟为不然，虽劳人作城，亦无所益。’王乃止役”。②裂起，新罗人，史失其姓。唐讨伐高丽时，裂起因军功而升至沙餐。后来裂起求郡守之职，不被允许。裂起与只园寺僧顺憬曰：“我之功大，请郡不得，三光（执政者）殆以父死而忘我乎？”顺憬说三光，三光授以三年山郡太守。③ 在上述例子中，僧人都作为统治者的顾问身份出现。这种情况对统治政策的调整起了很大作用，它一方面避免统治者对百姓的过分劳役盘剥，从而使得社会保持一个相对和谐的稳定；另一方面，它使得统治阶层内部的秩序更加稳定，避免出现无谓的动荡。

第二节　与三韩僧侣有关的唐朝地名

新罗僧侣在唐朝修行求法过程中留下了印迹，这可以从一些与新罗僧人有关的中国地名中反映出来。

新罗泉。在今湖北省京山县石人山下。相传有新罗僧修炼于此，一日语众欲归，有神止之，僧言思乡中水耳，神指其地，泉即涌出。僧尝之，与故乡同，遂不归。④

新罗岩。在今庐山望仙台下二里。岩石之间可庇风雨，亦有幽泉可给烹濯。昔海东僧居焉，故谓新罗岩。⑤

新罗寺。清代时期，在陕西兴安府西六里。在附近还有一座唐怀让禅师庵。⑥

---

① 《三国史记》卷50《弓裔传》。

② 《三国史记》卷7《新罗本纪第七》。

③ 《三国史记》卷47《裂起传》。

④ 《湖广通志》卷8《山川志·黄州府·京山县》。

⑤ （宋）陈舜俞：《庐山记》卷2《叙山北篇第二》。

⑥ 《大清一统志》卷188《兴安府》。

香水寺。在今北京地区。据《钦定日下旧闻考》引《盘山志》记载：香水寺建于唐代，寺内有《头陀大师灵坛实行碑》。金正隆六年，中都宝塔寺沙门知心撰《善进书》，文曰："师讳行及，海东新罗常兴人。览兹香水，偶然挂锡。创石头庵，山精自窜，拓灵源脉，岩虎他之。于广明元年仲夏无疾而终。门人惠超等塑以真像塔而藏之。其后塔龛尽阤，恒净等视之不忍，重修巨塔表焉。"[①]

在唐朝内地游历的新罗僧人，有些还聚居一处。圆仁游历唐朝时，在文登赤山法华院所见的僧人就都是新罗僧，其总数有四十多人。他们的日常生活安排比较特别：在黄昏、寅朝二时的礼忏按照唐朝风俗用汉语讲经，其他时间都是说新罗语。讲经仪式也是按照新罗风俗。有的学者认为，新罗人改造外来宗教的手段无奇不有，传统佛教中的诸佛菩萨以垂迹的方式纷纷本土化。[②] 法华院讲经的时候，来此集会的"道俗老少尊卑"，也全都是新罗人。[③] 这是唐代佛教发展的一个值得注意的现象。

相似的情况在唐朝其他地方也存在。如唐代庐山支脉香炉峰中的大林寺中聚居的僧人也全部是来自"海东"。白居易《游大林寺序》记载，白乐天曾经与十六位僧俗友人共游大林寺：

> 自遗爱草堂历东西二林，抵化城，憩峰顶，登香炉峰，宿大林寺。大林穷远，人迹罕到。环寺多清流，苍石短松瘦竹，寺中惟板屋、木器，其僧皆海东人。山高地深，时节绝晚于时，孟夏月如正二月天，梨桃始华，涧草犹短，人物风候与平地聚落不同。

白居易因此对大林寺的人物、景色有感而发，吟出"人间四月芳菲尽，山寺桃花始盛开。长恨春归无觅处，不知转入此中来"的绝句。[④]

由于记载的粗略，有些与三韩人有关的地名在时间上不是很明确，如上述的新罗泉、新罗岩等。即使这些地名在唐朝之前就已经存在，根据新罗与中国交往中的连续性来看，它们在唐朝的时候肯定会沿用。这些跟新罗僧人有关的地名，与前述跟新罗商人有关的地名一样，蕴涵着一种文化交流的意义。

---

① （清）英廉等：《钦定日下旧闻考》卷116《京畿·蓟州三》。

② 何劲松：《韩国佛教史（上卷）》，宗教文化出版社，1997年，第112页。

③ 《入唐求法巡礼行记》卷2。

④ 《白氏长庆集 》卷26。

第三节　入唐三韩僧侣的汉语水平考辨

上述与新罗有关的地名只是新罗僧人到过的部分地区。更多的僧侣在唐朝修行时没有留下记载，他们求法的脚印被历史的沙尘逐渐湮没，至今我们已无法知晓。可以确定的是，这些僧人在唐朝多少懂一些汉语，但他们更多的是讲本国语言。赤山法华院的僧人讲经多用新罗语就说明了这种情况。此外，从唐代有关“左右台御史”的一个有趣典故上，也映射出三韩僧人在唐朝巡礼求法的过程中所持有的汉语水平：

> 唐孝和朝（按：孝和乃指唐中宗），左右台御史有迁南省仍内供奉者三，墨敕授者五，台讥之为“五墨三仍”。左台呼右台为高丽僧，言随汉僧赴斋，不咒愿叹呗，但饮食受嚫而已。讥其掌外台，在京辇无所弹劾而俸禄同也。自右台授左台，号为出蕃；自左台授右台，号为没蕃。每相遇，必相嘲谑不已也。①

上述典故由于唐朝官员的相互嘲谑而产生，甚至“高丽僧”作为贬义的称呼还成为唐朝官员的广泛共识②，但有一点值得考虑，即无论古今中外，人们在日常生活中的幽默、嬉笑等话语往往能反映出当时的社会状况和时代特点。

笔者认为，新罗僧人在唐朝境内说本国语的情况，在一定程度上说明了这些新罗人的汉语水平不高。许多中外学者往往拿赤山法华院的新罗僧人在多数时候讲新罗语这个事实来证明新罗僧人是如何坚定地保持本国语言风俗的，这在很大程度上是出于一种主观推定，尤其是被部分国外学者作为大谈民族主义的招牌。但他们忽视了一点，即这些新罗僧人来到唐朝的时候，他们具备的汉语水平如何？难道他们在入唐之时的汉语水平很高吗？当然不是。

---

① 《太平广记》卷254《嘲诮二·左右台御史》引《御史台记》。

② 《太平广记》卷249还引《御史台记》记载的与“高丽僧”有关的故事：唐殿中内供奉卢廙，持法细密，虽亲故贵势无所回避。举止闲雅，必翔而后集。尝于景龙观监官行香，右台诸御史亦预焉。台中先号右台为“高丽僧”。时有一胡僧徙倚于前庭，右台侍御史黄守礼指之曰：“何胡僧而至此？”廙徐谓之曰：“亦有高丽僧，何独怪胡僧？”为一时欢笑。

唐代尽管汉字在三韩、日本以及安南等汉文化圈内通用，但各国所使用的主要仍是本国语。文字与语言是两个既有联系又有区别的范畴。我们应注意以下现象：在圆仁的行记中，经常提及“新罗译语”这个职业。他们为什么担任译语？他们为谁翻译语言呢？显然，他们在唐朝境内生活、工作，和新罗坊的人打交道，接触的多数是新罗人和唐人，他们只能为唐人和入唐的新罗人担任翻译。有些可能还会日本语，顺便也给像圆仁这样的入唐日本人做翻译。还要说一句，圆仁是一位学问高深的日本僧人，他的汉语讲得好，往往使不少人认为所有入唐的甚至是未入唐的三韩人、日本人的汉语也很流利，这真是一种误解。每个民族或国家都有自己的文化，其他外来文化即使再有冲击力，也较难超越本民族文化。在斯大林所归纳的民族的四个特征中，共同语言和共同的心理素质就占据其二，上述现象与之不矛盾。

关于新罗人汉语水平的情况，在新罗质子身上也有体现。新罗的入唐质子中，往往有人担任出使本国的唐朝副使，以这种方式衣锦还乡。这些新罗质子作为副使的一个作用就是“转通圣旨，下告国中”，[①] 即传达唐朝皇帝的旨意，使新罗国君更好地了解唐朝统治者的意图。这实际上就是一种翻译、解释功能啊。有关新罗质子的这种作用，已在本书的“新罗对唐纳质宿卫”部分中有详述，此处不再赘述。

综上所述，通过唐朝御史台官员的相互嘲谑之语，我们可以推断出，入唐的高丽僧人的确存在着“随汉僧赴斋，不咒愿叹呗，但饮食受唼”的现象，这种现象往往被唐人认为是滥竽充数、浑水摸鱼、捞取好处的南郭先生所为而被取笑。但正是因为这些人生活在汉语社会中，才不知不觉地忽视了包括高丽僧人在内的外国僧人的一个困境：一种外族语言，尤其是一种专业性较强的外族语言（如佛经唱颂）需要有一个逐渐学习、掌握的时间过程，而在此过程中，这些来自不同语言国家的人在生活、工作等方面也需要投入较多精力，精力分散导致他们在生活、工作中出现跟不上节奏的尴尬，这是不可避免的。

其实，这种因语言交流不畅而导致的尴尬状况在入唐的其他民族、国家的人包括僧人中应当同样存在。如果我们再转换一下角度，从唐朝出使外国的使者的外语水平来看这个问题的话，也许会对此情况更加明了一些。唐朝使者出使新罗的时候常常带上作为副使的新罗宿卫质子，其中的一个主要目的就是让他们做翻译。在今天这个日益全球化的时代，学习掌握一门外语有

① 《册府元龟》卷996《外臣部·纳质》。

许多高科技条件和途径，尚且不能在短时期内办到，更何况在条件简陋的古代呢?

所以，笔者认为，在唐的高丽僧“随汉僧赴斋，不咒愿叹呗，但饮食受哘”这一现象，断不是高丽僧有意滥竽充数来捞取好处。恰恰相反，这些僧人有对佛教诚挚的向往之心，在语言关还没有通过的情况下，他们毅然来到唐朝求学，它反映了这些外来僧人的赤诚佛心。对于赤山法华院大多以新罗语讲经的现象，也应当考虑到他们这些僧人的汉语水平一般这个因素。我们甚至可以把这个推而广之来看唐代与其他外族、外国的人员交流，只有这样，历史研究才可能反映出当时社会的原貌，总结出的规律才可以作为世人的借鉴。

第四节　三韩僧侣在唐的其他事迹

有的新罗僧侣在游历中国的过程中还兼有为人治病的事迹。[①] 唐周君巢《威灵仙传》云：“商州有人病手足不遂，遇新罗僧，为入山求威灵仙（按：威灵仙是一种植物）使服之，数日遂愈。”实际上，此故事在唐代之前就已发生。[②] 但这至少表明，商州地区很早就有新罗僧侣涉足。来中国的新罗僧侣有一定的医学经验，一方面说明他们学识广博；另一方面说明，在当时的医疗条件下，他们游历四方至少要掌握一些基本的自我防护治疗能力，这在古代社会不发达的医疗状况下当是必不可少的。

新罗僧中，也有一些人具有预言能力。新罗王金膺廉因尚公主而继位，在其尚主之前曾问卜于新罗僧，根据其得到的指引而登上王位。[③] 前面所提到的高丽僧对居柒夫的预言也是这种类型。在入唐的新罗僧中还有下面这样的事例。《古今事文类聚》引《原化记》记载：

张建封镇徐州，奏李藩为判官。有新罗僧能相人，公令看诸判官有

① 《陕西通志》卷43《物产一》。

② （晋）葛洪：《肘后备急方》卷8，“崔氏海上方”条云：“威灵仙，去众风、通十二经脉，此药朝服暮效，疏宣五脏，冷脓宿水变病微利不泻。人服此四肢轻健，手足温暖，并得清凉。时商州有人患重，足不履地，经十年不瘥，忽遇新罗僧，见云：‘此疾有药可理，遂入山求之。’遣服，数日平复。后留此药名而去。”

③ 《三国史记》卷10《新罗本纪第十》。

得为相者否。僧云并无。公不快曰："某妙择宾僚，岂无一人至相坐者？"促召李判官至，僧降阶迎谓张公曰："判官是纱笼中人。宰相，冥司必潜以纱笼护之，恐为异物所扰，余官不然。"藩后果为相。①

张建封于唐德宗贞元四年（788）镇守徐州，史载"建封为政宽厚而有纲纪，不贷人以法，故其下无不畏而悦之"。②所以，上述故事是具有一定可信度的。

关于李藩为纱笼中人的故事记载，在元代人的记述里情节稍有变化，突出了新罗僧点透预言的能力。③ 僧人的这种预言能力，在佛教徒编写的传记里面比比皆是。不可否认，有的僧人的预言比较准确，但有时候却是用来推广佛教、让人们崇敬佛教和皈依佛门的手段。佛教在刚传入中土的时候就是利用这种功能引起人们注意的，④ 到后世仍然不衰。比较著名的是对新罗王子释无相的传说。据《蜀中广记》记载：

唐成都净众寺僧无相，新罗国人也，是彼土王第三子。以开元十六年（728）至中国，玄宗召见，隶于禅定寺，后入蜀资中谒智诜禅师，入深谷岩下坐禅，每入定多是五日为度。忽雪深，有二猛兽来，相自洗拭，裸卧其前，愿以身施食。二兽从头至足嗅匝而去。往往夜间坐床下，搦虎须毛。既而山居颇久，衣破发长，猎者疑是异兽，将射之而止。复构精舍于乱墓间。属明皇违难入蜀，迎相入内殿供礼。时成都县令杨翌疑其妖惑，命徒二十许人曳之，变怪卒起，杨乃叩头拜伏，遂劝檀越，造净众大慈等寺。相至成都，忽有一力士称舍力伐柴，供僧厨用。相之弟，本国新为王矣，惧其却回，将遣刺客来屠之。相已冥知，忽曰："供柴贤者暂来，今夜有客曰灼然。"又曰："莫伤佛子。"至夜，薪者持刀挟席坐禅座侧，逡巡觉壁上似有物下，遂跃起，以刀一挥，巨胡身首分于地焉。质明，相召伐柴者谢之，已不见矣。以至德元年

① （宋）祝穆：《古今事文类聚》前集卷28《杂著·僧相宾僚》。

② 《资治通鉴》卷233，德宗贞元四年十一月条。

③ 元无名氏《氏族大全》卷13《纱笼人物》记载："李藩，字叔翰，少时问卜于葫芦生。生曰：'纱笼中人。'藩不省，后有新罗僧言：'凡位当宰相者，□司必潜以纱笼护之，恐为异物所害也。'元和中拜相。"明彭大翼撰《山堂肆考》卷43《臣职·纱笼护像》记载同。元富大用撰《古今事文类聚新集》卷6《都省部·纱笼护身》记载略同，只是把新罗僧记载为新罗生。对比上述记载，可知新罗僧当为可信。

④ 古人认为，"佛道神化，兴自身毒"，天竺有"精文善法、导达之功"，其原因在于"其国则殷乎中土，玉烛和气。灵圣之所降集，贤懿之所挺生，神迹诡怪，则理绝人区，感验明显，则事出天外"。（《后汉书》卷78《西域传》）

(756)建午月十九日无疾示灭，春秋七十七。先是，武宗废教，成都止留大慈一寺，净众例从除毁其寺，巨钟乃移入大慈。洎乎宣宗中兴，释氏元钟却还，净众以其钟大隔江，计功两日始到，方欲为斋，辰去迎取，巳时已到。推挽之势，直若飞焉。尔时，相之真形，面目流汗。乃知其神力所曳也。后号东海大师塔。①

按：无相禅师，至德元年（756）以77岁去世，则其生时为唐高宗永隆元年（680）。据《三国史记》记载，开元十六年（728）无相到唐时，当时新罗正是金兴光在位，则无相应该是金兴光之子。② 后来害怕其回国夺权的兄弟，当是开元二十五年（737）即位的金承庆。金承庆，圣德王（金兴光）第二子，这与无相是第三子可以照应。又，从文中意思来看，玄宗入蜀（756）之后，才有“无相之弟，本国新为王”的事情，那么据《三国史记》记载，从公元737年至765年的新罗国王一直是金承庆。如此，则金承庆“新为王”的说法是不恰当的。玄宗入蜀的当年无相就去世了，此时的无相已经77岁，作为比无相年长的金承庆至少有78岁吧，而且当国王已经有15年之久，地位早已巩固。如此看来，金承庆担忧其回国争权，似乎有点儿不可思议。上述故事还有一点值得注意的错误就是“以至德元年(756)建午月十九日无疾示灭，春秋七十七。先是，武宗废教，成都止留大慈一寺，净众例从除毁其寺，巨钟乃移入大慈”。文中把时间的先后顺序颠倒了，武宗灭佛是在至德元年之后很久的事情，并不是在之前。所以，此文的撰写很可能为了夸大无相的法力而添加了诸多的情节。③ 对待此类文字，应该有辨别地吸收。

此种有关在唐新罗僧人的故事还有更加奇异的。据《陕西通志》引《宣室志》记载：

贞观中，玉润山悟真寺僧夜于蓝溪，忽闻有诵法华经者。声自地中

① （明）曹学佺：《蜀中广记》卷82《高僧记第二·川西道二》。

② 金政明新罗神文王，公元681年（开耀元年）至692年在位；继位者金理洪，公元692年至702年在位；金兴光公元702年至737年在位。

③ 有关无相禅师的事迹与《蜀中广记》卷82《高僧记第二·川西道二》所记载的处寂禅师事迹相关，且二人事迹的奇异颇有相似之处：“唐资州山北兰若。处寂，姓周氏，蜀人也。师事宝修禅师，服勤寡欲，与物无竞。居山北，行杜多行。天后闻焉，诏入内，赐摩纳僧伽梨，辞，乞归山，涉四十年足不到聚落。坐一胡床，宴默不寐，常有虎蹲伏座下，如家畜类。由是颇形奇异，如无相大师自新罗国将来谒诜，禅师寂预诫众曰：‘外来之宾，宜洒扫以待之。’明日果有海东宾至焉。”

发，以标表其所。明日穷表下，得一颅骨在积壤中。其骨槁然，独唇吻与舌鲜润。遂以石函置于千佛殿下，自是后每夕常有诵经声在石函内。长安士女观者千数，后新罗僧窃石函去。①

神异的东西被新罗僧窃去，说明有的新罗僧在唐朝的口碑不是很好，但在某种程度上又可从反面表明当时新罗的崇佛情况，或者说有些新罗僧人具有极强的独占欲，抑或在从事交易活动。新罗僧送给唐朝宰相李德裕的白龙扇或许应当属于此类情况。《玉芝堂谈荟》引《独异志》记载：

李德裕尝邀同列宴语，时畏景赫曦，缙绅交扇不暇。既延入小亭列坐，开樽，烦暑都尽，良久觉清飔凛冽，如涉高秋，极欢而罢。比出户，则火云烈日，熇然焦灼。好事者求亲信察问之，云此日以金盆贮白龙皮水浸置于座末。龙皮，本新罗僧得于海中鱼扈，以遗德裕。②

“鱼扈”，当为“鱼户”，即渔民。新罗僧从渔民处得来宝物当来之不易，而其将宝物送给唐朝宰相也当是有所求，不会是随意赠送吧。

需要附带说明的是，三韩僧人入唐后，要服从唐朝的管理，并非纵横中土而不受约束。武则天延载元年（694）之前，入唐的外国僧、尼皆隶属鸿胪寺管理；延载元年之后，以僧、尼隶属祠部。祠部有郎中、员外郎各一人，掌祠祀、享祭、天文、漏刻、国忌、庙讳、卜筮、医药、僧尼之事。③贞元四年（788），崇玄馆罢大学士，后复置左右街大功德使、东都功德使、修功德使，总僧、尼之籍及功役。崇玄署，设令一人（正八品下）、丞一人（正九品下），掌京都诸观名数与道士帐籍、斋醮之事。新罗、日本僧人入唐求法修行，如果超过九年不还，将被编入唐朝僧籍。④ 元和二年（807）二月，诏僧尼道士全隶属左右街功德使管理。⑤ 会昌二年（842），以僧、尼隶属主客管辖。主客设郎中、员外郎各一人，在管理僧尼事务的同时，主要掌“二王后、诸蕃朝见之事”以及入朝的蕃国使者事务。⑥ 太清宫置玄元馆，至六年废，而僧、尼复隶两街功德使。从圆仁《入唐求法巡礼行记》记载来看，僧人在唐朝游历要申请过所，而过所的申请手续十分繁杂，所

① 《陕西通志》卷100《拾遗三·神异》。

② （明）徐应秋：《玉芝堂谈荟》卷26《龙皮扇》引《独异志》。

③ 《新唐书》卷46《百官志一》。

④ 《新唐书》卷48《百官志三》。

⑤ 《旧唐书》卷14《宪宗本纪上》。

⑥ 《新唐书》卷46《百官志一》。

以，唐朝对包括三韩僧侣在内的所有入唐者的行为约束是比较严密的。

另外，从上述对僧、尼的管理措施来看，唐朝对僧、尼事务还是比较重视的，体现出了一个文化积淀深厚的国家对宗教应有的重视态度。国家对佛教以及其他宗教及其教徒的健全管理，客观上有利于保持社会稳定有序，包括三韩僧人在内的各民族、国家的僧人也在这种制度下得到了一定程度的保障。唐朝的这些措施在调整社会秩序方面起到了积极作用。

总结上述三韩僧侣在唐朝的事迹情况，可以发现，新罗僧侣的事迹占了绝大多数。这里面有几个方面的原因：一个原因是新罗与唐朝的国祚相伴到10世纪初，而百济、高丽在唐初就灭亡了。所以相比较而言，新罗僧侣的数量占多数。另一个原因是百济、高丽灭亡后，百济领土的全部、高丽领土的南部都并入新罗。这些原百济、高丽部分的僧侣就相应地改变了国籍，成为新罗僧侣。这种情况也使得新罗僧侣的数量比高丽、百济多得多。新罗僧、百济僧和高丽僧，这些来自三韩的僧侣中有许多人不精通汉语，但他们不辞劳苦，毅然漂洋过海来到唐朝求法巡礼，这种精神是非常值得赞誉的。有些三韩僧侣在唐朝留下了许多有关神异功能的故事传说，这些事情实际上都附属于他们来唐求法的主要目的。他们这样做，在大多数情况下也是为了在唐土的求法过程更加顺畅一些而已，这与此前佛教传入中国时佛教徒为了弘法所采取的措施具有相似之处。①

① 由于佛教的教义比较深奥，而且中国中下层民众的信仰很杂，佛教要在他们中间生根必须使他们信服，所以佛教徒采取了比较感性、浅显的方式传教，也就是采用神异道术。比如安世高，本为安息太子，同时还是中国佛教史上第一个大翻译家。他于汉桓帝建和二年（148）到达洛阳，通天文异术，知鸟兽之声。有一次他看到一群燕子，就对同伴说，根据燕语，马上有送食的人来到。果然如此。众人十分惊奇，并对其神异表示钦佩。安世高还以西域幻术等吸引民众的注意，获得注意和佩服之后再讲因缘业报等佛家义理，这样由浅入深逐渐地在中下层民众中扎根扩展。佛图澄在后赵的传教也是利用了类似的手段，如为了取信于石勒，佛图澄取钵盛水，然后烧香念咒，则见青莲花生出，光彩夺目。类似的神通经过佛教弟子、信徒和别人的有意无意的渲染夸张，佛图澄在人们的心中就成为了一个“神僧”。他所说的话，自然就成了人们的信条，许多人对佛教的态度由此转变，从而使佛教在民间广为传播。

第九章 唐朝的三韩籍奴婢
——兼论唐代的新罗奴与昆仑奴

狡黠的奴隶贸易者尽量不去买卖唐朝境内土生土长的汉人。法律保护古代习俗，使贩卖汉人变成了一件非常担风险的事情。……可是，就一般情况而言，经营异族奴隶的买卖却是相当保险的，而且买卖异族奴隶还不会受到良心的谴责。因为从严格意义上来讲，异族奴隶并不完全是人。所以，只要当时没有赦免异族奴隶的法令的话，不管他属于哪个种族，异族奴隶都是很畅销的。……这些奴隶也可能是高丽奴隶，尤其可能是高丽女奴——在唐朝的富豪之家，大多都非常希望能够得到高丽、新罗国的少女作为贴身女婢、姬妾和演艺者。

——［美］谢弗[①]

与我国古代的其他王朝一样，唐朝也是等级社会，“良”与“贱”是最基本的两大等级。“良”主要包括各级官吏与编户齐民，“贱”主要指奴婢、官户、部曲。介于两者之间则有杂户、工户、乐户等。奴婢的法律地位，《唐律疏议》卷6《名例律》明确规定：“奴婢贱人，律比畜产”。这八个字概括了唐代奴婢等级兼具“人”与“物”双重性质的基本特点。日本学者仁井田升、滨口重国等较早提出此观点。我国杨际平先生在此基础上曾撰写《唐代的奴婢、部曲与僮仆、家人、净人》一文，对处于低贱地位的奴婢阶层进行了划分，并详细分析了其法律地位。[②]

如果从奴婢来源地看，则唐代奴婢还有来自唐内地和周边国家两种划分方式。

来自周边国家的奴隶来源主要有三个：一是战争中被俘，二是被强盗（海盗）劫掠贩卖，三是因灾荒而入唐典身谋生，此外也有少量蕃国进贡的

---

① ［美］谢弗著，吴玉贵译：《唐代的外来文明》，第100页。

② 杨际平：《唐代的奴婢、部曲与僮仆、家人、净人》，载《中国史研究》，1996年第3期。

奴婢。探讨唐代奴婢情况的文章已经很多，但专门对唐朝的三韩籍奴婢情况作深入探讨的文章尚不多见。以下试对此作初步探讨。

第一节　由战俘而被变为唐朝奴婢的三韩人略说

因战争而被俘入唐的三韩人的情况，在本书“高丽人的入唐概况”中已经有详细介绍。这些战俘中有多少人被作为战利品或赏赐而成为官、私奴婢，无法确知。且不说唐高宗时代高丽国人大举迁入唐朝内地的情况，仅据唐太宗时代“李世勣等拔盖牟城（改名盖州），获二万余口”、[①] 攻破辽东城（改名辽州）“得胜兵万余人，男女四万口”[②] 以及攻克白岩城（改名岩州）“得城中男女万余口”[③] 等的情况来看，迁入唐土的被俘高丽人数目就已不小。在唐与百济国的战争中，以及百济灭亡后，也有众多百济人口迁入内地，这些俘虏转化为奴婢的数量同样无法确知。新罗在百济、高丽灭亡后，也与唐朝发生了战争，据史载，新罗一度遣送被俘的唐军将士归国，[④] 但没有唐军返还新罗战俘的记载。这些新罗战俘有可能就滞留唐朝，但是否为奴亦则不可知。总之，在唐朝前期，作为战俘而入唐被当作奴婢的三韩人应不在少数。因此，在史书和唐人著作中，也就留下了一些有关三韩奴婢情况的记载。

《朝野佥载》中记载了一个与高丽奴婢有关的故事。在唐军攻破平壤城时，中书舍人郭正一“得一高丽婢，名玉素，极姝艳”。郭正一非常喜爱玉素，“令专知财物库”。某日玉素在给郭正一煮食的汤水中下毒并逃脱。后在京城中的金城坊中被搜捕到，原来这是一起有计划的逃跑事件，由一名“投化高丽”人与郭正一家的“捉马奴”策划并协助玉素逃跑。[⑤] 唐人的笔

---

① 《资治通鉴》卷197，贞观十九年四月癸亥条。

② 《资治通鉴》卷197，贞观十九年五月甲申条。

③ 《资治通鉴》卷198，贞观十九年六月条。

④ 据《三国史记》卷7《新罗本纪第七》记载，在唐、罗战争中被俘，后被新罗遣送回国的唐军将士有郎将钳耳大侯、莱州司马王艺、本烈州长史王益、熊州都督府司马祢军、曾山司马法聪，军士一百七十人。

⑤ 张鹭：《朝野佥载》卷5。

记小说对故事情节多有虚构，[①] 但其记载的内容却可反映出当时的某些社会状况。

在上述故事中，唐征讨高丽的战争之后，有高丽人口被作为唐人家奴（如玉素）是当时的社会现象之一；另有不少高丽人迁入唐朝，成为平民（如故事中的“投化高丽”。“投化”，即“投顺归化”。）是现象之二。这在一定程度上从侧面印证了前文对高丽人入唐为奴的推断。

唐玄宗天宝六年（747），高丽籍将领高仙芝平灭勃律国，但因为其越级上报战况而被顶头上司夫蒙灵督怒骂为忘恩负义的“啖狗肠高丽奴、啖狗屎高丽奴”，认为“据高丽奴此罪，合当斩”。[②] 此虽为夫蒙灵督的气话，却反映出当时的某种社会现象或者某种舆论取向。假如当时没有高丽人在唐为奴的现象，夫蒙灵督是否还会骂其为“高丽奴”呢？换言之，正是因为当时唐朝社会中存在着高丽人为奴婢的情况，夫蒙灵督才拿此来咒骂高仙芝发泄自己的怒火。就当时的舆论取向来说，夫蒙灵督在气急败坏的情况下口出污言，也从侧面反映了高丽奴在唐代社会中的口碑不是很好。

为什么唐人对为奴的高丽人抱有轻视甚至敌视态度？这也许要从两个方面来解释：一是唐人对高丽人的印象，二是高丽奴由哪些人充当。

历史上高丽不断地扩张，导致其和中原王朝经常发生摩擦甚至战争，因此唐人对高丽人的看法不佳。唐朝士大夫阶层的一种典型观点认为，高丽所在的辽东，在“周（代时）为箕子之国，汉家之玄菟郡耳。魏、晋已前，近在提封之内”，他们对高丽的态度是“不可许以不臣”。[③] 高丽扩张领土的活动令中原王朝感到压力。隋代征讨高丽，一个重要的原因是高丽“迷昏不恭，崇聚勃碣之间，荐食辽豿之境”，“瞻彼华壤，剪为夷类”，“充斥边垂，亟劳烽候”。[④] 而隋代征讨高丽最惨的一次竟以“渡辽九军三十万五千人，及还至辽东城，惟二千七百人”而告终。[⑤] 这样的惨重结果，中原王朝的百姓无论如何是不愿接受的。如果说隋代征讨高丽的士兵是在强迫下参军的话，相比之下，唐征讨高丽的士兵，基本上是采用自愿报名的形式，即

---

① 宋人郑克撰《折狱龟鉴》卷7《魏昶》（文渊阁四库全书本）就此故事对郭正一事迹考证认为：“正一为中书舍人，当出征高丽。酷吏周兴诬而杀之，非为婢所毒也。其征高丽者，有郭待封，乃孝恪之子，武将。其后乃以中书舍人副薛仁贵伐吐蕃，败绩贬死。附见《薛仁贵传》中，亦无为婢所毒事。此盖小说所载传闻缪说，不足信者。姑取其事之迹可也。”

② 《旧唐书》卷104《高仙芝传》。

③ 《旧唐书》卷61《温彦博传》。

④ 《隋书》卷4《隋炀帝本纪下》。

⑤ 《隋书》卷61《宇文述传》。

"皆取愿行者"，当时的招兵情势是"募十得百，募百得千，其不得从军者，皆愤叹郁邑"。[①] 有的人报名参军不被录取，竟然要求自备武器行装从军，这样的人"动以千计"。他们有一个说法是："不求县官勋赏，惟愿效死辽东！"话虽这样讲，如果参军征战而没有名利可图，也不一定会如此踊跃吧。笔者认为，追求名利是人性正常的表现，但也不能否认很多人参军的另一方面原因在于"辽东本中国之地"、"为中国报子弟之仇、"为高丽雪君父之耻"。[②] 换言之，唐人把参军征讨高丽当成一件正义的事情来看待。

正是在上述背景下，在征讨高丽的战争中，唐军受到高丽人的顽强抵抗，人员受到重大损失，这不免更加激起唐朝上下对高丽的愤怒情绪。所以那些对抗唐军顽强的高丽人，在被俘后最容易被当作战利品赏赐给唐军将士，成为私人奴婢。如"攻陷辽东城，其中抗拒王师，应没为奴婢者"就有"一万四千人",[③] 这一万四千人，只是抗拒唐军的辽东城人。除此之外，仍有在其他城池与唐军对抗的高丽人，这些高丽人很可能也面临着被"没为奴婢"的命运。入唐的高丽奴应主要是由这些战俘转化而来的。由于这些被"没为奴婢"的高丽人曾坚持与唐为敌，并杀伤唐军将士，所以他们在入唐后受到唐人的厌恶、轻视甚至敌视也就在所难免。在入唐的高丽人中，即使是没有被当作奴婢的人，他们或他们的后裔在某种情况下会被唐人与高丽奴联系起来而受到责骂，也跟此有一定程度的关系。高仙芝被夫蒙灵詧骂为"高丽奴"，当与此有关。

第二节　被劫掠贩卖及因灾荒而入唐为奴的三韩人

唐代有许多外国奴婢是被人掠夺贩卖入唐的，其中也有三韩人。对于贩卖外族奴婢的现象，美国汉学家、人类学家、历史学家谢弗认为，"就一般情况而言，经营异族奴隶的买卖是相当保险的，而且买卖异族奴隶还不会受到良心的谴责。因为从严格意义上来讲，异族奴隶并不完全是人。所以，只

① 《资治通鉴》卷197，太宗贞观十八年十二月条。
② 《资治通鉴》卷197，太宗贞观十九年三月条。
③ 《旧唐书》卷199上《高丽传》。

要当时没有赦免异族奴隶的法令的话，不管他属于哪个种族，异族奴隶都是很畅销的。这些奴隶也可能是高丽奴隶，尤其可能是高丽女奴——在唐朝的富豪之家，大多都非常希望能够得到高丽、新罗国的少女作为贴身女婢、姬妾和演艺者”。高丽、新罗的奴隶贸易养活了一大批黄海水域的海盗，同时也引起了朝鲜半岛政权的反对。①

上述观点指出了唐代外来奴婢的不幸命运。在唐代，不仅“异族奴隶并不完全是人”，而且汉人奴婢也一样被视为可买卖的物品。《唐律疏议》卷4、卷6《名例律》明确规定，“奴婢同于资财”，“奴婢贱人，律比畜产”。同书卷26《杂律》也规定：“诸买奴婢、马、牛、驼、骡、驴，已过价，不立市券，过三日笞三十；卖者，减一等。立券之后，有旧病者，三日内听悔；无病，欺者市如法，违者笞四十。”开元七年（719）、二十五年（737）朝廷曾颁令：“诸卖买奴婢、牛、马、驼、骡、驴等，用本司、本部公验以立券。”②

以上唐律内容反映出，对于奴婢买卖，只要符合手续，法律是允许和保护的。③ 然而，这里面存在一个问题：虽然买卖异族奴隶“不会受到良心的谴责”，法律允许和保护符合手续的奴隶贸易，但是，外来奴婢被掠卖到唐朝这种明显不合法的活动，为什么反而会“相当保险”呢？

分析其原因，大概有两方面：其一，外来奴婢买卖能在不被法律制裁的情况下进行，说明买卖双方在暗中操作，绕开了法律的约束；其二，唐代有关奴婢买卖的法律存在着执法不严的情况，甚至于法律规定在一定意义上流于形式而无实际意义，使得非法奴婢买卖很容易存在下去。以下结合唐代的三韩籍奴婢的情况对上述观点进行评述。

在唐代，曾发生过掠卖、使用新罗奴婢的现象，笔者至今未见对此深入探讨的文章。长庆元年（821）三月④，唐朝的押新罗、渤海两蕃使薛平上奏朝廷说：

> 应有海贼劫掠新罗良口，将到当管登莱州界及缘海诸道卖为奴婢

---

① ［美］谢弗著，吴玉贵译：《唐代的外来文明》，第99～100页。

② 转引自敦煌文物研究所资料室：《从一件奴婢买卖文书看唐代的阶级压迫》，载《文物》，1972年第12期。

③ 陈宁英：《唐代律令中的奴婢略论》，载《广西民族学院学报（哲学社会科学版）》，1997年第4期。

④ 《唐代的外来文明》记载此处为武则天长寿元年，误。译者吴玉贵先生在译注中以及所撰《谢弗与〈撒马尔罕的金桃〉》（载《中国史研究动态》，1995年第1期）中对此有解释说明。

者。伏以新罗国虽是外夷，常禀正朔，朝贡不绝，与内地无殊。其百姓良口等常被海贼掠卖，于理实难。先有制敕禁断，缘当管久陷贼中，承前不守法度，自收复已来，道路无阻，递相贩鬻，其弊尤深。伏乞特降明敕，起今以后，缘海诸道应有上件贼劫卖新罗国良人等一切禁断。请所在观察使严加捉搦。如有违犯，便准法断。

薛平的上奏得到唐穆宗批准。[①] 押新罗、渤海两蕃使是唐朝设立的使职。其职责有多种，对辖内有关新罗人与渤海人的事务进行管理即是其一。（有关押新罗、渤海两蕃使的设立和职能等情况，笔者曾专门撰文，今附录于文后。）从薛平的上奏可以看出，新罗人被海盗掠卖为奴隶的情况在薛平上任平卢军节度使（819）之前当已出现。当时的平卢淄青是在割据势力李师道的控制之下，朝廷的政令根本不被放在眼里，所以尽管当时的朝廷曾下令禁止，却不被淄青节度使所理会。

有学者认为，掠卖新罗人的是割据淄青的李正己家族，认为“淄青节度使身兼唐朝的海运押新罗、渤海两蕃使，取得了对新罗的海上交通大权。于是，便借海盗力量大肆进行贩卖新罗人口活动”。[②] 这种观点实际上值得商榷。

笔者以为，掠卖新罗人为奴的是“海贼”，即海盗，这些海盗是唐人还是新罗人抑或两国人都有，目前尚无资料可以确知，但绝不可能是割据的李正己家族组织的。理由很简单，其一，淄青属于割据性质的政权，却不是独立政权，尽管其对朝廷的政令可以阳奉阴违，表面上仍然听命于朝廷。“河朔型藩镇是具有游离性与依附性并存的双重特点的，不能把它们的割据绝对化。”[③] 在涉及与新罗等国家之间的交往方面，淄青节度使还是与朝廷没有直接冲突的（详见文后所附《试论唐代的押新罗、渤海两蕃使》）。其二，割据淄青的李师道在元和十四年（819）就被斩首，平卢淄青的割据状态结束，国内的交通畅达，而新罗人被贩卖为奴的现象变得更加严重，以至于有人认为“遍中国以新罗人为奴婢”[④]。在李正己割据家族不存在的情况下，仍然出现如此严重的现象，笔者认为这更从侧面反映出贩卖新罗奴的事情非李正己家族操办。

---

① 《唐会要》卷86《奴隶》。

② 陈尚胜：《唐代的新罗侨民社区》，载《历史研究》，1996年第1期。

③ 张国刚：《唐代藩镇研究》，湖南教育出版社，1987年，第88页。

④ 《新唐书》卷220《新罗传》。

薛平一上任就提出解决新罗奴的问题，说明此问题发展到了相当严重的地步。朝廷同意了薛平的上奏，是因为贩卖新罗人的情况对唐罗两国的宗藩关系产生了不利影响，所以对于贩卖新罗人为奴隶的行为进行禁断惩治。

薛平上奏两年之后，在唐的新罗人就出现了另一种情况。长庆三年（823）正月，新罗国使金柱弼进状称：

> "先蒙恩敕，禁卖良口，使任从所适。有老弱者栖栖无家，多寄傍海村乡，愿归无路。伏乞牒诸道傍海州县，每有船次，便赐任归，不合州县制约。"敕旨：禁卖新罗。寻有正敕，所言："如有漂寄，因合任归。宜委所在州县，切加勘合责审。是本国百姓情愿归者，方得放回。"①

上述资料说明，新罗人被掠卖为奴婢的情况被遏制了，但是已经留住唐境的新罗人却没有得到很好的安置，所以新罗国使对唐朝政府提出了解决该问题的请求。然而金柱弼进状中"有老弱者栖栖无家，多寄傍海村乡，愿归无路"一语又让人产生了疑问：其所说的"老弱者"是怎么来的？因为几年前劫掠新罗人为奴婢的海贼，断不可能找那些"老弱者"来贩卖，而且即使有老弱者被买卖，也肯定不受青睐。

其实，这些老弱者的入居唐土以及先前出现新罗人被掠卖做奴婢的事情，都和新罗国内发生的自然灾害息息相关（详见下表）。

新罗宪德王六年（814）	"夏五月，国西大水，发使抚问经水州郡人民。"
七年（815）	"夏五月，下雪。……秋八月……西边州郡大饥，盗贼蜂起，出军讨平之。"
八年（816）	"年荒民饥，抵浙东求食者一百七十人。"
九年（817）	"夏五月，不雨，遍祈山川，至秋七月乃雨。冬十月，人多饥死。教州郡发仓谷存恤。"
十一年（819）	"草贼遍起，命郓州郡都督太守捕捉之。"
十二年（820）	"春夏旱；冬饥。"
十三年（821）	"春，民饥，卖子孙自活。"
十四年（822）	"二月，雪五尺，树木枯。"

① 《唐会要》卷86《奴隶》。

（续上表）

十五年（823）	"春正月五日，西原京有虫从天而堕；九日，有白黑赤三种虫冒雪能行，见阳而止；……秋七月，雪。"
新罗兴德王二年（827）	"夏五月，降霜；秋八月，太白昼见，京都大旱。"
三年（828）	"三月，雪深三尺。"
七年（832）	"春夏，旱、赤地……秋七月乃雨；八月，饥荒，盗贼遍起。"
八年（833）	"春，国内大饥；……冬十月，桃李再华，民多疫死。"

注：以上资料均引自《三国史记》卷10《新罗本纪第十》、卷11《新罗本纪第十一》。

据上表可知，从公元814年西部地区开始，新罗一连数年出现了水灾、旱灾、雪灾、霜灾等连续异常的气候，自然灾害引发了庄稼的绝产，进而导致普遍性的饥荒。饥民为了生存被迫抢掠，但新罗政府的镇压迫使饥民不得不到他国另寻生计，所以发生了新罗饥民集体逃荒到唐朝浙东"求食"的现象；连续的灾害和饥荒最终导致在公元816年十月份出现了"人多饥死"的悲惨情景。在这种状况下，待在家乡无异于等死，因此，再次出现像公元816年新罗人集体到唐朝求食的情况应当是必然的，而且来唐的人数应该更多。

这些因饥荒入唐的新罗人唯一的目的就是生存糊口。小农经济下的唐朝农民家庭生活并不算富足，是无法接纳他们的。日本僧人圆仁入唐求法时，在化缘吃饭问题上屡屡受到主人家的冷遇而出怨言，[①] 这里面其实不仅仅是圆仁所认为的主人有没有道心的事儿，许多贫困家庭连自己糊口都成问题，要接待路过的僧人怎么能不成负担呢，要让僧人吃好满意又如何办得到呢？笔者认为，面对来化缘讨饭的僧人，有的穷人家不愿接待，口出怨言，甚至向僧人索钱也是可以理解的，化缘的僧人如果单单考虑自己的饱暖而不顾主人家的饥寒，那也未免有些强人所难了。而这些所谓的"没有道心"的人家要达到雇佣奴婢的程度，就相差甚远了。所以，那些入唐的新罗饥民如果要生存糊口，就只能在家境比较宽裕的人家中做工，也就是"为奴婢"。

① 《入唐求法巡礼行记》卷2记载，圆仁等在登州战斋馆于东桓宅吃斋，"主人极悭，乞一盘菜，再三而方与"。在图丘馆王家断中，"每事难易，终施盐菜周足"（第92页）。在圆仁见到的莱州境内，"人心贫刚，百姓饥贫"（第93页）。在北海县孤山村宋家，"主人悭极，一撮盐，一匙酱醋，非钱不与"（第94页）。在淄州淄川县赵家，"主人极贫，无饭可吃，心里无恶"（第98页）。

新罗人由于饥荒所迫来到唐朝做奴婢谋生糊口实属无奈之举，但在当时的情况下他们绝大多数当是出于自愿。至于出现如薛平所说的“海贼掠卖新罗人口于缘海郡县”的事情，很可能是新罗饥荒影响引发了社会动荡，投机海盗乘机掳掠贩卖饥民的结果。这在乱世中并不是难以理解的事情。大饥荒是出现这些严重社会问题的直接诱因。直到薛平上奏禁断卖新罗人为奴婢的当年（821）春天，新罗还是“民饥，卖子孙自活”。在这种情况下，唐朝和新罗可以禁断海盗掠卖人口，但不可能制止饥民自愿典身为奴，因此在公元823年金柱弼进状请求唐朝政府赐归新罗在唐的老弱者时，唐天子敕令新罗“百姓情愿归者，方得放回”，即征得新罗侨民的同意之后才允许其归国，这是考虑到新罗国内仍然持续饥馑这一严峻事实的。

综观唐朝史籍记载，新罗人入唐为奴的情况只是出现在上述所说的时段内。史载自张保皋镇守新罗清海镇，到“大和（827—835）后，海上无鬻新罗人者”。[①] 贩卖新罗奴的现象消失，张保皋镇守清海镇对遏制贩卖奴隶的海盗起了很大的作用，但这绝不是张保皋一人的功劳，它是新罗政府和唐朝政府联合整治的结果。另外，还有一个重要的前提条件就是新罗连续的饥荒年代逐渐过去，新罗百姓的生活逐渐安定下来，新罗社会局势也日趋稳定，海盗们不再有以前那样多的时机掠人贩卖了。

除了大和年间及之前的那段时间内新罗人有被掠卖或者逃荒入唐为奴的现象外，其他时期也曾有新罗政府偶尔向唐朝进贡奴婢的情况。[②] 此外再无任何迹象显示唐人以新罗人为奴，也没有关于新罗奴在唐受到歧视和虐待的记载。

根据前引谢弗先生的观点，高丽人也有被掠卖为奴的现象，但正如笔者上文指出的，入唐为奴的高丽人多数由战俘转化而来，而且高丽在公元668年即已灭亡，在灭亡之前，高丽和唐朝之间的关系紧张，即使有贩卖高丽人口的现象，也必然受两国紧张关系的影响和制约，不会形成较大规模。综上所述，谢弗先生所认为“高丽、新罗的奴隶贸易养活了一大批黄海水域的海盗”的观点，在时间范围内当指在元和年间及之前的一段时间，在奴隶

---

① 《新唐书》卷220《新罗传》。

② 《旧唐书》卷199上《新罗传》载：“贞观五年（631），遣使献女乐二人，皆鬒发美色。”《三国史记》卷8《新罗本纪第八》载，开元十一年（723），新罗王遣使入唐，献美女二人，唐玄宗遣还之。同书卷10《新罗本纪第十》载，贞元八年（792），新罗“遣使入唐，献美女金井兰，其女国色身香”。同卷又载，开成四年（839），新罗“遗淄青节度使奴婢。帝闻之，矜远人，诏令归国”。

的来源国方面当仅限于新罗。笔者未发现史书中有关海盗贩卖高丽奴隶的记载，当然，新罗吞并了原高丽部分旧地，因此称转为新罗子民的高丽民众为高丽人也是可以理解的。

中国古代社会是自给自足为主的农业社会，小农经济占主导地位，所以，奴婢（包括外来奴婢在内）一般被用于家庭事务方面，即作为家庭奴隶。“家庭奴隶从事各种各样的家务劳动，从夫人的婢女干的活计到猎场看守人的工作都属于家庭奴隶的劳动范围。”[①] 然而，在外国奴婢之间，却也有不同的待遇差别。新罗奴与昆仑奴在唐朝所受到的不同待遇就是典型说明。

第三节 入唐的新罗奴与昆仑奴比较

唐代也有被称为“昆仑奴”的外国奴隶。在中国古代，“昆仑”有时被用来称呼黑色或黑肤色的人。[②] 古代中国之所以称黑肤色的人为昆仑，乃源自古代有昆仑国，[③] 昆仑国里有黑肤色的人，人们常常把这些来自昆仑国的

---

① ［美］谢弗著，吴玉贵译：《唐代的外来文明》，第98页。

② 《晋书》卷32《后妃传下》记载，东晋孝武文李太后为宫人时，“在织坊中，形长而色黑，宫人皆谓之昆仑”。宋人周密《癸辛杂识续集》卷下《按摩女子》记载，宋代“马八二国进贡二人，皆女子，黑如昆仑。”（明万历间会稽商氏刻本，清1644年递修。）宋人祝穆《古今事文类聚前集》卷17《地理部·众水·瘴水染脚》记载，“漳州界有一水，号乌脚溪，涉者足皆如墨，……梅龙图……忽坠水中，至于没顶，乃出之，举体黑如昆仑”。（明书林明实堂刻本）均说明古人以“昆仑”来称呼黑肤色的人。

③ 据《蛮书》记载：“昆仑国，北去蛮界西洱河八十一日程。”“安宁镇……西南至龙河，又南与青木、香山，路直南至昆仑国矣。”（樊绰：《蛮书》卷10《南蛮疆界接连诸蕃夷国名第十》、卷6《云南城镇第六》，广雅书局，清光绪二十五年刻本。）唐朝景龙三年三月昆仑国遣使朝唐贡方物。（王钦若：《册府元龟》卷970《外臣部·朝贡第三》，北京：中华书局，1960年。）“阇婆国在南海中，其国东至海一月，泛海半月至昆仑国。”（马端临：《文献通考》卷332《四裔考九·阇婆》，北京：中华书局，1986年。）开元十三年，唐玄宗封禅泰山，众多“戎狄夷蛮羌胡朝献之国”都分别派出了不同等级的人员参加，其中也有“昆仑”在内。（《旧唐书》卷23《礼仪志三》）据此可知，唐代之时在今东南亚地区仍存在着一个昆仑国。但《旧唐书》又认为，自林邑以南，皆卷发黑身，通号为“昆仑”；又称，贞腊国，在林邑西北，本扶南之属国，“昆仑”之类。（《旧唐书》卷197《南蛮传》。）这里所说的“昆仑”就是一种泛称了，指的是林邑、安南、贞腊等属今东南亚、南亚海岛有黑肤色人种的地区。许多国内外学者认为昆仑指的是东南亚地区，对此，程国赋《唐代小说中昆仑奴现象考述》（载《暨南学报（哲学社会科学版）》，2002年第5期）有详述。本书所指唐人所称的昆仑奴，也是主要源于这些地区。

黑肤色的人称呼为昆仑，后演化为称呼黑色为昆仑。[①]

据研究，黑人来到中国，至少在三千多年前的殷商时代就已经发生，汉代甚至有黑色人种由陆路或海路来到中国定居。[②] 有关昆仑奴的记载出现稍晚一些，但至少在南北朝时期就出现了。南朝宋孝武帝"宠一昆仑子，名白主，常在左右，令以杖击群臣"。[③] 这可能是至今所见的最早的有关昆仑奴的记载。

昆仑奴来到中国的途径，主要是遭掠夺而被贩卖。《广东通志》载：

> 鬼奴者，番国黑小厮也，广中富人多畜之。绝有力，可负数百斤。言语嗜欲不通，性淳，不逃徙，亦谓之野人。其色黑如墨，唇红齿白，发卷而黄，有牝牡，生海外诸山，食生物。采得时与火食饲之，累日洞泄，谓之换肠。此或病死，若不死，即可久畜。能晓人言而自不能言。有一种近海，入水眼不眨，谓之昆仑奴。唐时贵家大族多畜之。[④]

从上段话可以看出，唐代时的富贵人家特别是广东地区的富家大户蓄养很多昆仑奴，这些昆仑奴被唐人称为"鬼奴"。从"广中富人"的蓄奴和昆仑奴"生海外诸山"及其"近海，入水眼不眨"来看，他们当主要来自东南亚诸岛国。尤其值得注意的是，这些"黑小厮"被称为"野人"，性别上的男女之分也以"牝牡"相称，得到这些黑人的方式竟然是"采得"，简直如同野外采果打猎一般随意！以上词句既表明了当时东南亚黑人被掳掠之野蛮行为，也表明当时的东南亚黑人在唐人眼中地位之低，远没有达到时人所认为的文明开化，故唐人视之如同物品或动物。而"唐时贵家大族多畜之"之语又表明当时昆仑奴在唐朝社会中使用的广泛程度。

由于昆仑奴"绝有力，可负数百斤"，而且"性淳，不逃徙"，所以他们受到古代中国人的喜爱。昆仑奴在很多故事、小说中的记载，大多都是以温顺面貌出现的。如《古今说海》载，"（唐）贞元六年（790）……小金夜梦一老人骑大狮子，狮子如文殊所乘，毛彩奋迅不可视，旁有二昆仑奴操辔，……老人……即令昆仑奴向前令展手……复于昆仑手掌中研墨，点腰间

---

① 明朝方以智认为："昆吾、昆仑者，古皆以为圆浑之通称，故山象之而名。昆仑奴，言其状混仑，犹言混沌也。"（方以智：《通雅》卷4《释诂》，北京：中国书店，1990年。）似有些牵强。

② 汪受宽：《元以前来华黑人考》，载《社会科学战线》，2001年第1期。

③ 《宋书》卷76《王玄谟传》。

④ （明）阮元：《广东通志》卷57《岭蛮志·杂蛮》。

一处而去”。[①] 在此，昆仑奴的身份是神人的贴身侍从。

唐兴元元年（784），唐都长安发生了“朱泚之乱”，有个叫阎敬立的人外逃，在太平馆受到“知馆官前凤州河池县尉刘俶”的接待，刘俶的手下两人是昆仑奴，一名道奴，一名知远。“敬立因于烛下细目其奴。皂衫下皆衣紫白衣，面皆昆仑，兼以白字印面分明，信是俶家人也。”[②] 从上我们也可以得知唐代人所养的昆仑奴是要在脸上刺字的，以表明其身份和所属。昆仑奴的这种被刺字的残酷境遇，和唐代对官马的管理手段类似，都往身体上烙上印记，目的是让人一看便知其隶属。

有的昆仑奴善水，“入水眼不眨”，所以常被唐人用来入水取物。“唐天佑二年（905），所建寺有八角井，……郡人周邯得昆仑奴善入水，曰‘水精’。使之入井底，良久出曰：‘一黄龙抱数颗明月大珠熟睡。’水精惊，亦病死。”[③]

唐朝袁郊《甘泽谣》记载，陶岘于唐开元中遍游山水，南海郡守赠送其三样宝物，一为宝剑，一为玉环，一乃昆仑奴摩诃。摩诃“善泅水而勇捷”，他和宝剑、玉环一起被陶岘称为“吾家之三宝也”。后来在明知水下危险的时候，陶岘仍蛮横地将摩诃逼下水去捞宝剑、玉环，终致摩诃惨死。[④] 同样表明了昆仑奴在唐朝的悲惨地位和命运。

另外，有的昆仑奴是以侠士的形象出现在唐人眼中的，如唐朝大历中（767—779）有崔生，其家有昆仑奴名磨勒，磨勒不仅帮助崔生破解红绡的哑谜，并且“挟大铁椎杀犬负红绡”与崔生会面，后来在官军围攻的情况下从容脱身。[⑤]

综观唐代有关昆仑奴的记载可知，昆仑奴多数是被掠夺入唐的，他们大多作为仆从，被用于家庭事务中，发挥了他们的力大侠勇、善水、性格温顺等特点，但其所受的待遇是很差的。

据前述新罗奴和昆仑奴在唐朝的不同境遇可知，新罗奴仅仅于一段时间内较普遍地出现于唐代社会，但没有资料表明他们受到虐待，他们反而受到了唐朝政府一定程度的庇护。相比新罗奴在唐受到的相对具有“人”性的

---

① （明）陆楫：《古今说海》卷82《说渊六十二·小金传》，云间陆氏俨山书院，明嘉靖二十三年（1544）刻本。

② 《太平广记》卷339《鬼二十四·阎敬立》。

③ （元）纳新：《河朔访古记》卷中《魏郡部》，广雅书局，清光绪二十五年刻本。

④ （唐）袁郊：《甘泽谣》，文学古籍刊行社，1956年影印本。

⑤ （宋）朱胜非：《绀珠集》卷11《松总录·红绡》，台北：台湾商务印书馆，1983年影印文渊阁四库全书本。

对待，在唐的昆仑奴境遇则更被视为“物”或“动物”，命运往往比较悲惨。同样为奴婢，为什么会有这种差别呢？笔者认为，新罗奴和昆仑奴在唐朝受到不同对待的现象背后反映了一些深层的问题。

首先，新罗、昆仑国力的强弱以及与唐朝的关系密切程度是造成其国奴婢在唐朝待遇有别的重要条件。外交权力的大小和国力强弱紧密相关。新罗在7世纪后期统一了朝鲜半岛，随后与唐朝之间进行了数年的战争，结果是新罗不仅保持了国家的独立，而且赢得了唐朝的尊重与承认。在恢复了与唐朝的友好交往后，统一之后的新罗国力继续上升。与唐朝之间保持了非常密切的交往，不仅派质子宿卫宫阙，而且遣送大量留学生入唐学习文化。曾经入唐的质子和留学生回国之后，往往跻身新罗国的上层统治阶层，其推行的政策也使得他们不可避免地与唐朝的关系更加接近。每次唐朝皇帝给新罗国王的诏书都对新罗大加褒扬，这虽然有形式上的固定套路，但是其中包含了对新罗国国家力量的肯定。在“安史之乱”后，唐朝更是设立了押新罗、渤海两蕃使，来加强与新罗、渤海之间的联系（见文后附《论唐代的押新罗、渤海两蕃使》）。这些都能反映出唐朝对新罗国的重视程度。所以新罗国向唐朝政府发出的解决新罗奴问题的请求能够得到足够重视。昆仑诸国则散处于各个海岛，不仅分散，而且由于国势较弱小，与唐朝之间的交往联系也不紧密，加上对唐朝来讲其地理位置的战略地位远不如新罗，唐对昆仑奴自然也就难以像对新罗奴那样重视了。

其次，新罗、昆仑诸国对于本国人为奴的情况重视程度不同，是影响其国人在唐地位的一个重要因素。昆仑奴在唐以前就存在，历代中国统治阶层以及其他国人对此均默认。更主要的是，昆仑国家对于本族人为奴的情况漠不关心，甚至还屡次向中国进贡昆仑奴，① 在本国都往外进献奴隶的情况下，那些被掠卖的昆仑奴如何能引起唐人的关注呢？与此形成鲜明对比的是，新罗人入中国为奴的情况在唐之前并没有大量出现过，新罗政府对本国人在唐为奴的情况又十分重视，所以当新罗国和唐政府交涉的时候，唐朝因为此前无新罗人普遍为奴的先例而能给予此事态以足够的重视。在唐代之前，昆仑奴就出现于中国，唐代之后一直到清代，仍然在中国存在；但是新罗奴却不再见诸史籍记载，这与昆仑、新罗（以及其后的王氏高丽、朝鲜）

① 《新唐书》卷222《南蛮传》云：“室利佛逝……咸亨至开元间，数遣使者朝……又献侏儒、僧祇女各二及歌舞。”诃陵国曾两次向唐朝进贡僧祇，《新唐书》卷222记载：“元和八年，（诃陵）献僧祇奴四、五色鹦鹉、频伽鸟等。”《旧唐书》卷197《南蛮传》云：“（元和）十三年，（诃陵）遣使进僧祇女二人、鹦鹉、玳瑁及生犀等。”

政府关注海外国民的态度不能说没有很大的关系。

再次，新罗、昆仑种族在文化方面与唐朝的异同是影响昆仑奴、新罗奴在唐待遇不同的深层社会原因。新罗人与唐人同属黄色人种，体形和相貌基本相同。前文引《北史》、《南史》的有关记载，表明新罗国在建成之初就包括有中国人在内，其风俗文化在某些方面与唐有很多共同的成分，更由于隋唐之际新罗频繁派出留学生、留学僧，从政治、文化、制度等方面大力吸收中华文化，因而被唐人誉为知书达理的“君子之国”，受到唐人的认同，从而密切了两国之间的关系。昆仑人则卷发黑身、身材矮小、齿大而白、目深、耳似张匙，① 其体貌特点常常被中国人用来取笑人，特别是长相较黑的人往往被称为“昆仑（奴）”，如前文所述以此形容晋孝武文李太后为宫人时的长相，是贬义的称呼。直到宋代，有的昆仑人虽不是奴隶，却仍然有被称作“昆仑奴”的，② 反映了黑人在古代中国人的印象里的形象并不很佳。昆仑国家地处南海之中，其文化多受到印度文明的影响，带有印度文化的色彩，并且其风俗之中有很多唐人所谓的文明不认同的内容。③ 相应地其在唐之人受到的待遇也就与新罗有别。

种族与文化上的认同观念不仅在古代受到重视，即使是今天的世界各地仍然存在，而且由文化差异引起的冲突此起彼伏，大到国家之间的交往，小到人与人之间的思想沟通，几乎无处不在。此外，昆仑与唐朝的交往主要集中于物质交流方面，④ 缺少与唐朝的文化方面的沟通和联系，这也是导致其国人很难取得像唐人对新罗那样认同的原因之一。

总之，国力强弱、国家对海外国人的重视程度、种族和文化异同三方面因素相互交织在一起，同时发生作用，导致了昆仑奴和新罗奴在唐遭遇的迥异。这其中，前两者的重要性更加突出。建立汗国的突厥族是白种人，文化属于草原游牧型，都与中国不同，但其之所以在隋唐时期受到中国的特别重视，就是因为其国力的强大。国力强大了，其国家地位才会随之上升，其海

---

① 程国赋：《唐代小说中昆仑奴现象考述》，载《暨南学报（哲学社会科学版）》，2002 年第 5 期。

② （清）潘永因：《宋稗类钞》卷 30《怪异第五十》载：温州巨商张愿于海中得宝竹，在其登岸之时，陆上有“倭客及昆仑奴”连叹可惜，最终张愿要价五千缗卖竹竿，“昆仑尤喜，如其数辇钱授之”。可见，此昆仑定非奴隶，否则其不可能有如此数目的钱购买宝竹。

③ 如《旧唐书》卷 197《南蛮传》载：林邑国，“嫁娶之法，得取同姓。俗有文字，尤信佛法，人多出家。父母死，子则剔发而哭”、“四时皆食生菜”；盘盘国，在林邑西南海曲中，“人皆学婆罗门书，甚敬佛法”；贞腊国，“风俗被服与林邑同”；诃陵国，“食不用匙箸，以手而撮”。

④ 《旧唐书》卷 197《南蛮传》。

外的国人才能得到及时的保护。大唐帝国是一个极具开放性的朝代，鉴古知今，对处于当代开放时期的我们，应该从昆仑奴、新罗奴在唐朝的境况中吸取对我们国家发展的有益启示。

总 结

通过前文论述，我们大体上可以对三韩人在唐朝的情况有个框架式的了解。

百济和高丽因为坚持与唐朝对抗导致亡国，新罗则依靠唐朝统一三韩，这是三国命运的最大的不同。在此基础上开始的三韩跟唐朝的交往，基本上就是新罗与唐朝的交往。高丽、百济和新罗三国人的入唐特点具有相同之处，如都向唐派遣使者、都有国人仕唐为官、都有僧人入唐求法，等等。然而，这些三韩人入唐的方式以及在唐朝的经历、取得的成就或者说最终的结果却各不相同。

派遣使者是高丽、百济和新罗各自与唐朝交往的重要内容，各国都试图通过运用使者的入唐交涉活动达到某些政治目的。但是，高丽因为扩张疆域的活动从未停止，且在和唐朝交涉中多有顾忌，所以其使者在唐朝也就被轻视，唐朝对高丽的打击政策也始终未变；百济对唐外交策略的重点不明确，虽一度非常注意遣使与唐交好，但最后竟然走向了唐朝的对立面，招致打击而亡；新罗则非常注意发挥入唐使者的沟通作用，且重视派出的使者的身份地位，使者入唐的使命也分别有宿卫、朝贡、求学等很多不同内容，使得新罗和唐朝之间的交往有了许多平台，这对于唐朝出兵消灭百济、高丽，以及后来新罗统一朝鲜半岛都奠定了坚实的基础。在国家之间的政治交往中，使者们的才智、个人品质和修养与国家利益和国家力量紧密联系在一起，在实现国家的最大利益的过程中谱写了丰富多彩的政治篇章。

百济王室、高丽王室入唐后，他们及其后裔在唐（武周）朝均得到重视，这种重视和东北边疆形势与政策结合在一起，与唐（武周）的根本利益紧密结合在一起。在对待契丹、突厥等民族的反叛或入侵方面，武则天派遣原高丽王室入其旧地，使其号召民众支持、配合朝廷军队作战，此政策与唐太宗、唐高宗时对待周边民族的举措基本一致，一定程度上具有人性化的一面，是值得肯定的。但武则天维护帝王宝座的需要高于一切的极权思想表现在政局上则带来了非常残酷、惨重的后果，是需要引起后人思考和借鉴的。所以针对在对于武则天评价问题上出现的各种功过论，笔者认为：武则天的功和过分别造成的客观结果不同这一事实决定了其功与过无法相互抵消，所以，不能以几分功、几分过来明确评价一个历史人物。评价者本人所处的社会环境、所接触的研究成果，另外还有研究者本人的一些主观看法、研究态度和对史料的运用情况，等等，都不可避免地会影响到对历史人物的定位。结合具体时期的历史背景来对历史人物的活动进行分析和研究，少下一些定论，对于历史研究者来说，似乎更可取一些。

本着这一思想，本书对于两《唐书》列传以及笔记小说、石志资料等中所载的三韩人的事迹进行了补充论述。站在封建统治者立场上的修史者着重记载三韩人的仕途经历，对于其品质、性格及家庭状况等即作为“人”所具有的软环境的记述颇为简略，这是正史记载的不足之处，也是本书所重视的地方。笔者认为，高仙芝、王思礼、李正己家族、黑齿常之家族青史留名的原因，一个重要的方面是其适应了唐朝社会环境的发展需要，尤其是这些三韩人没有抛弃他们旧有的生活习俗（特别是骑射练武），为他们在唐朝军事舞台上的崭露头角提供了条件。三韩人在唐（武周）朝所受到的冤狱情况也反映出官僚专制政治的危害性。而笔记小说、石志资料等所反映和记载的三韩人，如高性文父子、高玄、高足酉、沙咤利、难元庆、李元佐、张咏、金清等人的事迹，为我们进一步了解唐代社会的政治、经济、民族、文化等方面提供了素材。

在唐朝的宫廷政变中，许多高丽人后裔脱颖而出，进入了国家的统治高层。这些高丽人具有一些相同特点：起初地位比较卑微，但在参与了政变之后，得到皇帝的信任，地位迅速上升。这是他们积极参与政治、适应了唐朝社会发展形势的结果。

在与唐朝的交往中，三韩使者既具有政治上的沟通任务，同时还担负朝贡贸易的职能（实际上，朝贡贸易也是三韩作为藩国所负政治义务的一部分内容）；另外，使者们也进行一些私人贸易。而三韩商人在沟通朝鲜半岛、日本与唐朝之间的物质交流，特别是民间的经济往来方面发挥了很大作用。这些情况不仅在唐代的笔记小说、游记中有反映，而且在唐朝跟新罗人有关的地名中也有体现。新罗坊是新罗商人在唐朝商业活动的联系纽带，笔者认为，它反映了新罗商人在服从唐朝管理条件下的协作精神。

在入唐的三韩人中，有一些三韩僧人卷入政治事务中，他们涉入政治的目的或因国家之需，或出于私利考虑。有的僧侣懂医术，有的会相术，有的甚至利用所得宝物还顺便做起了交易，凡此种种，反映了入唐三韩僧侣思想、技艺的多样性。三韩僧人、商人在唐活动的频繁活跃，也留下了许多与之有关的典故和故事，有些地名甚至也直接以新罗、高丽命名。入唐求法、习法的三韩僧人汉语水平参差不齐，他们因此遇到一些尴尬和难题，许多时候他们要以本民族语言来诵经，而有些人据以认为是他们在保持本民族的风俗，这是一个很大的误解。

三韩人中有不少唐人奴婢，这些奴婢有相当多是由战俘转化而来的。高丽奴在唐代是一个侮辱性的称呼，这是由于高丽人在唐人心中的地位较低造成的。由于自然灾害造成的大饥荒，新罗人在唐代曾一度大量入唐为奴，然而新罗奴在唐朝所受到的待遇却与其他国家的奴婢——如昆仑奴——在唐朝的遭遇迥异。国力强弱、国家对海外国人的重视程度、种族和文化异同三方面因素相互交织在一起，导致了上述现象的发生。

正如笔者在前言中所说，由于史书记载的缺漏以及其他种种原因，本书所能具体考述的三韩人的数量与实际入唐的数目相差悬殊。这是在三韩人研究过程中不可避免的现实问题。所以本书尽量以专题性的方式，对三韩人分层次进行论述，力图在笔者所掌握的现有资料的条件下对入唐的三韩人进行研究，发表自己的看法。由于水平所限，文中的不当之处在所难免，还请专家、学者不吝赐教。

附录：

试论唐代的押新罗、渤海两蕃使

摘　要： 押新罗、渤海两蕃使是唐朝中期新设立的使职。该使职的设置由当时的历史环境和平卢、淄青特殊的地理位置共同决定。本书对押新罗、渤海两蕃使的设立原因进行了剖析，并对此职的职能、在不同时期发挥的具体作用及担任此职的人选问题进行了考述，从其设立、运作以及受重视程度等视角指出了其与唐和新罗、渤海兴衰的对应关系。

关键词： 平卢淄青　唐　押新罗、渤海两蕃使

从汉朝出现以使（使者）为官名的现象之后，历代王朝多有效仿。到唐代，“地方行政管理之使职设置，开始有固定化的倾向”。[1] 关于唐朝使职，学术界已有不少成果问世，但对押新罗、渤海两蕃使这一使职的设立和运作及其在唐代历史中的作用，目前尚无专文探讨。李文澜《“两蕃使”与“押某某两蕃使”》[2](p206~208)、黎虎《唐代的市舶使与市舶管理》[3] 和《唐代缘边政府的涉外行政事务管理权能》[4] 等诸文章虽有涉及，但研究重点不在于此。① 为什么唐朝要设立押新罗、渤海两蕃使？其职能有哪些？担任此使职的官员的身份特点是怎样的？它实际上起到了什么作用？本文即拟对上述问题进行深入探讨。

一、押新罗、渤海两蕃使设置的原因

正史中有关押新罗、渤海两蕃使的最早记载出现于唐肃宗永泰元年(765)，“淄青、平卢节度使增领押新罗、渤海两蕃使”。[5](卷65《方镇表》) 淄青的管辖范围包括今天的山东省全境和河北、河南、山西、安徽、江苏的各一部分。唐肃宗乾元年间（758—759）侯希逸为平卢、淄青节度使后，淄青节

---

① 李文澜先生认为开元之际的“两蕃使”、“押两蕃使”专指处理奚、契丹事务的使职官；而元和会昌年间的“押某某、某某两蕃使”则不专指奚、契丹。黎虎先生的一系列有关文章则注重从“边镇节度使同时兼任押蕃使，以负责对外交与外贸进行全面管理”方面进行论述。

度开始带平卢之名，[6]（卷124《侯希逸传》）平卢军节度使原来所任的押奚、契丹两蕃使之职改由卢龙军节度使充任。[7]（卷78《诸使中》）

唐朝设立押新罗、渤海两蕃使的原因，史籍无载，笔者认为当从时间选择和地理位置两方面分析。

首先，在时间选择方面，该使职的设立与时局密切相关。“安史之乱”不仅使得唐朝域内衰落萧条，而且对唐罗之间的正常交往造成了障碍，直到唐代宗宝应元年（762），新罗入唐朝贡才恢复正常，[8]（卷9《新罗本纪第九》）期间新罗只在玄宗仓皇奔蜀后曾遣使至成都。渤海在“安史之乱”间也没有遣使朝贡的历史记录。但就渤海来说，宝应元年（762），唐代宗才“诏以渤海为国”，[5]（卷219《渤海国传》）封国后的渤海与朝廷保持了频繁的往来。押新罗、渤海两蕃使的设立，使得之前以都督府身份和奚、契丹以及黑水靺鞨一起受平卢军节度使（副使）管辖[6]（卷9《玄宗本纪下》）的渤海与“君子之国”新罗并列，说明了唐朝对两属国的重视。从唐初到代宗朝期间，唐朝内地经历了“安史之乱”的冲击，东北地区也发生了百济和高丽相继灭亡、新罗统一朝鲜半岛、渤海国兴起等一系列重大事件。一度相对稳定的东北亚地区处于一种各种政治力量重新分化组合的微妙地步。在这种情况下，基本上从“安史之乱”困扰中解脱出来的大唐帝国着手稳定东北地区的政治秩序，力图重新恢复昔日统御万邦的宗主国地位也就显得尤为必要。总之，随着“安史之乱”的平定（763）和渤海国的册立（762），在永泰元年（765）唐设立押新罗、渤海两蕃使已是时局发展所需。

其次，就押新罗、渤海两蕃使一职的地理位置取向来看，以淄青平卢节度使担任此职是最佳选择。沿海各州是唐朝对外关系的重要孔道，可以看作是一种“边州”。[4]今山东半岛天然港口较多，地理位置接近渤海、朝鲜半岛以及日本，历史上是上述国家和地区与中原王朝海上往来的重要交通枢纽。“登州海行入高丽渤海道”即唐朝七条通“四夷”的路线中仅有的两条海路之一。[5]（卷43《地理志七下》）隋唐两朝伐高丽都曾利用山东半岛的港口发兵；开元年间，渤海靺鞨“寇登州”事件①也是利用了海路便捷的条件。隋唐时期的新罗、日本等国人来华实际上亦多走此道。入唐者在登州或者莱州登陆，然后辗转西行抵达长安。[9]所以，基于地理位置方面的便利条件，唐朝任命平卢淄青节度使兼任押蕃使，可对入唐蕃国人就地管理、保护。这是唐朝统

① 《资治通鉴》卷213“九月乙巳”条载：“开元二十年（732），勃海靺鞨王武艺遣其将张文休帅海贼寇登州，杀刺史韦俊。”

治者根据变化了的实际情况，采取适当措施，重振昔日“万邦之主”地位的重大举措。

二、押新罗、渤海两蕃使的职能

平卢淄青属河南道。开元时天下分为十道，每道由郎中员外郎掌领州县户口之事，“任土所出而为贡赋之差”。其中，河南道郎中员外郎的职能之一是“远夷则控海东新罗、日本之朝贡焉”。[10]（卷3《尚书户部》）可见，押新罗、渤海两蕃使之职，当是唐政府将河南道的郎中员外郎管理“远夷”的职能分离出来，为加强对蕃国的贡献和其他交涉事务专门设立的。从中我们更可以清楚唐朝对于加强与海外诸蕃国交往的重视。考诸史籍，押新罗、渤海两蕃使的职责大致有以下几个方面：

其一，负责一定的外交和有关属国事务的管理。唐文宗开成三年（838）三月，新罗王遣使入唐，“遗淄青节度使奴婢。帝闻之，矜远人，诏令归国”。[8]（卷10《新罗本纪第十》）由上述事例可以看出，兼任押新罗、渤海两蕃使的淄青节度使实际上担负着沟通新罗和唐朝廷的职责：负责接待使者，向朝廷汇报情况，并传达朝廷的态度。从淄青上岸的新罗、渤海人受到设于登州的新罗馆和渤海馆的接待。登州“城南街东有新罗馆、渤海馆”，[11]（卷2，p222）“新罗馆是由唐朝官方为专门接待来自新罗的官方使节而设置的机关”。[12]既然如此，那么由押新罗、渤海两蕃使来负责新罗馆、渤海馆的运作当无疑义。长庆元年（821）三月，押新罗、渤海两蕃使薛平上奏称：

> 应有海贼劫掠新罗良口，将到当管登莱州界及缘海诸道卖为奴婢者。伏以新罗国虽是外夷，常禀正朔，朝贡不绝，与内地无殊。其百姓良口等常被海贼掠卖，于理实难。先有制敕禁断，缘当管久陷贼中，承前不守法度，自收复已来，道路无阻，递相贩鬻，其弊尤深。伏乞特降明敕，起今以后，缘海诸道应有上件贼劫卖新罗国良人等一切禁断。请所在观察使严加捉搦。如有违犯，便准法断。

此奏得到唐穆宗批准。[7]（卷86《奴隶》）上述材料表明，新罗人被掠卖为奴的情况在薛平任平卢军节度使（819）之前即已出现。由于当时平卢淄青在割据的李师道控制之下，所以朝廷的禁令未被理会。薛平一上任就提出解决此问题，说明关注新罗人被贩卖为奴的现象是两蕃使的职责所在。

其二，负责给由平卢淄青进入唐境者发放过所。过所是行人经过唐朝关、津的书面证明，由政府有关部门出具，行人需要申请。① 由淄青入唐者的过所由押新罗、渤海两蕃使审批，申请者不仅限于新罗、渤海人，还包括其他国的入唐者，日本僧人圆仁的入唐经历即证明这一点。据《入唐求法巡礼行记》记载，过所的申请过程是：首先向登岸所在的（文登）县衙申请"公验（公牒）"，申请者拿着此申请者的身份证明再向（登）州府申请；登州府受理后再向上级部门即兼任押新罗、渤海两蕃使的淄青节度使汇报请示；两蕃使在颁给公验的同时把此情况向皇帝报告，申请公验之事才算了结。可见，两蕃使是公验发放的最终决定者。两蕃使在外交和蕃国事务中的这种地位和作用体现了唐朝中央政府公验审批制度的严密，有利于维护社会治安秩序，也表明唐朝处理外交、宗蕃关系方面制度的健全和条理化。由于"种种的需要使得东亚各国、各民族接近中国，加入中国的世界秩序中，因此，中国所确定的秩序并不是由于中国的征服和强制而片面强加于人的。"[13](p7) 唐朝设立押新罗、渤海两蕃使对蕃国入唐者进行管理，也正是在这种有序政治框架下重建东亚政治秩序措施的进一步延伸。

其三，负责唐朝与诸蕃国的陆路或海路运输贸易。押新罗、渤海两蕃使经常冠以"陆运"或"海运"的称号。[6](卷124《李正己传》、卷12《唐德宗本纪上》、卷13《德宗本纪下》) 海运押新罗、渤海两蕃使"负责山东与辽东和朝鲜口岸的岸口贸易、海道运输以及国事往来事务"，[14] 说明两蕃使还负有经济方面的职能。李正己时，"货市渤海名马，岁岁不绝"。[6](卷124《李正己传》) 李师古以海盐与淮西的吴少诚大做牛皮鞋材生意，[15](卷236 顺宗永贞元年二月壬子条) 史称"郓与淮海竞，出入天下珍宝，日月不绝"，[16](卷780 李商隐《齐鲁二生》) 通过海陆贸易，李正己家族积聚了巨额财富，"军资给费，优赡有余"。[6](卷48《食货志》) 可以说，李氏家族通过任陆运海运押新罗、渤海两蕃使的机会大力发展与外界的贸易，积聚起巨额财富，构成维持其长期割据的坚实经济基础。力图中兴的唐王朝为消除李氏家族的割据付出了沉重的代价。② 唐文宗开成元年，陈君赏上奏"渤海将到熟铜，请不禁断"，[17](卷999《外臣部·互市》) 仍是因为两蕃使负有管理海路贸易的职能。

三、押新罗、渤海两蕃使的人选问题所经历的三个阶段

押新罗、渤海两蕃使的人选问题，也就是平卢淄青节度使的人选问题，

---

① 有关情况参见程喜霖：《吐鲁番与敦煌所出唐代正副过所》，载《敦煌吐鲁番学研究论集》，北京：书目文献出版社，1996 年；程喜霖：《论唐代关津与过所的关系及其国防治安功能》，载《湖北大学学报（哲学社会科学版）》，1999 年第 2 期。

② 详细情况参见《旧唐书》卷 124《李正己传》，附《李纳传》、《李师古传》、《李师道传》。

二者基本上是一致的。[14] 唐代此职的安排任命经历了一个变化过程，大体可分为三个阶段：

第一阶段，从代宗永泰元年（765）到宪宗元和十四年（819），是李正己家族的割据时期。“安史之乱”平息后，代宗曾象征性地任命“郑王邈为平卢、淄青节度大使”，[6](卷11《代宗本纪》) 随后不得不就地任命掌该地实权的李正己担任此职。此后，唐朝一度令李希烈兼淄青兖郓登莱齐等州节度支度营田、新罗、渤海两蕃使，以消除李正己割据；[6](卷145《李希烈传》) 李师古去世时，唐宪宗也企图趁机收回对平卢淄青的控制权，任命建王李恪为“平卢军淄青等州节度营田观察处置、陆运海运、押新罗渤海两蕃等使”，[6](卷13《德宗本纪下》,卷175《李恪传》) 均没有收到实质性效果。需要说明的是，在李氏家族割据平卢的55年中，渤海向唐派出的朝贡使者至少有38批次，新罗至少有18批次。[17](卷972《外臣部·朝贡五》) 这从一定程度上说明，在李氏家族割据平卢淄青的数十年中，在涉及朝廷与属国之间的交往上，平卢淄青节度使兼任的押新罗、渤海两蕃使发挥着基本的沟通职责，平卢淄青并非独立于唐朝之外。国外有学者所认为的李氏家族割据时期，平卢、淄青在“事实上维持小王国体制”的观点[18](p165) 是错误的。

第二阶段，从宪宗元和十四年（819）到僖宗中和二年（882）。唐朝在平定李师道割据之后收回了对平卢、淄青的控制权，擢已选之人为任，节度使之下甚至是县级以下官员的任命权也收归中央。① 笔者在参照吴廷燮《唐方镇年表》[19] 的基础上并结合正史中有关记载制作了“押新罗、渤海两蕃使一览表”（见文末）。从表格所列内容来看，在这一阶段出任平卢淄青节度使（押新罗、渤海两蕃使）的官员大多从中央政府高官里面选派。平卢淄青在管辖权回归朝廷之前已经比较富庶，而且登州、莱州仍是和日本以及唐朝的藩属国新罗、渤海之间进行海路交往的必经之路，所以在兼任押新罗、渤海两蕃使的平卢、淄青节帅选官问题上，唐朝给予了高度重视。中央任命的节度使也大多尽忠于朝廷，如薛平不仅把辖境内贩卖新罗人为奴婢的现象上奏朝廷，请求禁断，而且对于境内的反叛也毫不留情地镇压。[6](卷16《唐穆宗本纪》) 王承元任平卢节度使之前，朝廷的“均输盐法未尝行于两河，承元首请盐法，归之有司”，王上任后，“兖、郓诸镇，皆禀均输之法”。[6](卷124《王承元传》) 这标志着平卢淄青的政治、经济走上了纳入朝廷一体化的道路。

第三阶段，从中和二年（882）一直到唐亡。在任命平卢节帅的问题

① 《旧唐书》卷17下《文宗本纪下》载：淄青观察使王彦威请停管内县丞一十九员，从之。

上，朝廷政令不由己。史载“自巢、让之乱，关东方镇牙将，皆逐主帅，自号藩臣”。[6]（卷164《王铎传》）中和元年十月，“青州军乱，逐节度使安师儒，立其行营将王敬武为留后”；敬武死后，其子王师范自称留后，继续掌控平卢政局；在平定黄巢起义的过程中，朱全忠势力崛起，逐步控制了朝廷。王师范投降朱全忠后，平卢节度使先后由受朱全忠信任的王重师、韩建担任。[20]（卷19《王重师传》，卷15《韩建传》）在这一阶段中，史书中少有押新罗、渤海两蕃使的记载，其原因可能也与新罗此时国内动乱频频、渤海也“恃其富强，而侮唐之衰颓，遂缺朝贡之礼”有关。综上所述，押新罗、渤海两蕃使之职在唐末很可能已经不被重视。但是由于政治交往的需要，此职直到五代前期一直存在。①

押新罗、渤海两蕃使的设立和运作反映出了唐朝国祚中期以后力图重新崛起、构建新的东亚政治秩序，恢复大国雄风的信心；而其受重视的程度则从一个侧面折射出了唐朝本身以及新罗、渤海两国的国势兴衰情况。

押新罗、渤海两蕃使一览表

押新罗、渤海两蕃使姓名	任　期	文献出处	备　注
李正己	代宗永泰元年—德宗建中三年（765—782）	《旧唐书》、卷124《李正己传》、卷12《德宗本纪上》	
李希烈	建中三年（782）	《旧唐书》卷145《李希烈传》	加希烈检校司空，兼淄青兖郓登莱齐等州节度支度营田、新罗、渤海两蕃使，令讨袭正己
李纳	兴元元年—八年（784—792）	《旧唐书》卷12《德宗本纪上》、卷13《德宗本纪下》	
李师古	贞元八年—宪宗元和元年（792—806）	《旧唐书》卷13《德宗本纪下》、卷175《李恪传》	

① 据《旧五代史》卷9《梁末帝本纪中》：五代时，梁仍由平卢淄青节度使兼领押新罗、渤海两蕃使。

（续上表）

押新罗、渤海两蕃使姓名	任　期	文献出处	备　注
李愔	元和元年（806）	《旧唐书》卷175《李愔传》	
李师道	元和元年—十四年（806—819）	《旧唐书》卷124《李师道传》、《薛平传》	
薛平	元和十四年—敬宗宝历元年（819—825）	《旧唐书》卷124《薛平传》、卷16《穆宗本纪》	以义成军节度使充平卢军节度使，仍押新罗、渤海两蕃使
杨暎①	穆宗长庆元年（821）	《旧唐书》卷16《穆宗本纪》	以邕管经略使杨暎平卢军新加押新罗、渤海两蕃使
康志睦	敬宗宝历元年—文宗大和五年（825—831）	《旧唐书》卷17上《敬宗本纪》	以右神策大将军检校工部尚书，兼青州刺史、平卢军节度使
王承元	大和五年—七年（831—833）	《旧唐书》卷17下《文宗本纪下》	以凤翔节度使检校司空、青州刺史，充平卢军节度使
严休复	大和七年—九年（833—835）	《旧唐书》卷17下《文宗本纪下》	公元833年，以河南尹检校礼部尚书，充平卢军使
王彦威	大和九年—开成元年（835—836）	《旧唐书》卷17下《文宗本纪下》	以司农卿兼御史大夫，充平卢军节度使
陈君赏	开成元年—四年（836—839）	《旧唐书》卷17下《文宗本纪下》	以金吾卫大将军为平卢节度使，代王彦威
韦长	开成四年—五年（839—840）	《旧唐书》卷17下《文宗本纪下》	以河南尹为平卢军节度使
乌汉真	武宗会昌元年—二年（841—842）	《太平广记》卷274《情感》	
李玭	会昌三年—四年（843—844）	沈珣：《授李玭凤翔节度使制》	

①　杨暎于公元821年被任命代替薛平（公元819—825年在任），原因不详。

（续上表）

押新罗、渤海两蕃使姓名	任期	文献出处	备注
崔蠡	会昌五年—六年（845—846）	《新唐书》卷144《崔宁传》附传	
郑光	宣宗大中元年—三年（847—849）	《旧唐书》卷52《后妃传下》	宣宗母舅，检校户部尚书、诸卫将军，出为平卢节度使
郑涓	大中四年（850）	蒋伸：《授郑涓徐州节度使制》	
孙范	大中四年—六年（850—852）	蒋伸：《授孙范青州节度使制》	任前为守太府卿
韦博	大中六年—九年（852—855）	沈珣：《授韦博淄青节度使制》；《新唐书》卷177《韦博传》	任前为守卫尉卿
李琢	大中九年—十二年（855—858）	《通鉴考异》引《实录》	任前为金吾将军
令狐绪	大中十二年—十三年（858—859）	《云溪友议》；《四部丛刊·嘉庆重修一统志》	任前为随州刺史，有德政
韦澳	大中十三年—懿宗咸通二年（859—861）	《旧唐书》卷158《韦澳传》	检校户部尚书，兼青州刺史、平卢节度观察处置等使
封敖	咸通二年—三年（861—862）	《旧唐书》卷168《封敖传》；《宝刻类编》：柳公权书《平卢节度使封敖残碑》	以太常卿出为淄青节度使
李璲	咸通三年—四年（862—863）	《文苑英华》；《玉堂遗范》：《授李璲平卢节度使制》	任前为检校工部尚书、少府监、充内中上
崔执柔	咸通五年—六年（864—865）	《宝刻类编》：《平卢节度使崔执柔墓志》	
于涓	咸通十一年—十三年（870—872）	《旧唐书》卷19上《懿宗本纪》	

（续上表）

押新罗、渤海两蕃使姓名	任 期	文献出处	备 注
宋威	咸通十四年—僖宗乾符五年（873—878）	《资治通鉴》卷252，乾符二年十一月条	
曾元裕	乾符五年（878）	《资治通鉴》卷253，乾符五年五月辛丑条	以诸道行营招讨使为平卢节度使
杨损	乾符六年（879）	《云溪友议》；《旧唐书》卷176《杨损传》	任前为陕虢观察使
安师儒	乾符六年—中和二年（879—882）	《旧唐书》卷19下《僖宗本纪》	
王敬武	中和二年—昭宗龙纪元年（882—889）	《旧唐书》卷19下《僖宗本纪》	任前为平卢大将，逐安师儒自称留后
崔安潜	龙纪元年（889）	《旧唐书》卷177《崔安潜传》；《新唐书》卷114《崔安潜传》	以太子少师检校太傅兼侍中、平卢节度使，安潜不得入而还
王师范	大顺二年—哀帝天佑二年（891—905）	《旧唐书》卷20上《唐昭宗本纪》	以青州权知兵马留后为节度观察、押新罗渤海两蕃等使
王重师	天佑二年—三年（905—906）	《旧五代史》卷19《王重师传》	检校司空，为颍州刺史
韩建	天佑四年（907）	《资治通鉴》卷265，天佑三年六月条	任前为佑国节度使

注：本表在参照吴廷燮《唐方镇年表》基础上制作。

参考文献：

［1］景遐东．使职设置与唐代地方行政级制的演变［J］．社会科学，2002（6）

［2］陈国灿，刘建明．全唐文职官丛考［C］．武汉：武汉大学出版社，1997

［3］黎虎．唐代的市舶使与市舶管理［J］．历史研究，1998（3）

［4］黎虎．唐代缘边政府的涉外行政事务管理权能［J］．社会科学战线，1999（1）

［5］（北宋）欧阳修．新唐书［M］．北京：中华书局，1975

［6］（后晋）刘昫．旧唐书［M］．北京：中华书局，1975

［7］（北宋）王溥．唐会要［M］．北京：中华书局，1955

［8］［高丽］金富轼．三国史记［M］．孙文范等校勘．长春：吉林文史出版社，2003

［9］高凤林．隋唐时期山东地区与日本、朝鲜之间的交流与往来［J］．山东师范大学学报（社会科学版），1994（1）

［10］（唐）张九龄．唐六典［M］．文渊阁四库全书本

［11］［日］圆仁．入唐求法巡礼行记［M］．顾承甫，何泉达点校．上海：上海古籍出版社，1986

［12］朴文一．试谈在唐新罗坊的特点及其性质［J］．延边大学学报（社会科学版），2000（3）

［13］［日］堀敏一．隋唐帝国与东亚［M］．韩升，柳建英译．昆明：云南人民出版社，2002

［14］王赛时．唐代的淄青镇［J］．东岳论丛，1994（2）

［15］（北宋）司马光．资治通鉴［M］．北京：中华书局，1997

［16］（北宋）董浩．全唐文［M］．北京：中华书局，1983

［17］（北宋）王钦若．册府元龟［M］．北京：中华书局影印明刻本，1980

［18］［韩］曹永禄．在东亚史上中国国际秩序的推移和韩日的策应［J］．中国与东亚细亚世界，［韩］国学资料院，1997

［19］吴廷燮．唐方镇年表［M］．北京：中华书局，1980

［20］（北宋）薛居正．旧五代史［M］．北京：中华书局，1976

（本文发表于《暨南学报（哲学社会科学版）》，2005 年第 1 期。）

参考文献

中国正史及其他古籍：

［1］（西汉）司马迁：《史记》，中华书局，1982年。

［2］（南朝宋）范晔：《后汉书》，中华书局，1998年。

［3］（晋）陈寿：《三国志》，中华书局，1959年。

［4］（南朝梁）沈约：《宋书》，中华书局，1974年。

［5］（南朝梁）萧子显：《南齐书》，中华书局，1972年。

［6］（北齐）魏收：《魏书》，中华书局，1974年。

［7］（唐）房玄龄等：《晋书》，中华书局，1974年。

［8］（唐）姚思廉：《梁书》，中华书局，1973年。

［9］（唐）李延寿：《北史》，中华书局，1974年。

［10］（唐）魏征等：《隋书》，中华书局，1973年。

［11］（后晋）刘昫等：《旧唐书》，中华书局，1975年。

［12］（宋）欧阳修、宋祁：《新唐书》，中华书局，1975年。

［13］（北宋）薛居正：《旧五代史》，中华书局，1976年。

［14］（元）脱脱：《宋史》，中华书局，1977年。

［15］（清）张廷玉等：《明史》，中华书局，1974年。

［16］（宋）司马光：《资治通鉴》，中华书局，1997年。

［17］（宋）王溥：《唐会要》，中华书局，1992年。

［18］（宋）王钦若等：《册府元龟》，中华书局，1960年。

［19］（宋）宋敏求：《唐大诏令集》，台湾商务印书馆景印文渊阁四库全书本，1983年。

［20］（唐）张九龄等撰，（唐）李林甫等注：《唐六典》，台湾商务印书馆，1983年。

［21］（唐）杜佑：《通典》，中华书局，1988年。

［22］（清）董诰：《全唐文》，中华书局，1983年。

［23］（宋）李昉等编：《文苑英华》，中华书局，1966年。

［24］（唐）林宝：《元和姓纂》，台湾商务印书馆，1983 年。

［25］（宋）郑樵：《通志》，中华书局，1987 年。

［26］（元）马端临：《文献通考》，中华书局，1986 年。

［27］（宋）郑樵：《通志》，中华书局，1987 年。

［28］（清）嵇璜、刘墉等：《续通志》，浙江古籍出版社，2000 年。

［29］《朝鲜史略》，文渊阁四库全书本。

国外有关史籍文献：

［1］［新罗］崔致远：《桂苑笔耕集》，四部丛刊本。

［2］［高丽］一然著，孙文范等校勘：《三国遗事》，吉林文史出版社，2003 年。

［3］［高丽］金富轼著，孙文范等校勘：《三国史记》，吉林文史出版社，2003 年。

［4］［日］安麻吕：《日本书纪》，文海堂，日本明治三年（1870 年）刻本。

［5］［日］圆仁著，顾承甫、何泉达点校：《入唐求法巡礼行记》，上海古籍出版社，1986 年。

石刻类参考文献：

［1］张宁生等：《隋唐五代墓志汇编》（共十卷），天津古籍出版社，1991 年。

［2］周绍良编：《唐代墓志汇编》，上海古籍出版社，1992 年。

［3］河南省文物研究所、河南省洛阳地区文管处编：《千唐志斋藏志》，文物出版社，1984 年。

［4］北京图书馆金石组编：《北京图书馆藏中国历代拓本汇编》，中州古籍出版社，1989 年。

［5］李希泌：《曲石精庐藏唐墓志》，齐鲁书社，1986 年。

［6］（清）王昶辑：《金石萃编》，中国书店，1985 年。

［7］中国文物研究所、河南文物研究所：《新中国出土墓志》，文物出版社，1994 年。

［8］吴刚主编：《全唐文补遗》（1—7 册），三秦出版社，1995 年。

［9］（清）陆增祥：《八琼室金石补正》，文物出版社，1985 年。

［10］罗振玉编著：《唐代海东藩阀志存》，石刻史料新编本。

［11］李献奇、郭引强编著：《洛阳新获墓志》，文物出版社，1996 年。

［12］（清）刘喜海辑：《海东金石苑》，石刻史料新编本。

［13］（宋）无名氏：《宝刻类编》，书目文献出版社，1998 年。

［14］（宋）陈思道人：《宝刻丛编》，齐鲁书社，2001 年。

［15］周绍良、赵超主编：《唐代墓志汇编续集》，上海古籍出版社，2002 年。

野史、小说、游记、文集、驳论、杂记等类：

［1］（清）潘永因：《宋稗类钞》，文渊阁四库全书本。

［2］（唐）郑处诲、裴庭裕：《明皇杂录　东观奏记》，中华书局，1994 年。

［3］（五代）王仁裕：《开元天宝遗事十种》，上海古籍出版社，1985 年。

［4］（宋）张礼：《游城南记》，上海古籍出版社，1993 年。

［5］（唐）白居易：《白氏长庆集》，文渊阁四库全书本。

［6］（宋）李昉等：《太平广记》，中华书局，1961 年。

［7］（唐）张鹭撰，赵守俨点校：《朝野佥载》，中华书局，1979 年。

［8］（唐）义净：《大唐西域求法高僧传》，文物出版社，1988 年。

［9］（宋）赞宁：《宋高僧传》，中华书局，1987 年。

［10］（宋）黎靖德编：《朱子语类》，中华书局，1986 年。

［11］（宋）苏洵：《谥法》，文渊阁四库全书本。

［12］《御定渊鉴类函》，文渊阁四库全书本。

［13］（明）高棅编：《唐诗品汇》，文渊阁四库全书本。

［14］（唐）温大雅：《大唐创业起居注》，上海古籍出版社，1983 年。

［15］（宋）邓名世：《古今姓氏书辩证》，文渊阁四库全书本。

［16］（元）陶宗仪：《说郛》，中国书店，1986 年。

［17］（宋）陶谷：《清异录》，中国商业出版社，1985 年。

［18］（明）朱橚：《普济方》，文渊阁四库全书本。

［19］（宋）王衮：《博济方》，文渊阁四库全书本。

［20］（唐）陆羽：《茶经》，文渊阁四库全书本。

［21］《钦定授时通考》，文渊阁四库全书本。

［22］（宋）刘蒙：《刘氏菊谱》，文渊阁四库全书本。

［23］（宋）史铸：《百菊集谱》，文渊阁四库全书本。

[24]（明）杨慎：《丹铅摘录》，文渊阁四库全书本。
[25]（宋）潘自牧：《记纂渊海》，文渊阁四库全书本。
[26]（明）杨慎：《异鱼图赞笺》，文渊阁四库全书本。
[27]（宋）蔡襄：《荔枝谱》，文渊阁四库全书本。
[28]（宋）朱长文：《墨池编》，文渊阁四库全书本。
[29]（唐）朱景玄：《唐朝名画录》，文渊阁四库全书本。
[30]（明）徐应秋：《玉芝堂谈荟》，文渊阁四库全书本。
[31]（唐）刘恂：《岭表录异》，文渊阁四库全书本。
[32]（清）沈自南：《艺林汇考服饰篇》，文渊阁四库全书本。
[33]（宋）计有功：《唐诗纪事》，四部丛刊本。
[34]（明）赵崡：《石墨镌华》，文渊阁四库全书本。
[35]（清）英廉等编纂：《钦定日下旧闻考》，文渊阁四库全书本。
[36]（晋）葛洪：《肘后备急方》，文渊阁四库全书本。
[37]（宋）祝穆：《古今事文类聚》，文渊阁四库全书本。
[38]（元）无名氏：《氏族大全》，文渊阁四库全书本。
[39]（元）富大用：《古今事文类聚新集》，文渊阁四库全书本。
[40]（宋）郑克：《折狱龟鉴》，文渊阁四库全书本。
[41]（明）陆楫：《古今说海》，文渊阁四库全书本。
[42]（唐）袁郊：《甘泽谣》，文学古籍刊行社，1956年。
[43]（宋）朱胜非：《绀珠集》，台湾商务印书馆1983年影印文渊阁四库全书本。
[44]（宋）范祖禹：《唐书纠缪》，丛书集成初编本。
[45]（清）顾炎武：《日知录》，陕西人民出版社，1998年。
[46]（清）王鸣盛：《十七史商榷》，中国书店，1987年。
[47]（清）赵翼：《廿二史札记》，（台北）世界书局，1962年。

方志类：

[1]《大清一统志》，文渊阁四库全书本。
[2]《江南通志》，文渊阁四库全书本。
[3]《湖广通志》，文渊阁四库全书本。
[4]（宋）陈耆卿：《赤城志》，文渊阁四库全书本。
[5]（明）李贤等：《明一统志》，文渊阁四库全书本。
[6]（宋）罗濬：《宝庆四明志》，文渊阁四库全书本。

［7］（宋）施宿等：《会稽志》，文渊阁四库全书本。
［8］《甘肃通志》，文渊阁四库全书本。
［9］《陕西通志》，文渊阁四库全书本。
［10］《山东通志》，文渊阁四库全书本。
［11］《广东通志》，文渊阁四库全书本。
［12］（明）曹学佺：《蜀中广记》，文渊阁四库全书本。
［13］（宋）陈舜俞：《庐山记》，文渊阁四库全书本。
［14］《福建通志》，文渊阁四库全书本。
［15］（宋）徐兢：《宣和奉使高丽图经》，文渊阁四库全书本。
［16］（元）纳新：《河朔访古记》，广雅书局，清光绪二十五年刻本。

今人论著：

中国：

［1］吴廷燮：《唐方镇年表》，中华书局，1980年。
［2］陈国灿、刘建明：《全唐文职官丛考》，武汉大学出版社，1997年。
［3］何劲松：《韩国佛教史》，宗教文化出版社，1997年。
［4］马俊民、王世平：《唐代马政》，西北大学出版社，1995年。
［5］陈寅恪：《金明馆丛稿初编》，三联书店，2001年。
［6］方豪：《中西交通史》，岳麓书社，1987年。
［7］余华青：《中国宦官制度史》，上海人民出版社，1993年。
［8］孙祚民：《山东通史》上卷，山东人民出版社，1992年。
［9］吕思勉：《隋唐五代史》，中华书局，1980年。
［10］岑仲勉：《隋唐史》，高等教育出版社，1959年。
［11］吴枫：《隋唐五代史》，人民出版社，1958年。
［12］傅乐成：《隋唐五代史》，（台北）中华文化出版事业出版，1965年。
［13］蓝文征：《隋唐五代史》，（台北）国立编译馆，1972年。
［14］韩国磐：《隋唐五代史纲》，人民出版社，1979年。
［15］杨志玖：《隋唐五代史纲要》，上海人民出版社，1958年。
［16］岑仲勉：《金石论丛》，上海古籍出版社，1980年。
［17］金毓黻：《东北通史》上卷，（台北）乐天书局，1976年。
［18］张泽咸：《唐五代赋役史》，中华书局，1986年。

[19] 李鸿宾：《唐朝朔方军研究——兼论唐廷与西北诸族的关系及其演变》，吉林人民出版社，2000 年。

[20] 李锦绣：《唐代制度史略论稿》，中国政法大学出版社，1998 年。

[21] 谭其骧主编：《中国历史地图集》第五册，地图出版社，1982 年。

[22] 刘建明编：《黄约瑟隋唐史论集》，中华书局，1997 年。

[23] 唐长孺：《魏晋南北朝史论丛》，三联书店，1955 年。

[24] 刘统：《唐代羁縻府州研究》，西北大学出版社，1998 年。

[25] 刘永智：《中朝关系史研究》，中州古籍出版社，1994 年。

[26] 杨通方：《中韩古代关系史论》，中国社会科学出版社，1996 年。

[27] 蒋非非、王小甫等：《中韩关系史（古代卷）》，社会科学文献出版社，1998 年。

[28] 拜根兴：《七世纪中叶唐与新罗关系史研究》，中国社会科学出版社，2003 年。

[29] 马大正等：《古代中国高句丽历史丛论》，黑龙江教育出版社，2001 年。

[30] 陈寅恪：《唐代政治史述论稿》，上海古籍出版社，1998 年。

[31] 章群：《唐代蕃将研究》，台北联经出版社事业公司，1987 年。

[32] 章群：《唐代蕃将研究（续编）》，台北联经出版社事业公司，1991 年。

[33] 马驰：《唐代蕃将》，三秦出版社，1987 年。

[34] 谢海平：《唐代在华蕃人生活研究》，（台北）商务印书馆，1987 年。

[35] 黄永年：《〈旧唐书〉与〈新唐书〉》，人民出版社，1985 年。

[36] 张国刚：《唐代藩镇研究》，湖南教育出版社，1987 年。

[37] 黄约瑟：《薛仁贵》，西北大学出版社，1995 年。

[38] 岑仲勉：《元和姓纂四校记》，商务印书馆，1948 年。

[39] 陈寅恪：《隋唐制度渊源略论稿》，中华书局，1963 年。

[40] 王永兴：《唐勾检制研究》，上海古籍出版社，1991 年。

[41] 黄有福、陈景富：《中朝佛教文化交流史》，中国社会科学出版社，1993 年。

[42] 黎虎：《汉唐外交制度史》，兰州大学出版社，1998 年。

[43] 耿铁华：《中国高句丽史》，吉林大学出版社，2002 年。

［44］刘子敏：《高句丽历史研究》，延边大学出版社，1996 年。

［45］马大正等：《古代中国高句丽历史续论》，中国社会科学出版社，2003 年。

［46］朴灿奎：《高句丽史研究》，黑龙江朝鲜民族出版社，2003 年。

［47］梁应梁：《中国民族史》（上、中、下），民族出版社，1990 年。

［48］唐长孺：《魏晋隋唐史三论》，中华书局，1995 年。

［49］高明士：《唐代东亚教育圈的形成——东亚世界形成的一侧面》，（台北）明文书局修订版，1996 年。

［50］翁独健主编：《中国民族关系史研究》，中国社会科学出版社，1984 年。

［51］谢海平：《唐代在华蕃人生活研究》，（台北）商务印书馆，1987 年。

［52］王仪：《古代中韩关系和日本》，（台北）中华书局，1973 年。

［53］王仲荦：《隋唐五代史》（上、下），中华书局，1990 年。

［54］林天蔚等：《古代中韩日关系研究》，香港大学亚洲研究中心，1987 年。

［55］张国刚主编：《隋唐五代史概述》，天津古籍出版社，1995 年。

［56］陈寅恪：《唐代政治史述论稿》，中华书局，1979 年。

［57］赵文润、王双怀：《武则天评传》，三秦出版社，1994 年。

［58］王小甫：《唐吐蕃大食政治关系史》，北京大学出版社，1998 年。

［59］刘健明：《隋代的政治与对外关系》，（台北）文津出版社，1999 年。

［60］胡戟：《武则天本传》，三秦出版社，1986 年

［61］胡戟主编：《武则天与乾陵》，三秦出版社，1985 年。

［62］白宪章主编：《武则天与洛阳》，三秦出版社，1988 年。

［63］严守诚主编：《武则天与文水》，山西古籍出版社，1989 年。

［64］赵文润主编：《武则天与乾陵文化》，乾陵博物馆，1995 年。

［65］赵文润主编：《武则天研究论文集》，山西古籍出版社，1998 年。

［66］赵文润主编：《武则天与咸阳》，三秦出版社，2001 年。

［67］北京大学中古史研究中心编：《敦煌吐鲁番文书初探》，北京大学出版社，1982 年。

［68］北京大学中古史研究中心编：《敦煌吐鲁番文书二探》，北京大学出版社，1983 年。

[69] 任士英：《唐代玄宗肃宗之际的中枢政局》，社会科学文献出版社，2003 年。

[70] 刘向阳：《唐代帝王陵墓》，三秦出版社，2003 年。

[71] 荣新江主编：《唐代宗教信仰与社会》，上海辞书出版社，2003 年。

[72] 李孝聪主编 ：《唐代地域结构与运作空间》，上海辞书出版社，2003 年。

[73] 岳纯之：《唐代官方史学研究》，天津人民出版社，2003 年。

[74] 王双怀：《唐代历史文化论稿》，香港教育图书公司，2003 年。

[75] 向达：《唐代长安与西域文明》，河北教育出版社，2001 年。

[76] 李斌城主编：《唐代文化》，中国社会科学出版社，2002 年。

[77] 宁欣：《唐代选官研究》，（台北）文津出版社，1995 年。

[78] 陈明光：《唐代财政史新编》，中国财政经济出版社，1991 年。

[79] 张泽咸：《唐代阶级结构研究》，中州古籍出版社，1996 年。

[80] 包慧卿：《唐代对西域之经营》，（台北）文史哲出版社，1987 年。

[81] 李锦绣：《唐代财政史稿》（上卷 3 册），北京大学出版社，1995 年。

[82] 李锦绣：《唐代财政史稿》（下卷 2 册），北京大学出版社，2001 年。

[83] 吴宗国：《唐代科举制度研究》，辽宁大学出版社，1997 年。

[84] 吴宗国：《隋唐五代简史》，福建人民出版社，1998 年。

[85] 孙继民：《唐代行军制度研究》，（台北）文津出版社，1995 年。

[86] 范文澜：《唐代佛教》，人民出版社，1979 年。

[87] 张国刚：《唐代官制》，三秦出版社，1987 年。

[88] 范文澜：《中国通史简编》，河北教育出版社，2000 年。

[89] 王寿南编著：《唐代宦官权势之研究》，（台北）中正书局，1971 年。

[90] 曾一民：《唐代考课制度研究》，（台北）商务印书馆，1978 年。

[91] 陶希圣主编：《唐代寺院经济》，（台北）食货出版社，1979 年。

[92] 陶希圣主编：《唐代土地问题》，（台北）食货出版社，1982 年。

[93] 张泽咸：《唐代工商业》，中国社会科学出版社，1995 年。

[94] 程喜霖：《唐代过所研究》，中华书局，2000 年。

［95］吴宗国主编：《盛唐政治制度研究》，上海辞书出版社，2003 年。
［96］石云涛：《唐代幕府制度研究》，中国社会科学出版社，2003 年。
［97］刘希为：《隋唐交通》，（台北）新文丰出版公司，1992 年。
［98］王仪：《古代中韩关系与日本》，（台北）中华书局，1973 年。

韩国、日本：

［1］［韩］金文经：《唐高句丽과新罗侨民》，［韩］日新社，1986 年。
［2］［韩］全海宗：《中韩关系史论集》，中国社会科学出版社，1997 年。
［3］［韩］权悳永：《古代韩中外交史——遣唐使研究》，［韩］一潮阁，1997 年。
［4］［韩］卞麟锡：《唐长安의新罗史迹》，［韩］亚细亚文化社，2000 年。
［5］［韩］曹永禄等：《中国与东亚细亚世界》，［韩］国学资料院，1997 年。
［6］［韩］崔在锡：《统一新罗·渤海与日本的关系》，［韩］一志社，1993 年。
［7］［韩］金文经，金成勋，金井昊：《张保皋海洋经营史研究》，［韩］李镇图书出版社，1993 年。
［8］［韩］李昊荣：《新罗三国统合과丽·济败亡原因研究》，［韩］书景文化社，2001 年。
［9］［韩］张学根：《韩国海洋活动史》，图书出版연경운화사。
［10］［日］池田温编：《唐代诏敇目录》，三秦出版社，1991 年。
［11］［日］坂元义种：《古代東アジアの日本と朝鲜》，东京吉川弘文馆，1978 年。
［12］［日］武田幸男主编：《朝鲜社会の史的展开と東アジア》（论文集），东京山川出版社，1996 年。

译著：

［1］［英］崔瑞德编，中国社会科学院历史研究所西方汉学研究课题组译：《剑桥中国隋唐史》，中国社会科学出版社，1990 年。
［2］［美］谢弗著，吴玉贵译：《唐代的外来文明》，中国社会科学出

版社，1995 年。

［3］［日］堀敏一著，韩升、刘建英译：《隋唐帝国与东亚》，云南人民出版社，2002 年。

［4］朝鲜民主主义共和国科学院历史研究所著，吉林省哲学社会科学研究所译：《朝鲜通史》，吉林人民出版社，1975 年。

［5］朝鲜社会科学院历史研究所著，王健等译：《朝鲜全史》（第三卷，中世篇·高句丽史），延边大学出版社，1988 年。

［6］［韩］李基白著，厉帆译：《韩国史新论》，国际文化出版公司，1994 年。

［7］［韩］金得榥著，柳雪峰译：《韩国宗教史》，社会科学文献出版社，1992 年。

［8］［美］斯塔夫里阿诺斯著，吴象婴、梁赤民译：《全球通史——1500 年以前的世界》，上海社会科学院出版社，1999 年。

［9］［法］布罗代尔著，顾良、施康强译：《15 至 18 世纪物质文明、经济和资本主义》，三联书店，2002 年。

［10］［日］木宫泰彦著，胡锡年译：《日中文化交流史》，上海商务印书馆，1979 年。

［11］［韩］李丙焘著，许宇成译：《韩国史大观》，（台北）中正书局，1961 年。

［12］［日］仁井田升著，栗劲编译：《唐令拾遗》，长春出版社，1989 年。

［13］［苏］切博克萨罗夫（Чебоксаров，Н. Н.）、［苏］切博克萨罗娃（Уебоксарова，И. А.）著，赵俊智、金天明译：《民族·种族·文化》，东方出版社，1989 年。

学术论文：

［1］魏存成：《中原、南方政权对高句丽的管辖册封及高句丽改称高丽时间考》，载《史学集刊》，2004 年第 1 期。

［2］周振鹤：《汉武帝朝鲜四郡考》，载《历史地理》第 4 辑，上海人民出版社，1986 年。

［3］罗继祖：《辰国三韩考》，载《北方文物》，1995 年第 1 期。

［4］刘子敏：《关于古“辰国”与“三韩”的探讨》，载《社会科学战线》，2003 年第 3 期。

[5] 傅朗云：《东北亚历史民族——高夷、高丽、高句丽》，载《东北亚论坛》，2001 年第 1 期。

[6] 杨军：《公元前朝鲜半岛的民族迁徙与融合》，载《东北亚论坛》，2002 年第 3 期。

[7] 李大龙：《从高句骊县到安东都护府——高句骊和历代中央王朝关系述论》，载《民族研究》，1998 年第 4 期。

[8] 刘春英、姜维东：《唐王朝对内迁高句丽人的安置措施》，载《长春师范学院学报》，2001 年第 4 期。

[9] 刘进宝：《试论唐太宗、唐高宗对高丽的战争》，载《中国边疆史地研究》，1995 年第 3 期。

[10] 马驰：《羁旅长安的新罗人》，载高明士主编：《东亚文化圈的形成与发展——政治法治篇》，（台湾）国立台湾大学历史学系，2003 年。

[11] 李云泉：《汉唐中外朝贡制度述论》，载《东方论坛》，2002 年第 6 期。

[12] 李英祥、尹春明：《唐玄武门之变真相初探》，载《河北师范大学学报（社会科学版）》，1999 年第 1 期。

[13] 张碧波：《中华文化圈中的新罗》，载《学术交流》，2001 年第 4 期。

[14] 段塔丽：《唐代婚姻习俗与妇女地位探析》，载《陕西师范大学学报（哲学社会科学版）》，2002 年第 2 期。

[15] 王双怀：《历代对武则天的评价》，载《人文杂志》，1996 年第 3 期。

[16] 胡戟：《唐代粮食产量》，载《西北大学学报》，1980 年第 3 期。

[17] 王义康：《唐代城傍辨析》，载《中国边疆史地研究》，2002 年第 1 期。

[18] 方积六：《关于唐代团结兵的探讨》，载《文史》第 25 辑，中华书局，1985 年。

[19] 杨志玖：《试论唐代藩镇割据的社会基础》，载《历史教学》，1980 年第 6 期。

[20] 束有春：《黑齿常之字号及生卒年新考》，载《江海学刊》，1996 年第 6 期。

[21] 李之龙：《唐代黑齿常之墓志文考释》，载《东南文化》，1996 年第 3 期。

［22］束有春、焦正安：《唐代百济黑齿常之、黑齿俊父子墓志文解读》，载《东南文化》，1996 年第 4 期。

［23］陈瞥：《黑齿常之评述》，载《中央民族大学学报（人文社会科学版）》，2001 年第 3 期。

［24］马驰：《〈旧唐书·黑齿常之传〉补阙及考辨》，载《百济研究论丛》第 5 辑，［韩］忠南大学校百济研究所，1997 年。

［25］马驰、姜清波：《沙咤忠义的族出与事迹考》，载《春史卞麟锡教授停年纪念论丛》，［韩］大山印书社，2000 年。

［26］景以恩、颜华：《齐地青丘之国与广饶傅家遗址》，载《管子学刊》，1996 年第 4 期。

［27］张美华：《浅析武则天定都洛阳的原因》，载《历史教学》，2002 年第 12 期。

［28］拜根兴：《高句丽遗民高足酉墓志铭》，载［韩］中国史学会《中国史研究》第 12 辑别册，2001 年。

［29］潘兴、范永平：《武则天改唐为周政治举措之述略》，载《洛阳大学学报》，1999 年第 1 期。

［30］周建江：《"京观"及其文化表现》，载《史学月刊》，2002 年第 2 期。

［31］马驰：《〈难元庆墓志〉简释》，载《春史卞麟锡教授停年纪念论丛》，［韩］大山印书社，2000 年。

［32］刘希为：《唐代新罗侨民在华社会活动的考述》，载《中国史研究》，1993 年第 3 期。

［33］谢元鲁：《隋唐的太子亲王与皇位继承制度》，载《天府新论》，1996 年第 2 期。

［34］马驰：《论仕唐蕃人之汉化》：《唐史论丛》（第七集），陕西师范大学出版社，1998 年。

［35］介永强：《唐代的外商》，载《晋阳学刊》，1995 年第 1 期。

［36］巫宝三：《唐代重商思想的兴起》，载《中国经济史研究》，1997 年第 3 期。

［37］陈尚胜：《唐代的新罗侨民社区》，载《历史研究》，1996 年第 1 期。

［38］朴文一：《试谈在唐新罗坊的特点及其性质》，载《延边大学学报（社会科学版）》，2000 年第 3 期。

[39] 韩国磐：《南北朝隋唐与百济新罗的往来》，载《历史研究》，1994 年第 2 期。

[40] 张德宗：《玄奘法相唯识学说在古代日本和朝鲜的传播与发展 》，载《河南大学学报（社会科学版）》，1996 年第 6 期。

[41] 正刚：《玄奘唯识学与新罗、日本唯识学》，载《佛学研究》，1994 年。

[42] 谢澍田：《试论新罗僧金地藏入唐求法修道的思想和实践》，载《安庆师院社会科学学报》，1995 年第 1 期。

[43] 韩瑞常：《东北亚研究　佛教与中世纪东北亚的政治变革》，载《求是学刊》，1996 年第 5 期。

[44] 刘素琴：《新罗僧侣对唐代佛教的贡献》，载《北京大学学报（哲学社会科学版）》，1995 年第 1 期。

[45] 杨际平：《唐代的奴婢、部曲与僮仆、家人、净人》，载《中国史研究》，1996 年第 3 期。

[46] 敦煌文物研究所资料室：《从一件奴婢买卖文书看唐代的阶级压迫》，载《文物》，1972 年第 12 期。

[47] 陈宁英：《唐代律令中的奴婢略论》，载《广西民族学院学报（哲学社会科学版）》，1997 年第 4 期。

[48] 程国赋：《唐代小说中昆仑奴现象考述》，载《暨南学报（哲学社会科学版）》，2002 年第 5 期。

[49] 程喜霖：《吐鲁番与敦煌所出唐代正副过所》，载《敦煌吐鲁番学研究论集》，书目文献出版社，1996 年。

[50] 程喜霖：《论唐代关津与过所的关系及其国防治安功能》，载《湖北大学学报（哲学社会科学版）》，1999 年第 2 期。

[51] 景遐东：《使职设置与唐代地方行政级制的演变》，载《社会科学》，2002 年第 6 期。

[52] 黎虎：《唐代缘边政府的涉外行政事务管理权能》，载《社会科学战线》，1999 年第 1 期。

[53] 高凤林：《隋唐时期山东地区与日本、朝鲜之间的交流与往来》，载《山东师范大学学报（社会科学版）》，1994 年第 1 期。

[54] 王赛时：《唐代的淄青镇》，载《东岳论丛》，1994 年第 2 期。

[55] 黄心川：《隋唐时期中国与朝鲜佛教的交流——新罗来华佛教僧侣考》，载《世界宗教研究》，1989 年第 1 期。

［56］李大龙：《高丽与唐王朝互使述论》，载《黑龙江民族丛刊》，1995 年第 1 期。

［57］马驰：《李谨行事迹考》，载《唐代的历史与社会》，武汉大学出版社，1997 年。

［58］崔鲜香：《略论新罗花郎徒组织》，载《延边大学学报（社会科学版）》，2002 年第 2 期。

［59］陈光崇：《论隋唐之际经略辽海地区的战争》，载《益阳师专学报》，1995 年第 1 期。

［60］杜文玉：《唐代泉氏家族研究》，载《渭南师范学院学报》，2002 年第 3 期。

［61］任平：《唐代书法对统一新罗时代书法的影响》，载《当代韩国》，1997 年第 1 期。

［62］王周昆：《唐代新罗留学生在中朝文化交流中的作用》，载《西北大学学报（哲学社会科学版）》，1994 年第 2 期。

［63］刘春英、姜维东：《唐王朝对内迁高丽人的安置措施》，载《长春师范学院学报》，2001 年第 4 期。

［64］李渊、李大龙：《唐安东都护府的几个问题》，载《黑龙江民族丛刊》，2002 年第 3 期。

［65］蔡德贵：《东方儒学论纲》，载《山东大学学报》，1995 年第 3 期。

［66］吴玉贵：《谢弗与〈撒马尔罕的金桃〉》，载《中国史研究动态》，1995 年第 1 期。

［67］潘畅和：《中、朝、日道教思想之比较》，载《延边大学学报（哲学社会科学版）》，1998 年第 1 期。

［68］高明士：《从天下秩序看古代的中韩关系》，载（台北）《中韩关系史论文集》，1983 年。

［69］高明士：《隋唐天下秩序与羁縻府州制度》，载（台北）《中华民国史专题论文集·第五届讨论会“国史上中央与地方的关系”》，台湾国史馆出版社，2000 年。

［70］邱添生：《唐代起用外族人研究》，载《台北大陆杂志》，第 38 卷第 4 期。

［71］李岩：《新罗留学僧在唐的文学交流》，载《当代韩国》，2002 年第 3 期。

［72］曾其海：《新罗无相与剑南保唐禅》，载《佛学研究》，2002 年。

［73］都兴智：《唐政权与朝鲜半岛的关系述论》，载《史学集刊》，2001 年第 3 期。

［74］党银平：《唐末新罗文人崔致远占籍与家世考述》，载《东南大学学报（哲学社会科学版）》，2000 年增刊。

［75］张志宏：《圆仁入唐散论》，载《文史哲》，1994 年第 1 期。

［76］林正根：《论纳异心态与唐代气魄》，载《中国史研究》，1995 年第 3 期。

［77］木易：《试论唐宋的对外开放》，载《云南师范大学学报（哲学社会科学版）》，1995 年第 1 期。

［78］张剑光：《唐代藩镇割据与商业》，载《文史哲》，1997 年第 4 期。

［79］张菁：《论唐代中外僧侣的海上求法热潮》，载《江苏社会科学》，1999 年第 4 期。

［80］黎虎：《汉唐时期外交行政管理的运行机制》，载《中州学刊》，1999 年第 4 期。

［81］石晓军：《隋唐四方馆考略》，载《唐研究》第 7 卷，2001 年。

［82］方百寿：《唐代封禅的功能及意义》，载《泰安师专学报》，2001 年第 1 期。

［83］彭菏成：《从唐玄宗之政“先理而后乱”谈用人》，载《镇江师专学报》，2001 年第 2 期。

［84］贾艳红：《唐后期军乱原因浅析》，载《历史教学》，2001 年第 9 期。

［85］王静：《隋唐四方馆、鸿胪客馆论考》，载《西域研究》，2002 年第 2 期。

［86］陈志学：《试论唐代武官的入仕途径》，载《中华文化论坛》，2002 年第 3 期。

［87］薛平拴：《论唐代的胡商》，载《唐都学刊》，1994 年第 3 期。

［88］薛平拴：《论唐玄宗的宗教政策》，载《兰州大学学报（社会科学版）》，2001 年第 4 期。

［89］纪宗安、姜清波：《试论武则天与原高丽王室、权臣泉氏家族》，载《陕西师范大学学报（哲学社会科学版）》，2004 年第 6 期。

［90］姜清波：《参与唐玄宗宫廷政变的高丽人事迹考》，载《青海社会

科学》，2004 年第 6 期。

[91] 姜清波：《试论唐代的押新罗、渤海两蕃使》，载《暨南学报(哲学社会科学版)》，2005 年第 1 期。

[92] 杜文玉：《唐代泉氏家族研究》，载《渭南师范学院学报》，2002 年第 3 期。

[93] [日] 武田幸男：《真兴王代における新罗の赤城经营》，载《朝鲜学报》第 93 辑，昭和五十四年 10 月。

[94] [日] 武田幸男：《朝鲜诸国の古代国家形成》，《東アジアの古代文化》62 号，1990 年。

[95] Chong-sun Kim，A Reflection on the Sino – Korean Relations（600—700A. D.)，载《春史卞麟锡教授还历纪念唐史论丛》，[韩] 唐史论丛编纂委员会，1995 年。

[96] [日] 池内宏：《高句丽讨灭役于唐军行动》，[日]《满鲜史研究》上世第 2 册，吉川弘文馆，1979 年。

[97] [日] 藤泽一夫：《百济沙咤智积建堂塔记碑考——贵族造寺事情征证史料》，《아시아文化》18 – 3，1972 年。

后 记

本书是在笔者的博士学位论文基础上修改成的，博士论文又从硕士论文拓展而来。虽然笔者在写作时注意论从史出，但毕竟功底浅陋，书中难免有谬误之处。真诚期待专家学者不吝赐教，这会使笔者的学业得以再进步。

笔者的博士导师纪宗安教授悉心指导了本书从大纲拟定到最后定稿的过程，特别在资料搜集和引见有关专家学者观点方面提供了很多帮助，让我开阔了眼界。2002 年的冬天，笔者的硕士导师马驰教授拿出他一个月的退休金，托人从西安带给当时还在暨大攻读博士学位的笔者和同样经济不宽裕的一位师兄，这种激励至今铭记心间。两位导师的为人和治学给笔者的影响是恒久的。

中国社会科学院历史研究所的吴玉贵研究员、陕西师范大学韩国研究中心的拜根兴教授、山东师范大学历史系的李云泉教授、青海师范大学历史系的杜常顺教授、沈阳东亚研究中心的孙进己研究员和孙泓研究员、陕西师范大学历史文化学院的薛平拴教授、暨南大学的刘永连副教授在本书的撰写过程中提供了各种帮助和便利，谨向上述尊敬的师友致谢！

暨南大学出版社陈涛编辑为本书的出版提出了不少有益的建议和意见，本书还得到暨南大学华人华侨研究院第三批“211 工程”资助项目，在此一并感谢！